München

Agnes Fazekas

Inhalt

Das Beste zu Beginn
S. 4

Das ist München
S. 6

München in Zahlen
S. 8

Was ist wo?
S. 10

Augenblicke
Perfekte Welle
S. 13
Sommernachtstraum
S. 15
Nostalgie-Rausch
S. 16

Ihr München-Kompass
15 Wege zum direkten Eintauchen in die Stadt
S. 18

1 Unten Kaufrausch, oben die Spieluhr – **am Marienplatz**
S. 20

2 Sagenhaft – **im Schatten der Frauenkirche**
S. 24

3 Sinn und Sinnlichkeit – **vom Viktualienmarkt zum Jakobsplatz**
S. 28

4 Rom? Florenz? Monaco! – **rund um den Odeonsplatz**
S. 32

5 Kulturschock – **im Kunstareal**
S. 36

6 Kontrastprogramm – **in Schwabing**
S. 40

7 Münchner Freiheit – **der Englische Garten**
S. 45

Palafrugell S. 67

Am Cap de Begur – **Wanderung Begur-Aiguablava**
S. 68

Girona S. 74

Abstecher in die jüdische Geschichte – **der Call von Girona**
S. 76

Die südliche Küste von Palamós bis Blanes
S. 81

Palamós S. 82

Platja d'Aro S. 84

Sant Feliu de Guíxols S. 87

Auf dem grünen Weg – **Radtour von Girona nach Sant Feliu**
S. 88

Tossa de Mar S. 91

Cala-Hopping – **per Auto von Sant Feliu nach Tossa**
S. 94

Lloret de Mar S. 97

Blanes S. 101

Die Blüten von Blanes und Lloret – **drei Botanische Gärten**
S. 104

Ausflug nach Barcelona S. 107

Hin & weg
S. 112

O-Ton Costa Brava
S. 116

Register
S. 117

Abbildungsnachweis/Impressum
S. 119

Kennen Sie die?
S. 120

Das Beste zu Beginn

(Vor-)Freude
Die kommt bei mir auf, sobald ich das erste Mal aus dem offenen Autofenster oder beim Aussteigen aus dem Bus den würzigen Geruch von Rosmarin, Zistrosen und anderen mediterranen Sträuchern inhaliere.

So viel Verrücktheit muss sein!
Das blaue Meer und die bizarre Steilküste zogen auch Künstler an, etwa Pablo Picasso, Marc Chagall, Marcel Duchamp und Richard Hamilton, oder den Schriftsteller Gabriel García Márquez. Nicht zuletzt aber ließ sich Salvador Dalí hier nieder. Ihn inspirierte die Landschaft um Cadaqués zu surrealistischen Werken.

Ein Strand für mich allein
Ja, den gibt es. Nicht nur in der Vor- oder Nachsaison. Oft müssen Sie dafür ein bisschen zu Fuß an der Steilküste entlanglaufen, z. B. zur Cala Estreta zwischen Palamós und Calella de Palafrugell. Ein Traum von weißem Sand und bizarren, vom Meer umspülten Felsen.

Eine Oase der Ruhe
Geschichtsträchtig ist die Provinzhauptstadt Girona. Unweit der mächtigen Kathedrale liegt das mittelalterliche jüdische Ghetto, in dem Schriftgelehrte u. a. die erste hebräische Grammatik verfassten. Gut versteckt finden sich rund um die alte Synagoge sehenswerte Überbleibsel jener Zeit. Doch hier können Sie auch bei einem Glas Wein oder einem Konzert eine Ruhepause einlegen.

Buchten-Hopping zu Fuß
Wanderstiefel schnüren und los geht's. Die Küste ist eine ideale Trekking-Strecke. Auf dem GR 92 und den Camins de Ronda können Sie die ganze Küste ablaufen, zwischendurch an den schönsten Buchten und Stränden ins Wasser springen – und brauchen dabei noch nicht mal auf Feinschmeckerküche verzichten!

Grand Tour von Katalonien
Die von Katalonien Tourismus neu geschaffene Selbstfahrerroute Grand Tour von Katalonien (https://grandtour.catalunya.com) führt auf landschaftlich reizvollen Strecken durch die Region zwischen Mittelmeer und Pyrenäen. Auf einigen Etappen lassen Sie auch besondere Orte an der Costa Brava entdecken.

Einen Bogen ums Sündenbabel machen?
Ja, den meisten fallen zu Lloret de Mar Abiturfahrten, Junggesellenabschiede und Saufgelage ein. Die gibt es, aber ebenso auch solide, gepflegte Hotels, traumhafte Buchten und Wanderwege in der Umgebung. Zugegeben: Menschen, die absolute Ruhe und Beschaulichkeit suchen, sollten den Ort nicht aufsuchen. Aber das Positive: Die Strände sind sauber, die Preise zivil.

Nostalgische Einstimmung
Eine tolle Erzählung von der Costa Brava in früheren Zeiten ist der Roman von Norman Lewis »Die Stimmen des alten Meeres«, der auch ein wenig nachdenklich macht. Erzählt er doch vom Kampf eines Fischerdorfs gegen den Tourismus, von der Sorge alte Traditionen zu verlieren (zzt. nur noch antiquarisch erhältlich).

Mein letztes Fundstück
Keine Muscheln, nein, davon gibt es an der Küste nicht allzu viele. Aber Steine, die sind am Cap de Creus in Hülle und Fülle zu finden. Sie bestehen nicht nur aus unterschiedlichen Gesteinsarten, sie sind Millionen von Jahre alt und so unvergänglich wie das Wasser des Meeres. Es ist, als könnte ich die Ewigkeit mit Händen greifen.

Ich habe die Küste umsegelt, sie abgewandert (220 km) – und mich immer noch nicht satt gesehen. Ist es mir zu voll, suche ich mir eine versteckte Bucht zwischen Llançà und Colera – und besuche Walter Benjamins Grab in Portbou.

Fragen? Erfahrungen? Ideen?

Ich freue mich auf Post.

Mein Postfach bei DuMont:
wiebrecht@dumontreise.de

Das ist die Costa Brava

Costa Brava heißt der Landstrich im Nordosten Kataloniens erst seit gut 100 Jahren, obwohl er schon seit über 6000 Jahren von Menschen besiedelt ist. Nachdem der katalanische Journalist Ferran Agulló 1908 in einem Artikel von der »wilden Küste« *(costa brava)* berichtet hatte, war die Marke erfunden, die heute für eine lange touristische Erfolgsgeschichte steht. Bevor die ersten Abifahrten nach Lloret de Mar starteten und Briten in Platja d'Aro ihre ersten Junggesellenabschiede feierten, entdeckten exzentrische Künstler wie Dalí die bizarre Landschaft mit dem einzigartigen Licht als Inspirationsquelle. In ihrem Gefolge kamen dann allerlei berühmte Gäste: Orson Welles, Elisabeth Taylor, John Wayne – wenn sie nicht vor Ort drehten, waren sie in der filmreifen Hotellegende Sa Gavina in S'Agaró zu Gast und erholten sich an ebenso fotogenen Stränden. So machten sie die Küste im Ausland bekannt und ebneten letztlich auch dem Massentourismus den Weg.

Sonne und Meer für alle

Jahr für Jahr machen hier Millionen von Katalanen, Spaniern, Franzosen, Briten, Deutschen, Niederländern, aber auch Polen oder Australier Urlaub. Was sie suchen? Natürlich die Sonne und das Mittelmeer. Doch ansonsten sind die Geschmäcker durchaus verschieden. Die einen stehen auf Luxus und Sterneküche, die anderen auf einen naturnahen Campingurlaub. Die einen möchten an lauen Sommerabenden in einem romanischen Kreuzgang einem Kammerorchester lauschen, die anderen im Open-Air-Klub Mojito schlürfen und die Nacht durchtanzen. Und wenn für manche die Küste ein ideales Segel- oder Wanderrevier ist, dann wollen andere nur in einer einsamen Bucht die Seele baumeln lassen. Das Gute an der Costa Brava: Sie macht es allen recht. Jeder Küstenort ist anders, hat seine eigene Physiognomie, seine spezifische Klientel, seine Infrastruktur. Wenn sich in Sant Pere Pescador die Surfer und Camper wohlfühlen, zieht es die gut situierten Katalanen eher in die Gegend von Begur, französische Familien wiederum an den weiten Golf von Roses und Nachtschwärmer nach Platja D'Aro.

Autonomes Katalonien

Auch wenn es die Costa Brava allen Touristen recht macht – sie ist in vieler Hinsicht unverwechselbar. Zunächst weil sie in Katalonien liegt, einer autonomen Gemeinschaft innerhalb Spaniens. Mit eigener Sprache, Kultur und politischen Institutionen wie der Generalitat fühlen sich die Katalanen als Nation. Und das bekommen Sie auch als Besucher mit, wenn sie statt mit *buenos días* mit *bon dia* begrüßt werden und die Speisekarten Gerichte wie *suquet* oder *arros negre* anpreisen, die Weine in *blancs, negres* und *rosats* eingeteilt werden. Und erwarten Sie nicht, abends Flamenco zu sehen. Die Katalanen können sich eher für die *rumba catalana* begeistern – und auf den Dorfplätzen wird im Sommer *sardana* getanzt. Dazu bilden die Tänzer einen Kreis, fassen sich an den Händen und schreiten nach einem schwer zu durchschauenden Schema zu den schepperigen Klängen eines *cobla*-Orchesters.

Überall an der Costa Brava locken einsame Buchten, oft von Felsen umrahmt.

Geballte Kreativität, auch bei Speis und Trank

Die teils bizarre, mal raue, mal eher liebliche Landschaft mit der charakteristischen Tramuntana, dem Nordwind, der immer wieder mit Spitzengeschwindigkeiten über die Küste hinwegfegt, hat nicht nur bildende Künstler, sondern alle möglichen Kreativen hervorgebracht. Kreativ sind auch die Köche der Region. So haben sich die drei Roca-Brüder des Celler de Can Roca in Girona drei Michelin-Sterne erkocht und erkellnert. Nach Ferran Adriàs El Bulli (inzwischen Museum, s. Exkurs S. 39) in Roses wurde ihr Lokal mehrfach zum weltbesten Restaurant gekürt. Und viele eifern ihnen nach. An ihren Tafeln dürfen natürlich die edlen Tropfen der *denomicació d'origen* Empordà Costa Brava nicht fehlen. Längst sind sie kein Geheimtipp mehr und erzielen mitunter Spitzenpreise.

Naturparks und Botanische Gärten

Gewiss, der Tourismus hat auch negative Begleiterscheinungen: hässliche Bettenburgen, Ferienhaussiedlungen, die wie Krebsgeschwüre in die Landschaft wachsen, zugebaute einstige Traumstrände, lange Autoschlangen, die Dörfer und Zufahrtsstraßen verstopfen. Immerhin wurden einige, besonders fragile Landstriche unter Naturschutz gestellt. So die Gegend um die Medes-Inseln mit ihrer einzigartigen Meeresflora und -fauna, das Cap de Creus, die Alberes im Hinterland und das Feuchtgebiet der Aiguamolls, in dem unzählige seltene Vogelarten rasten oder zu Hause sind. Wer die Küste abwandert, wird noch zahlreiche unverbaute Naturstrände oder -buchten finden. Außerdem gibt es bei Blanes bzw. Palafrugell drei herrliche Botanische Gärten, die zeigen, welche Wunderwerke der Natur unter der südlichen Sonne gedeihen. Viel Spaß beim Entdecken Ihrer Costa Brava!

Die Costa Brava in Zahlen

3

Botanische Gärten gibt es zwischen Blanes und Calella de Palafrugell.

4

Naturschutzgebiete befinden sich entlang und vor der Wilden Küste.

5

Landkreise verteilen sich auf die Costa Brava: Alt Empordà, Baix Empordà, Gironès, Pla de l'Estany und La Selva.

8,5

Prozent (circa) betrug die Arbeitslosenrate im zweiten Halbjahr 2023 in der Provinz Girona.

23

Marinas und Yachthäfen bieten Anlegemöglichkeiten für alle Arten von Privatbooten.

20

Euro kostet der Liter Cocktail in Lloret de Mar.

32

Musik- und Kulturfestivals bringen die Costa Brava zum Tanzen.

44

Weinkellereien unweit der mittleren und nördlichen Küste keltern köstliche Tropfen.

80

Prozent der ausländischen Besucher an der Küste sind Franzosen, viele davon Tagesausflügler.

116

Jahre ist es her, dass der Journalist Ferran Agulló 1908 den Ausdruck Costa Brava erfand.

220

Kilometer lang ist die Küste zwischen Blanes und der französischen Grenze.

245

Buchten und Strände gibt es an der Küste.

3766

Deutsche sind im Herbst 2023 offiziell rund um die Costa Brava gemeldet.

5200

Jahre ist der erste Dolmen, ein Steingrab mit schwerer Felsplatte, im Parc Megalític bei Roses alt.

817.000

Besucher zählten die drei Dalí-Museen 2022, weniger als vor der Pandemie, aber wesentlich mehr als 2021. Nur das Dalí-Museum in Figueres hatte weniger Besucher.

8

Sterne-Restaurants, darunter ein Drei-Sterne-Lokal locken die Genießer.

So schmeckt die Costa Brava

Vorsicht! Beim Essen könnten Sie schon mal Schwarz sehen. Denn diese Farbe hat der *arros negre,* eine Art schwarze Paella, die ihre Farbe von der Tinte der Calamares bekommt und zu den Spezialitäten der Costa Brava gehört. Ein Hochgenuss, wenn sie gut gemacht ist! Aber nicht nur damit trumpft die katalanische Küche auf. Bei vielen Gerichten verblüfft die Zusammenstellung der Komponenten.

Die Küche der Costa Brava
Im Prinzip tischt eine typische Mittelmeerküche viel Olivenöl, Oliven, Gemüse, Salat, Reis, Hülsenfrüchte, Fisch und Meeresfrüchte auf, zu denen sich Pilze, Schinken, Fleisch, auch Wild aus den nahen Gebirgen, gesellen. Wie anderswo in Spanien isst man hier im Sommer als Vorspeise gern erfrischende *gazpachos.* Neben gemischtem Salat, *amanida verda,* gibt es beliebte Varianten wie *escalivada,* eine Art Salat aus gegrillten Paprikaschoten, Auberginen, Zwiebeln und Tomaten, oder *esqueixada* mit Tomaten, Zwiebeln und Stockfisch. Bei den Hauptgerichten gibt es neben allerlei Gegrilltem – besonders gut mundet es, wenn es auf Holzkohle, also *a la brasa,* gegart wird – oder Gebratenem allerlei Fleischragouts, *platillos* oder *estofats,* sowie einen köstlichen Fischeintopf namens *suquet,* bei dem neben verschiedenen Fischsorten Kartoffeln die Grundlage bilden. So etwas wie das Nationalgericht ist die *botifarra amb mongetes,* Bratwurst mit weißen Bohnen. Das am Weitesten verbreitete Dessert ist die inzwischen international bekannte *crema catalana,* eine Vanillecreme, die mit einer Karamellschicht überzogen wird. Doch stehen oft auch Torten *(tartas),* Eis *(gelat),* Obst *(fruita), pudin,* ein Dessert mit Milch und Eiern aus dem Ofen, oder Milchreis, *arros amb llet,* zur Auswahl.

Süße Lust – die Zuckerschicht der berühmten ›crema catalana‹ wird mit offener Flamme karamellisiert.

Überraschende Kombinationen
Oft kommen Sachen in einen Topf, die gemeinhin nicht zueinander passen – aber erstaunlich gut schmecken: Spinat und Rosinen zum Beispiel, Ente mit Birne oder Hühnchen und Languste, die Hauptingredienzien von *pollastre amb llagosta.* Für die sämige Sauce sorgt dabei u. a. dunkle Schokolade. Ja, so verrückt geht es an den Kochherden zu. Kein Wunder, dass aus dieser Region einige der kreativsten Köche der Welt hervorgegangen sind, etwa Ferran Adrià! Doch keine Sorge: Niemand muss sich auf kulinarische Experimente einlassen, der es nicht möchte. Wenn Ihnen der Sinn eher nach bodenständigen Eintöpfen, einer schlichten gegrillten Seezunge, Steak, Pizza oder Pasta steht – auch das lässt sich problemlos finden.

Mageres Frühstück – üppiges Sopar
Das **Frühstück** der Katalanen fällt – wenn nicht gerade im Hotel ein opulentes

KATALANISCHE GENÜSSE

Beliebte Beilage und kulinarische Visitenkarte der Katalanen ist der *pa amb tomàquet,* das **Tomatenbrot**. Dabei handelt es sich aber nicht etwa um Brot mit Tomatenscheiben. Vielmehr wird hier Weißbrot, getoastet oder ungetoastet, mit einer ausgedrückten Tomate getränkt, mit Salz und Olivenöl gewürzt – ganz nach Geschmack kann man das Brot vorher noch mit einer Knoblauchzehe bestreichen. Mit Aufschnitt, Käse, Anchovis oder *truita* (Forelle) oder dem typischen Kartoffelomelett (span.: *tortilla*) belegt, wird daraus ein leckeres Sandwich.

Büfett aufgetischt wird – eher mager aus. Viele Einheimische begnügen sich mit einem *cafè sol,* Espresso, *tallat,* Espresso mit etwas Milch, oder *cafè amb llet,* Milchkaffee, und einem Croissant oder einer *ensaïmada,* einer Art Hefeschnecke, die eigentlich aus Mallorca stammt. Zum **zweiten Frühstück** gönnen sie sich dann gern ein herzhaftes Sandwich, *entrepà,* das mit sehr reifen Tomaten bestrichen und mit Käse, Schinken oder anderem belegt wird. Dazu darf es dann schon mal eine *cervesa,* ein Bier, oder eine *clara,* ein Radler, sein. **Mittagessen,** katalanisch *dinar,* gibt es in den meisten Restaurants ab 13.30 oder 14 Uhr, **Abendessen,** katalanisch *sopar,* ab 20, meist aber erst gegen 20.30 oder 21 Uhr. Üblicherweise isst man drei Gänge. Zu Hause reicht vielen auch mal eine Pizza. Aber in geselliger Runde zelebrieren die Katalanen gern ein ausgedehntes Mahl mit Vor-, Haupt- und Nachspeise, das von *ví blanc, ví negre, rosat* – Weiß-, Rotwein, Rosé – sowie häufig auch von *cava,* dem katalanischen Sekt, begleitet wird. Das lassen sich die Schlemmer gern etwas mehr kosten, während sie mittags oft mit einem preiswerten Tagesmenü Vorlieb nehmen, das inklusive Getränk schon ab 12–15 € zu haben ist.

Tapas

Natürlich werden in vielen Lokalen, ob Bar, Cafeteria, Restaurant oder *xiringuito* (Strandkiosk), auch Tapas angeboten. Doch nicht so flächendeckend wie im Süden Spaniens, wo die Tapa-Kultur ursprünglich zu Hause ist. An der Costa Brava beschränkt man sich traditionell darauf, zu Wein, Bier oder Aperitif ein paar Oliven, Mandeln oder eingelegte Sardellen zu reichen. Inzwischen kann man sich aber auch andere Kleinigkeiten dazu bestellen.

So viel kostet in etwa ein Hauptgericht oder ein (Tapas-)Menü:

€	unter 20 Euro
€€	20 bis 40 Euro
€€€	über 40 Euro

Ihr Costa-Brava-Kompass

#4
Licht am Ende der Welt – **Cap de Creus**
geologisches Delirium
#5
Surreale Welten – **im Dalí-Museum von Figueres**
DIE LIPPEN VON MAE WEST
#6
Im Vogelparadies – **der Naturpark Aiguamolls**
Wer zwitschert denn da?
#7
Salzige Erfahrung – **Besuch im Anchovis-Museum von L'Escala**
Fischiges Vergnügen
#8
Zeitreise in die Antike – **die Ruinen von Empúries**
—SO SAH ES HIER VOR 2500 JAHREN AUS
#9
Leben unter Wasser – **im Glasbodenboot zu den Illes Medes**
Lust auf Korallen?
VORSICHT ABGRÜNDE!
GUT GESCHÜTZT
#11
Am Cap de Begur – **Wanderung Begur-Aiguablava**
#10
Wehrhaftes Mittelalter – **Pals und Peratallada**
4
5
6
7
8
9
10
11

Die nördliche Küste von Llançà bis Roses

Rau, wild und herb: So zeigt sich die Küste, wenn Sie bei Cerbère über die Grenze nach Portbou und Colera fahren. Wenn dann noch die Tramuntana, der kalte Wind aus dem Norden, über sie hinwegfegt, mag sich mancher erst mal fragen, ob das nicht eine Nummer zu hart für ihn ist. Aber rund um das Cap de Creus haben sich weiße Dörfer in die bizarre Mondlandschaft an der östlichsten Spitze Spaniens (hier bei Cadaqués) eingenistet, die einen mit ihrem Charme schnell gefangen nehmen.

Llançà 🕮 F–G 2

Was vor allem für Llançà (ca. 5000 Einw.) spricht, sind die wunderbaren, oft menschenleeren Strände und Buchten in seiner weiteren Umgebung. Rund um den Yachthafen mit dem markanten Felsen El Castellar reihen sich indes eher sterile Hotels, Apartmentanlagen und Lokale. Mehr Atmosphäre atmet da der etwa 1000 Jahre alte Ortskern, ca. 1 km im Landesinneren gelegen.

WAS TUN IN LLANÇÀ?

Sich ins Mittelalter begeben

Das soll beides Llançà sein? Wie Tag und Nacht wirken die moderne Siedlung am Hafen und der historische Ortskern. In Letzterem kann man sich eher vorstellen, dass er auf eine große Vergangenheit im Zeichen des Wein- und Olivenölhandels zurückblickt. Zeugen sind die mittelalterliche Kapelle **Sant Silvestre de Valleta,** der **Glockenturm** an der Plaça Major oder die **Pfarrkirche,** die sich zwischen den engen Gassen erheben.

In Aquarellen schwelgen

Wozu Licht und Landschaft der Costa Brava inspirieren können, das zeigen die zum Teil ganz zarten Bilder von José María Lozano im **Museu de l'Aquarel-la**, die der Künstler der Stadt vermacht hat.

Major, T 972 121 470, www.mda.cat, Di–Fr 9–13, 17–20, Sa 10.30–13, 17–20, So 10.30–13 Uhr, Eintritt frei

Strand-Hopping

Llançà werden Sie erst richtig zu schätzen wissen, wenn Sie die Strände und Buchten außerhalb des Zentrums entdecken. Das macht am meisten Spaß, wenn Sie sich zu Fuß auf die **Camins de Ronda,** die Küstenwanderwege, begeben. Die Parkmöglichkeiten in Strandnähe sind ohnehin rar. Egal, ob Sie sich in Richtung Norden oder Süden bewegen – hier findet jeder das passende Fleckchen. Besonders schön sind die **Platja Grifeu** (🕮 G 2)**, Platja La Farella**, **Platja del Cau del Llop** (beide 🕮 G 2), die Buchten rund um **Cap Ras** sowie die **Platja de Garbet** (beide 🕮 G 1).

SCHLEMMEN, SHOPPEN, SCHLAFEN

In fremden Betten

Traditionshaus
La Goleta

Seit 1975 sorgt die Familie Fernández-Punset für eine freundliche, familiäre Atmosphäre. Manche Zimmer haben Balkone, auf denen Jasminblüten zarten Duft verströmen. 50 m vom Strand entfernt, mit kostenlosem Parkplatz.

Pintor Tarruella 22, T 972 38 01 25, www.hotellagoleta.com, €

Rundum relaxen
Hotel Gri-Mar

Etwas außerhalb gibt es hier schicke Zimmer mit Klimaanlage. Pluspunkt: der schöne Garten mit Pool. Das Tauchzentrum ist 500 m entfernt.

Ctra. de Portbou, T 972 38 01 67, www.hotelgrimar.com, €–€€

Tolle Strandlage
Hotel Grifeu

Schön geführtes Haus an der Platja Grifeu. Wenn Ihr Zimmer keinen Meerblick hat, dann genießen Sie ihn von der Terrasse aus. Gutes Restaurant, Pizzeria und Cocktailbar.

Ctra. de Portbou 36, T 972 38 00 50, www.hotelgrifeu.com, April–Mitte Nov.,€€

Satt & glücklich

Kulinarische Oase
Espai Mos

Kaum zu glauben – hinter dem Hotel La Goleta versteckt sich eine stylishe und zugleich romantische Gartenterrasse. Genießen Sie die originellen Tapas!

La Goleta (▶ oben), Saison tgl. ab 13 Uhr, Tapas (satt) €€

Bodenständig

Pacu Pacu

Sympathisches Lokal an der Strandpromenade. Salate, gute Steaks, auch für den kleinen Hunger.

Passeig Marítim 5, T 972 12 03 92, Mo, Do–So 13–15.30, 20–22.30, Di 13–15.30 Uhr, €–€€

Sterneküche

Miramar

Paco Perez, einer der renommiertesten Chefs der Wilden Küste, jongliert gekonnt mit Austern, Thunfisch, Algen und Wagyu-Rind. Das hat ihm zwei Michelin-Sterne beschert. Zeit und ein dickes Portemonnaie mitbringen!

Passeig Marítim 7, T 972 38 01 32, www.restaurantmiramar.com, Di–Sa 13.30–15.30, 20.30–22.30, So 13.30–15.30 Uhr, €€€, Menüs ab 200 €

Stöbern & entdecken

Auf dem **Markt** (Mi 9–14 Uhr) finden Sie alles außer Fisch.

Sport & Aktivitäten

Auf und unter Wasser

Wer dem Meer auf den Grund gehen oder versteckte Buchten erkunden will, findet bei **C. I. Cap de Creus** (Martínez Lozano 9, www.cicapcreus.es, April–Okt.) alles Nötige fürs Schnorcheln oder Tauchen am Cap de Creus. Workshops und Ausflüge mit Kajaks, auch in Kombination mit Picknicks oder Weindegustationen, bietet **SK Kayak** (Kayak Costa Brava, Passeig Marítim 4, T 627 43 33 32, www.kayakcostabrava.com, Mo–Sa 8–14, 16–19, So 8–14 Uhr) an. Kurse und Material für alle, die surfen, segeln oder Stand-up-Paddeln praktizieren möchten, gibt es bei **Windiscovery** (Av. Mestral 34, T 685 19 81 93, www.windiscovery.com, Laden tgl. 10–18 Uhr).

Infos & Termine

Infos

Oficina de Turisme: Camprodón 16–18, T 972 38 08 55, www.visitllanca.cat, Zeiten. Infos zu Llançà, auch Wanderungen, Radtouren, Ausflüge zu Weinkellereien oder zum Kloster Sant Pere de Rodes sowie Führungen durch den Ort.

Termine

Wein und Musik: Mitte–Ende Juli. Die Weine der Region probieren und dazu Jazztrios, *havanares*-Gesängen oder

Kein Boot in Sicht? Macht nichts, es ist Nebensaison, an der Costa Brava ist es ruhiger geworden und selbst die Uferpromenade von Llançà ist nahezu menschenleer. Zeit, die Aussicht aufs Meer zu genießen und die Seele baumeln zu lassen.

Pyrenäenwanderung – **Walter-Benjamin-Route**

Eine tragische Geschichte und eine wunderbare Wanderung: 1940 floh der deutsch-jüdische Philosoph Walter Benjamin vor der Gestapo in den Grenzort Portbou, wo er sich in seiner Verzweiflung das Leben nahm. Der Walter-Benjamin-Weg lädt vom südfranzösischen Banyuls aus zu einer reizvollen Tour durch das Grenzgebirge ein.

Flucht über die Pyrenäen

Durchs Dunkel ins Licht, zur Weite des Meeres, in die Freiheit – das »Passagen«-Denkmal

Wie unzählige Verfolgte des Nazi-Regimes wollte Walter Benjamin auf der sogenannten Lister-Route aus dem besetzten Frankreich nach Spanien fliehen. 1940 machte er sich mit der Fluchthelferin Lisa Fittko von Banyuls-sur-Mer aus auf den Weg und lief über das schwer zu kontrollierende Alberesgebirge ins spanische **Portbou.** Für den herzkranken Schriftsteller war es eine ungeheure Strapaze. Zudem musste er, dort angekommen, befürchten, an die Gestapo ausgeliefert zu werden, da die französische Regierung keine Ausweispapiere mehr an Emigranten ausstellen durfte. »In der ausweglosen Lage habe ich keine andere Wahl, als dieser ein Ende zu machen«, schrieb er in seinem Abschiedsbrief an Adorno. »In einem kleinen Dorf in den Pyrenäen, in dem mich niemand kennt, wird sich mein Leben vollenden.« Wahrscheinlich starb er dort in der Nacht vom 26. auf den 27. September 1940 im Hostal de Francia an einer Überdosis Morphium.

Auf dem **Friedhof** am Südende von Portbou befindet sich Walter Benjamins Grab. In der Nähe hat ihm der israelische Künstler Dani Karavan das **»Passagen«-Denkmal** 1 gesetzt, eine Ikone der modernen Gedenkkultur: ein Tunnel aus rostigem Stahl, in dem eine Treppe zum Meer hinabführt. Im **Centre Cívic Ca l'Herrero** 5 (meist 18–20 Uhr) im Ortszentrum ist eine kleine Ausstellung zum Gedenkort zu sehen. In Erinnerung an Benjamin wurde sein Fluchtweg über die Pyrenäen als **Camí Walter Benjamin** (Chemin Walter Benjamin) angelegt.

Wandern auf dem Camí Walter Benjamin

Die rund 12 km lange Tour beginnt im südfranzösischen **Banyuls-sur-Mer** 2. Schilder weisen vom Bahnhof aus den Weg zum **Chemin Walter Benjamin** (Auskunft auch beim Tourismusbüro). Von der quirligen **Strandpromenade** in Banyuls laufen Sie zunächst am Flussbett entlang in Richtung Landesinneres zur Siedlung **Puig-del-Mas** 3. Von dort führt ein **markierter Pfad** den Berg hinauf. Erst geht es an üppigen Weinreben vorbei, dann durch immer kargere Felslandschaft. Links und rechts säumt wildes Gestrüpp aus Zistrosen den steinigen Weg, tief unten liegt die zerklüftete Küste. Der Weg steigt bis zum 540 m hohen **Coll de Rumpisa** 4 mit fantastischem Panorama an, dann geht es relativ steil bergab, zuletzt auf breitem Fahrweg durch ein ausgetrocknetes Flussbett und einen Tunnel ins Zentrum von **Portbou** 5, wo Sie die Wanderung mit einem erfrischenden Bad im Meer beschließen können.

▶ LESESTOFF

Sie möchten mehr über Walter Benjamin, seine Flucht und die damalige politische Situation erfahren? Einen spannenden Einblick geben seine Briefe aus jener Zeit: Walter Benjamin, **Gesammelte Briefe, Band VI 1938–1940,** Frankfurt a. M. (heute Berlin) 2000.

INFOS/ÖFFNUNGSZEITEN

Oficina de Turisme: Passeig Lluís Companys, Portbou, T 972 12 51 61, www.portbou.cat, Mo–Sa 10–14, 15–19, So 10–14, Winter Mo–Fr 9.30–14 Uhr. Die Touristinfo organisiert meist am letzten Sept.-So eine Wanderung mit Bustransfer nach Banyuls.

Office du Tourisme: Av. de la République 4, Banyuls-sur-Mer, T 0033 468 88 31 58, www.banyuls-sur-mer-com, Mo–Sa 9–12, 14–18, Saison tgl. 9–19 Uhr

Info zur Wanderung: Dauer ca. 5 Std., Schwindelfreiheit, gutes Schuhwerk, Proviant und Sonnenschutz erforderlich!

ÜBERNACHTEN UND ESSEN

Das freundliche **Hostal Juventus** 1 (Av. Barcelona 3, Portbou, T 972 39 02 41, www.hostaljuventus.com, €) bietet nicht nur gute Tapas und andere eher einfache Gerichte (Salate, Burger, Pizzas), sondern auch ordentliche, preiswerte Zimmer.

Faltplan: F 1 | **Bahn:** Portbou–Banyuls-sur-Mer (www.renfe.es) mehrmals tgl.

Pianisten lauschen? Dazu lädt Llançà im Sommer ein. Informationen zu den Veranstaltungen erhalten Sie in der Oficina de Turisme.
Festa Major: um den 21. Aug. Stadtfest von Llança.

Verkehr
Bahn: Verbindungen nach Portbou, Colera, Figueres, Girona, Barcelona usw. mit Renfe (T 972 38 02 55, www.renfe.com, Plaça de l'Estació).
Bus: Mit der Sarfa (Puigmal 5, www.moventis.es) Verbindungen nach Figueres, El Port de la Selva usw.

IN DER UMGEBUNG

Mittelalter oder Prähistorie?

Gleich hinter der quirligen Küste versetzt einen der **Paratge Natural d'Interès Nacional de l'Albera** (F 2) in frühere Jahrtausende zurück. Rund um die Dörfer, in denen die Qualitätsweine Empordà Costa Brava gekeltert werden, verteilen sich in der archaisch anmutenden Landschaft dieses Naturparks bis zu 4000 Jahre alte **Dolmen und Menhire.** Eine der Steinstelen bei **Vilamaniscle** (F 2) ist sogar 3,5 m hoch und 2,6 t schwer.
Bei **Rabós d'Empordà** (E 2) haben sich außerdem die Ruinen des **Monestir de Sant Quirze de Colera** (T 972 56 20 83, Juli/Aug. 11–13, 16–18/19, sonst Sa/So 11–13.30 Uhr, 3 €) erhalten. Bereits im 10. Jh. erbaut, wurde die einstige Benediktinerabtei mehrmals erweitert, später aber dem Zerfall überlassen. Inzwischen ist das Kloster restauriert und kann besichtigt werden.

Leckeres vom Holzkohlegrill

Corral de Sant Quirze
Gegenüber vom ehemaligen Kloster lädt dieses Lokal vor allem zu Gerichten rund um auf Holzkohle gegrilltem Fleisch ein.

C. Sant Quirze, Rabós d'Empordà, T 972 19 31 86, Sommer Do–Mo, sonst Sa/So 9–17 Uhr, €–€€

Wandern im Grenzgebiet

Am Kloster starten auch einige **Wanderwege** in die Berge im Grenzgebiet zu Frankreich. Über weitere Wandermöglichkeiten informiert die Touristeninformation.

El Port de la Selva

G 2

Inzwischen muss man sie mit der Lupe suchen – die Fischerdörfer an der Costa Brava. Aber dies ist tatsächlich eines. Davon können Sie sich vor allem nachmittags überzeugen, wenn der Fang an Land gebracht und die Netze zum Trocknen ausgebreitet werden. Dazu kommen Boote von Urlaubern, die das Cap de Creus ansteuern, und bei starkem Nordwind die Surfer. Hoch oben in den Bergen können Sie dem Treiben im kleinen Hafen vom Kloster Sant Pere de Rodes aus zuschauen.

Die Bebauung an der Bucht mit ihren knapp 1000 Einwohnern ist recht dezent. Vielleicht, weil die vorwiegend konservativen Katalanen, die sich hier zusammen mit französischen Familien erholen, keine großen Veränderungen wünschen.

WAS TUN IN EL PORT DE LA SELVA?

Selva de Mar erkunden

Keinesfalls versäumen sollten Sie einen Besuch zu Fuß oder per Fahrrad im verträumten Ortsteil Selva de Mar, der sich direkt unter dem mächtigen Kloster Sant Pere de Rodes ins Hinterland schmiegt. Rund um die hübsche *plaça* lassen sich einige nette Lokale finden. Eine Institution ist die urige **Stop Bar** (Port de la Selva 1, Mi–Mo ab 12, Sa/So durchgehend, sonst u. U. 15–18 Uhr geschl.) mit Terrasse, Billardtischen und Theaterbühne, wo es noch zugeht wie vor ein paar Jahrzehnten.

Zu den besten Winzern – **Weinprobe im Empordà**

Ein Schluck katalanischer Wein oder Cava gefällig? Kein Problem. Im Hinterland der nördlichen Costa Brava, dem Empordà, werden edle Tropfen gekeltert. Während Sie von Dorf zu Dorf die sanfte Hügellandschaft der Alberes durchstreifen, können Sie sich – wenn Sie nicht selbst fahren – zu Ihrem Lieblingstropfen durchtrinken.

Lange Tradition

Schon die Griechen brachten Rebstöcke an die Costa Brava. Im Mittelalter setzten dann die Klöster der Umgebung den Anbau an den terrassierten Berghängen fort, bis um 1880 herum die Reblaus alles zunichtemachte. Im 20. Jh. wurde dann wieder, zunächst einfacher, Wein produziert, bis um 2000 eine Qualitätsoffensive einsetzte.

Die DO Empordà Costa Brava

Unter der Herkunftsbezeichnung Empordà Costa Brava firmieren spritzige Weiß- und Roséweine ebenso wie vollmundige Rote und *caves*, Letztere wie Champagner in Flaschengärung hergestellt. Traditionell fließen bei Rosés und Roten vor allem die Rebsorten Carinyena und Garnatxa, inzwischen auch Merlot, Cabernet Sauvignon oder Syrah ein.

Und daraus soll wunderbarer Wein werden?

Vielleicht mal probieren – oder doch lieber warten und den daraus gewonnenen Rebsaft genießen?

Für den besonderen Charakter sorgen die intensive Sonneneinstrahlung, das Meer, dem die milden Temperaturen zu danken sind, die Vielfalt an Böden und vor allem die Tramuntana: Der eisige Nordwind tilgt jegliche Feuchtigkeit, sodass sich weder Pilze noch Krankheitskeime ausbreiten können.

Von Peralada ins Weindorf Capmany

Motor der Qualitätsoffensive war die Schlosskellerei der Adelsfamilie Suqué-Mateu in **Peralada,** die **Caves Castell de Peralada** 1, die u. a. preisgekrönte Spitzenweine wie den Finca Garbet produziert. Gleich gegenüber vom Schloss lädt ein Laden zur Degustation, bei vorheriger Anmeldung auch zu Führungen durch Kellerei und Weinberge, ein.

Weiter geht es über **Mollet de Peralada** mit ***lavinyeta** 2, wo der kraftvolle rote Heus Negre erhältlich ist, über die **Terra Remota** 3 in **Sant Climent de Sescebes,** in der ein französischer Notar mit seinem Caminante von sich reden gemacht hat, nach **Capmany.** Hier gibt es ein halbes Dutzend Kellereien, vom 125 Jahre alten Familienunternehmen **Marià Pagès** 4 über die winzigen **Cellers Santamaria** 5 mit ihrer Marke Gran Recosind und Weinmuseum bis zu **Pere Guardiola** 6. Den Besuch lohnt besonders der **Celler Oliver Conti** 7, der mit Merlot, Gewürztraminer und Sauvignon blanc experimentiert. Ein Muss ist noch der Traditionsbetrieb **Oliveda** 8, der sein kleines Weinmuseum für Besucher öffnet.

Newcomer an der Küste

Auch im Hinterland wird Wein angebaut, ob in **Selva de Mar,** wo mit dem **Mas Estela** 9 einer der wenigen Ökowein-Erzeuger seinen Sitz hat, oder **Cadaqués,** wo im **Celler Martín Faixó** 10, Faixós Produkte abgefüllt werden. Im unscheinbaren **Colera** hat sich der **Celler Hugas de Batlle** 11 mit seinen Marken Coma Fredosa und Falguera profiliert.

UM DIE ECKE

Neben der **Schlosskellerei** 1 lohnt **Peralada** selbst mit **Schloss, -garten, Kasino** und Relikten eines **Karmeliterklosters** den Besuch. Im Sommer findet hier ein renommiertes internationales **Musikfestival** statt (www.festivalperalada.com).

INFOS/ÖFFNUNGSZEITEN

www.doemporda.cat/de: guter Überblick über die Empordà-Winzer, Weinproben und Führungen. In den *bodegas* (kat.: *cellers*) meist gratis Weinverkostung.

Caves Castell de Perelada 1: Paratge la Granja s/n, Perelada,T 972 53 80 01, www.perelada.com, Führungen ab 25 €

Celler *lavinyeta 2: Carretera de Mollet–Masarac, Mollet de Peralada, T 647 748 809, www.lavinyeta.es, Di–Sa 10–14, 16–20, So 10–14, Führung/Weinprobe Juli–Sept. tgl., sonst Sa/So, Fei 10.30–12.15, 12.30–14.15 Uhr, 17,50 €

Terra Remota 3: Els Tallats, km 6, Carretera de Capmany, Sant Climent de Sescebes, T 972 19 37 27, www.terraremota.com, Mo–Fr 10–18 (Winter bis 17), Weinprobe Mo–Fr 10.30, Sa/So 11, 16 Uhr, 22 €

Celler Marià Pagès 4: Pujada 6, Capmany, T 972 54 91 60, www.cellermpages.com, n. V.

Cellers Santamaria 5: Plaça Mayor 6, Capmany, T 972 54 90 33, Mo–Sa 9–13, 16–20, So 10–12 Uhr, kostenlos

Celler Pere Guardiola 6: Ctra., km 2,9, Capmany, T 972 54 90 96, www.pereguardiola.com, n. V.

Celler Oliver Conti 7: Puignau s/n, Capmany, T 972 19 31 61, http://celleroliverconti.com, Mo–Fr 8–13 Uhr und n. V.

Oliveda 8: De la Roca 3, Capmany, T 972 54 90 12, www.grupoliveda.com, Mo–Fr 9–18/19, Sa 10–18 Uhr, auch Wein-Picknicks (s. Website)

Mas Estela 9: ▶ S. 25

Celler Martín Faixó / Sa Perafita 10: ▶ S. 29

Celler Hugas de Batlle 11: Francesc Rivera 28–30, Colera, T 972 38 91 49 www.cellerhugasdebatlle.cat, n. V.

WEINBEGLEITUNG VOM GOURMETKOCH

Paco Pérez vom Zwei-Sterne-Restaurant Miramar (▶ S. 17) lädt im **Shiro** 1 (T 972 538363, www.shiroperalada.com, Sommer Di–So 19.30–22.30 Uhr, €€) in Peraladas Schlossgärten zur Asienreise ein – mit Wagyu-Burgern, eigenwillig interpretierten Teigtaschen etc. Reservieren!

SCHLAFEN ZWISCHEN REBEN

Wenn Sie möchten, können Sie auch zwischen den Reben übernachten. Einige *bodegas*, z. B. Martin Faixò, Oliver Conti oder Mas Estela machen's möglich.

Faltplan: D–G 2–3

Von Cadaqués aus lassen sich die Buchten rund um das Cap de Creus herrlich vom Wasser aus erkunden, ob per Kajak, per Motor- oder Segelboot in eigener Regie oder auf einer gebuchten Tour.

SCHLEMMEN, SHOPPEN, SCHLAFEN

In fremden Betten

Familiäre Atmosphäre
Hostal La Tina
Freundliche Zimmer und Apartments auch für größere Familien oder Gruppen. Hier gibt es sogar einen großzügigen Spa.
Major 15, T 972 38 71 49, www.hostallatina.cat, Dez. geschlossen, €€

Wellness im Hotel
Aparthotel Spa Cap de Creus
20 Komfortzimmer, teils mit Meerblick und Jacuzzi. Großes Angebot an Massagen und Physiotherapie. Zwei Restaurants, Fahrradverleih und Kajakausflüge.
Illa 10, T 972 38 81 07, www.hotelportdelaselva.com, €€

Im Grünen
Camping Port de la Selva
Idyllische Lage abseits vom Ortszentrum. Mit Schwimmbad, Kinderspielplatz, Supermarkt.
Carretera de Cadaqués, T 972 38 72 87, www.campingportdelaselva.com, €

Satt & glücklich

Terrasse am Meer
Can Petitu
Für einen Aperitif mit ein paar Tapas genauso zu empfehlen wie für ein mehrgängiges Abendessen bei Sonnenuntergang. Auch Kunstausstellungen und Livemusik.
Del Mar 20, T 640 724 746, Sommer tgl. 12–16, 19.30–23 Uhr, Winterhalbjahr Schließzeiten/-tage

Katalanische Hausmannskost
La Tina
Suquet, gegrillte Tintenfische, gefüllte Cannelloni – alles ist unprätentiös und lecker zubereitet.
Hostal La Tina (s. links), Di–So 13–15, 20–22 Uhr, im Winter nur mittags, €

Traditionell
Ca L'Herminda
Der Klassiker in El Port de la Selva. Reis mit Languste, Rotbarben mit Basilikum und gewagte Kreationen wie Eisbein mit Langostinos. Dazu gibt es gute Weine.
Illa 7, T 972 38 70 75, www.herminda.com, April–Okt. ab 13 und ab 19.30 Uhr, €€

Stöbern & entdecken

Markttag ist Fr (ca. 9–14 Uhr).

Ökowein

Mas Estela

Wer einen der wenigen Ökoweine der Gegend erwerben möchte, wird 1 km südlich des Ortszentrums von Selva de Mar im Mas Estela von Núria Dalmau und Diego Soto fündig.

Selva de Mar, www.masestela.com

Sport & Aktivitäten

Buchten und Strände

Je weiter weg vom Hauptstrand, desto schöner. Richtung Cap de Creus lockt z. B. die Nudistenbucht **Cala Tamariua** (🗺 G 2). Weiter entfernt und nur per Boot oder Wanderung zu erreichen ist die wunderbare **Cala Tavallera** (🗺 G–H 2). Einfacher zu Fuß erreichbar sind Buchten zwischen El Port de la Selva und Llançà.

Wassersport

El Port de la Selva ist ein Mekka der Windsurfer. **Adosveles Windsurf** (Platja El Pas, www.adosveles.com) bietet am Hauptstrand Material und Kurse an, aber auch wer ein Kajak leihen oder SUP machen möchte, wird fündig (Kurse und Verleih). Der **Club Nàutic Port de la Selva** (La Lloia s/n, T 972 38 00 00, www.cnps.es, 328 Liegeplätze) bietet Segelturns, Segelkurse und ein Tauchzentrum.

INFOS & TERMINE

❶ **Oficina de Turisme:** Llançà 3, T 972 38 71 22, www.elportdelaselva.cat. Infos zu El Port de la Selva, Aktivitäten, Hotels usw.

❶ **Festa Major:** 5. Aug. Hauptfest von El Port de la Selva.

❶ **Bus:** mit der Sarfa (www.moventis.es) Verbindungen nach Llançà, Figueres, Cadaqués usw.

Cadaqués 🗺 H 3

Das Künstlerdorf schlechthin! Dieses Attribut haftet dem weißen Dorf noch immer an, auch wenn hier nicht mehr die ganz großen Namen anzutreffen sind. Immerhin haben einst Picasso, Paul Éluard, Santiago Rusiñol, Utrillo, Duchamp und Richard Hamilton dem Ort ihren Stempel aufgedrückt. Und vor allem Salvador Dalí, der hier lange am Hafen von Portlligat residierte. Inzwischen gesellen sich zu den wenigen verbliebenen Kunstgalerien unzählige Lokale, Boutiquen, Hotels und Maklerbüros, mit denen die Preise in die Höhe gestiegen sind. Aber das einzigartige Naturschauspiel Cap de Creus ist immer noch einen Besuch wert.

WAS TUN IN CADAQUÉS?

Durch den historischen Ortskern

Mitten im Ortskern erhebt sich als Wahrzeichen der Stadt die mächtige Pfarrkirche, die **Església de Santa Maria,** aus dem 16./17. Jh. Unzählige Maler haben sie verewigt, Besuchermagnet ist nicht nur der mächtige Barockaltar, hier finden auch häufig Konzerte statt.

MUSEEN, DIE LOHNEN

So lebte ein Exzentriker

Casa-Museu Salvador Dalí

Ein Muss für Dalí-Fans sind Haus und Garten im Ortsteil Portlligat (▸ S. 31).

Modern und zeitgenössisch

Museu de Cadaqués

Ausgestellt sind hier Werke von Dalí und Picasso, daneben auch Arbeiten zeitgenössischer Künstler, die mit dem Ort in Verbindung stehen. Interessante thematische Ausstellungen.

Narcís Monturiol 15, T 972 25 88 77, Sommer tgl. 10–20, sonst Mo–Sa 10.30–17.30, So bis 14Uhr, 5/4 €

Romanische Höhenflüge – **Sant Pere de Rodes**

Serpentinen über Serpentinen: Schon die Anfahrt bis auf 520 m Höhe ist spektakulär. Erst recht der Blick von Sant Pere de Rodes über die Küste mit dem Cap de Creus. Innen taucht man in die 1000-jährige Geschichte des Benediktinerklosters ein, das zu den bedeutendsten romanischen Bauwerken Spaniens gehört.

Zeitreise ins Mittelalter

Die Ursprünge von **Sant Pere de Rodes** 1 liegen im Dunkeln. Schon im frühen Mittelalter sollen Mönche hierher gekommen sein, um Reliquien des hl. Petrus in Sicherheit zu bringen. 878 erstmals urkundlich erwähnt, erlebte das Kloster seine Glanzzeit, als ihm der Adlige Tassi und Graf Gausfred von Ampurias große Ländereien schenkten. Es wurde eines der bedeutendsten geistlichen Zentren und Pilgerziele seiner Zeit. Auch wirtschaftlich blühte das Kloster durch intensiven Weinanbau – bis Kriege, Epidemien und Piratenüberfälle seinen Niedergang einleiteten. 1835 aufgelöst und zunehmend verfallen, wurde es 1930 zum Nationaldenkmal erklärt und inzwischen umfassend restauriert.

Wie eine Trutzburg Gottes liegt Sant Pere de Rodes im Hinterland des Cap de Creus.

Von der Kirche zum oberen Kreuzgang

Vom **Parkplatz** führt ein kurzer Weg zu dem monumentalen Gebäudekomplex. Als Erstes sticht die romanische **Kirche** ins Auge. Hinter den Fragmenten des kunstvollen Marmorportals Meister Cabestanys liegt der mystisch anmutende **Innenraum** aus dem 10. und 11. Jh.: Mächtige Säulen

UM DIE ECKE

Vom Kloster aus können Sie in ca. 20 Min. auf einem schmalen Pfad zu den Ruinen des **Castell Sant Salvador de Verdera** 2 aufsteigen und vom Bergkamm die fantastische Sicht auf die Ebene des Alt Empordà genießen.

mit antikisierenden Kapitellen tragen das 16 m hohe Tonnengewölbe des Hauptschiffs. Den Chor bilden drei Apsiden mit Chorumgang, darunter liegt die **Krypta,** wo sich einst Reliquien des heiligen Petrus befanden. Auf der gegenüberliegenden Seite ist erst 1989 der **untere Kreuzgang** zum Vorschein gekommen. Ehemals umfasste er vier Galerien mit Säulengängen. Doch als das Kloster im 12. Jh. zu Wohlstand gelangt war, wurde er zugeschüttet, um darüber den **oberen Kreuzgang** zu errichten, der heute Herzstück des Klosters ist. An der Ostseite zweigt der **Kapitelsaal** ab, an der Südseite das **Refektorium** mit Spitzbogengewölbe, wo früher bis zu 20 Mönche aßen.

Die stimmungsvolle Kulisse kommt im Juli und August beim **Musikfestival Sant Pere de Rodes** mit Konzerten klassischer Musik zum Klingen (http://festivalsantpere.com).

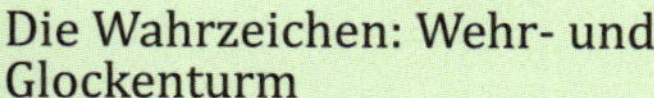

Die Wahrzeichen: Wehr- und Glockenturm

Ein Aussichtspunkt gibt den Blick auf den 27 m hohen **Wehrturm** aus dem 12. und 13. Jh. frei, der den Mönchen bei Plünderungen Zuflucht bot. Daneben erhebt sich der elegante, dreigeschossige **Glockenturm** mit Rundbogenfenstern und kunstvollen Verzierungen im lombardischen Stil. Weiter geht es zum oberen **Chorumgang,** zur kleinen **Kapelle Sankt Michael** und den zinnengekrönten **Sakristeien.** Außerhalb des Klosters stand im 15. und 16. Jh. noch ein **Abtspalast,** wo bei Ausgrabungen 658 Gold- und Silbermünzen gefunden wurden.

INFOS/ÖFFNUNGSZEITEN

Monestir Sant Pere de Rodes: Camí de Monestir s/n, El Port de la Selva, T 972 38 75 59, Okt.–Mai 10–17.30, Juni–Sept. Di–So, Fei 10–20, Karfreitag–Oster-So 10–19, Oster-Mo 10–17.30 Uhr, 5/4 €, unter 16 Jahren Eintritt frei, Führung 4 €

KULINARISCHES FÜR ZWISCHENDRIN

Das **Restaurant des Klosters** (angepasst an die Öffnungszeiten des Klosters, bis 16 bzw. 19 Uhr) lädt mittags auf seine Panoramaterrasse ein. Die Tagesmenüs mit guten Weinen und Kaffee kosten ab 22 €.

Faltplan: G 2 | **Auto:** (11 km) | **zu Fuß:** via La Vall de Santa Creu (7 km)

Strände und Buchten besuchen

Einladender als der Hauptstrand sind die kleinen Buchten rechts und links davon, vor allem rund um das **Cap de Creus** (🗺 H 2). Auch wenn Sie mit Auto oder Es Trenet in deren Nähe kommen – das letzte Stück müssen Sie meist zu Fuß zurücklegen. In der entgegengesetzten Richtung liegt die **Platja Sa Sabolla** (auch: Sa Cebolla) auf dem Weg zum **Far de Cala Nans** (🗺 H 3). Der Leuchtturm ist in einer etwa einstündigen Wanderung zu erreichen.

SCHLEMMEN, SHOPPEN, SCHLAFEN

In fremden Betten

Nett und unkompliziert
Hostal Cristina

Das Richtige, wenn Sie keine großen Ansprüche haben, aber mitten im Geschehen sein möchten. Freundlicher Service, einige Zimmer mit Terrasse. Kein Frühstück, aber Küchenbenutzung.

Riera de Sant Vicenç 1, T 972 25 81 38, www.hostalcristina.eu, €, kein Frühstück

Charmante Oase
Hotel Blaumar

Gut versteckt hinter der Bucht Es Pianc ist das Haus eine Oase der Ruhe. Garten mit kleinem Pool, auch Drei- und Vierbettzimmer in mediterranem Stil mit Klimaanlage.

Kein Wunder, dass sich im Sommer um die winzige Bar **Brown Sugar** (Vigilant s/n, T 659 38 11 54, je nach Jahreszeit 10–3 Uhr) ganze Menschentrauben scharen: Neben köstlichen Fruchtcocktails gibt es frische Salate, Humus und andere gesunde Kleinigkeiten zu essen. Abends häufig Livemusik.

Massa d'Or 21, T 972 15 90 20, www.hotelblaumar.com, Ostern–Okt., €€, Frühstück 16 €

Fantastischer Panoramablick
Arrels Hotel Cadaqués

Hoch über dem Dorf breitet sich das Hotel mit seinen Bungalows und großer Terrasse aus. Garten, Pool, Bar, Cafeteria und kostenloser Parkplatz. Nur Erwachsene!

Carretera de Roses 4, Urbanització Majorica, T 972 25 88 60, www.arrelshotelcadaques.com, €€–€€€

Satt & glücklich

Kulinarische Oase
Norai

Etwas versteckt am südlichen Ende der Bucht beim Hotel Llané Petit kann man es sich auf der Terrasse und in eleganten Innenräumen gemütlich machen. Sehr gute Reis- und Fischgerichte, auch originelle Vorspeisen. Sehr freundlicher Service. Möglichst reservieren!

Doctor Bartomeus 37, T 606 89 17 16, in der Saison Mi–Mo ab 13 und ab 20 Uhr, sonst weitere Schließtage, €€–€€€

Fangfrisch
Es Baluard

Eines der wenigen Lokale, die tatsächlich frischen Fisch aus Cadaqués servieren. Und der wird gekonnt zubereitet. Das Ganze wird abgerundet durch raffinierte Desserts wie confierte Feigen aus dem eigenen Garten mit Zimt und Quark.

Riba Nemesi Llorens 2, T 972 25 81 83, www.esbaluard-cadaques.net, tgl. ab 13 und ab 20 Uhr, teils Schließzeiten, nur telefonische Reservierung, €€–€€€

Stöbern & entdecken

Montags (8–14 Uhr) findet der **Wochenmarkt** statt. Rund um die Uferpromenade und im alten Ortskern gibt es **Boutiquen** mit Mode und Antiquitäten. Kunstfreunde können sich in einem knappen Dutzend **Galerien** umsehen.

Endlich Pause, mag das Hündchen denken. Denn warm kann es Mensch wie Tier auch hier in Cadaqués schon werden, selbst wenn am Wasser eine sanfte Brise weht.

Wein

Celler Martín Faixó / Sa Perafita

Nicht nur als Souvenir bieten sich die Weine des Familienbetriebs Martín Faixós an, die in der *bodega* oberhalb des Ortes gekeltert werden. Das Gut liegt im Naturpark Cap de Creus.

Mas Perafita, Ctra. de Cadaqués s/n, T 972 25 89 54, www.martinfaixo.com, tgl. 9–21 Uhr

Wenn die Nacht beginnt

Im Carrer Miquel Rosset reiht sich ein Lokal an das andere – vom exotisch angehauchten **Café Tropical** (Nr. 19, Sommer tgl. ab 22, Winter Fr/Sa 22–3 Uhr, zeitweise geschl.) bis zum **La Frontera** (Nr. 22, Sommer tgl., Winter Fr/Sa 22–3 Uhr, zeitweise geschl.). Wesentlich romantischer ist jedoch das **Café de la Habana** (Doctor Bartomeus 2, Sommer tgl., Winter Fr/Sa ab 22.30 Uhr, zeitweise geschl.). Dort singt um 23 Uhr El Nano seine wunderbar nostalgischen Lieder zur Gitarre.

Sport & Aktivitäten

Bootsausflüge

Zwei Stunden Seeluft schnuppern, das Cap de Creus vom Wasser aus betrachten und baden kann, wer sich auf dem geschichtsträchtigen **Segelboot Sant Isidre** (Platja Gran, T 629 96 02 98, www.chartersantisidre.com, Mitte April–Okt., auch Privattouren, u. U. vor Ort erfragen) einschifft. Auch weitere Tourangebote. **Creuers Cadaqués** (Platja Gran, T 615 63 61 57, www.creuerscadaques.com) veranstaltet u. a. Bootstouren von Cadaqués über das Cap de Creus, die Illa Encalladora und Portlligat, dann retour (90 Min.), im Sommer auch Transfer zu Buchten am Kap (40 Min.). Mit der **Barca Gala Dalí** (Platja de Portlligat, Portlligat, T 617 46 57 57, www.excursionesbarcagaladedali.com) startete früher Dalís Ehefrau und Muse zu kleinen Trips auf dem Wasser, heute lädt ihr Boot auch andere dazu ein. Alternativ bietet sich die **Barca Adela** an.

Licht am Ende der Welt – **Cap de Creus**

Kein Zufall, dass hier 1971 Jules Vernes »Das Licht am Ende der Welt« verfilmt wurde: Eine bessere Kulisse kann es dafür nicht geben als die zerklüfteten Felsen an der östlichsten Spitze Spaniens, wo die Pyrenäen in einer vom Wind umtosten Mondlandschaft enden.

Tradition in Cadaqués und den umliegenden Gemeinden ist es, das neue Jahr bei Sonnenaufgang am Cap de Creus zu begrüßen.

Die **Tramuntana**, der starke Nordwind, kann nicht nur für Wassersportler, sondern auch für Wanderer und andere Besucher lebensgefährlich werden. Außerdem braucht, auch wer nur zum Baden kommt, bei den schroffen Felsen solide Schuhe.

Die hochdramatische Landschaft an der östlichsten Spitze der Iberischen Halbinsel hat tatsächlich etwas von einem »grandiosen geologischen Delirium«, wie Dalí es nannte. In mehr als 450 Mio. Jahren haben sich die bizarren Felsformationen durch Faltenbildungen sowie durch Wind- und Wassererosion herausgebildet. An ihnen lassen sich alle geologischen Phasen vom Paläolithikum bis heute verfolgen und die verschiedensten Gesteinsarten von Kalkstein und Granit über Schiefer bis zu Feldspat und Quarz entdecken. Die exponierte Lage liefert das Gebiet der Tramuntana, dem kalten Nordwind aus, der regelmäßig mit Spitzengeschwindigkeiten von bis zu 120 km/h über die Küste hinwegfegt.

Skurille Flora, seltene Fauna

Durch die Tramuntana nehmen die spärlichen Zistrosen-, Rosmarin- und Wacholdersträucher, die auf den kargen Felsen wachsen, die skurrilsten Formen an. Hier leben seltene Vogelarten wie Habichtsadler, Fahlsegler oder Schlangenadler. Ab Ende März fliegen die Transsahara-Zugvögel ein, später gesellen sich Schwärme von Balearen-Sturmtauchern zu den unzähligen Möwen. Taucher schwärmen von der reichen Unterwasserwelt – mit etwas Glück können Sie Braune Zackenbarsche, Polypen, Purpurseesterne, Rote Gorgonien und Meeraale sichten. Im Leuchtturm informiert der **Espai Cap de Creus** 1 über das Kap, seine Flora, Fauna und Geologie.

Dalís Inspirationsquelle

Das Cap de Creus war – und ist – Inspirationsquelle für viele Künstler, vor allem aber für Salvador Dalí. Ihn begeisterte die Landschaft so sehr, dass er sich

Ein Faszinosum, nicht nur für Dalí und Jules Vernes, sind die karge Landschaft, das Licht- und Wolkenspiel am Cap de Creus.

mit seiner Frau Gala an der nahe gelegenen **Bucht von Portlligat** niederließ und dort 1930–82 regelmäßig lebte und arbeitete. Seine Residenz, heute **Casa-Museu Salvador Dalí** 2, besteht aus mehreren Fischerhäuschen, die er zu einer Art Gesamtkunstwerk zusammenfügte. Oben auf dem Dach ragen weiße Eier sowie silbern eingefärbte Köpfe zwischen Eukalyptus- und Pinienbäumen hindurch. Aber auch Atelier, Schlafzimmer und Wohnräume tragen unverkennbar die Handschrift des Surrealisten – bis hin zum phallusförmigen Swimmingpool!

INFOS/ÖFFNUNGSZEITEN

Espai Cap de Creus 1: Far del Cap de Creus, Juni–Sept. Mo–Mi, Sa/So 10–19, Do/Fr 10–14, 15.30–18.30, sonst 9–16.30 Uhr, 2/1 €

Casa-Museu Salvador Dalí 2: Platja Portlligat s/n, Portlligat, T 972 25 10 15, www.salvador-dali.org, Mitte Juni–Mitte Sept. 9.30–21, Mitte Febr.–Mitte Juni, Mitte Sept.–31. Dez. 10.30–18 Uhr, letzter Einlass 50 Min. vor Schließung, Juli/Aug. 18/15 €, nur Garten 10/7 €, sonst 15/9 €, 8/5 €, unter 9 Jahren Eintritt frei

KULINARISCHES FÜR ZWISCHENDRIN

Kultstatus genießt das Bar-Restaurant **Cap de Creus** 1 (Ctra. Cap de Creus s/n, T 972 19 90 05, www.restaurantcapdecreus.com, Hochsaison Mo–Do 8.30–22.30, Fr/Sa bis 23.30, Nebensaison tgl. 9.30–20 Uhr, €–€€), das katalanische und indische Gerichte sowie Tapas serviert. Im Sommer oft Livemusik.

Faltplan: H 2 | **Anfahrt Cap de Creus:** 8 km von Cadaqués (Zufahrtsbeschränkung, kurvenreich, ► S. 32) | **Portlligat: Bus** ab Cadaqués, Parkplatz vorhanden

Motorboote selber steuern

Für alle, die selbst Kapitän sein wollen, gibt es Motorboote unterschiedlicher Größe. **Cadaquésrent** (Av. Caritat Serinyana 4, T 678 43 17 22, www.cadaquesrent.es) verleiht Motorschlauchboote, das kleinste Boot, Capelli Tempest 400 für maximal 4 Personen (halber Tag 255 €, ganzer Tag 310 €), darf sogar ohne Bootsführerschein gesteuert werden. Ein weiterer Anbieter, **Cadaqués Boats** (Plá Dels Llorens, Nau 205, T 637 87 47 41, www.cadaquesboats.com), hat verschiedene Bootstypen im Angebot, die Preise sind vergleichbar.

Wassersport

Mal vom Wasser aus die Buchten rund um Cadaqués und den Ortsteil Portlligat erkunden? Das geht mit **Kayaking Costa Brava** (Platja de Portlligat, T 972 77 38 06, 646 90 15 88, www.kayakingcostabrava.com, Juni–Sept. tgl. 10–19 Uhr, zu Beginn und Ende der Saison u. U. kürzer). Auch wenn die Bedingungen zum **Surfen** in der Bucht von Cadaqués nicht optimal sind, bei entsprechendem Wind kann es Spaß und Kinder können sich mit dem Brett vertraut machen. **Ones** (Av. Víctor Rahola 30, Platja de Ses Oliveres, T 635 22 90 22, www.onescadaques.com) verleiht Windsurf-Bretter, Kajaks und SUPs etc., auch Exkursionen werden angeboten. Ein Eldorado für **Taucher** ist das Meer am Cap de Creus. Ausrüstung, Tauchgänge und Kurse bieten das **Diving Center Cadaqués** (Platja d'es Poal, T 648 96 92 92, www.divingcentercadaques.com) und das **Sotamar Diving Center** (Av. Caritat Serinyana 17, T 972 25 88 76, www.sotamar.com) an.

Genügsam, aber freigebig: Feigenkakteen entwickeln schöne Blüten und essbare Früchte, die Kaktusfeigen.

INFOS & TERMINE

Infos

Oficina de Turisme: Cotxe 2 A, T 972 25 83 15, www.visitcadaques.org, Sommer Mo–Sa 9–21, So 10–13, 17–20, Winter Mo/Di, Do 9–13, 15–18, Mi 9–13, Fr/Sa bis 19 Uhr. Infos zu Cadaqués und Cap de Creus. Auch Ausflüge.

Termine

Sant Sebastià: 20. Jan. Das halbe Dorf pilgert zur Einsiedelei von Sant Sebastià hinauf, wo nach der traditionellen Messe ein großes Picknick stattfindet.
Verge del Carme: 16. Juli. Die Schutzheilige der Fischer wird mit einer Meeresprozession gefeiert.
InCadaqués Photo Festival: meist Anf. Okt., www.incadaques.com. Inzwischen hat sich das Internationale Fotofestival, das über 10 Tage läuft, fest etabliert.
Sardana-Orchester: Sommer. Regelmäßig spielen *sardana*-Orchester auf dem Passeig zum Tanz auf.
Llaguts: 1. Sept.-Wochenende. Traditionelle Lateinsegel-Regatta.
Festa Major: 7.–11. Sept. Höhepunkt des Sommers ist das Stadtfest.

Verkehr

Bus: Sarfa/Moventis (Sa Tarrongeta 29, T 972 25 87 13, www.moventis.es) unterhält Verbindungen von/nach Figueres, Roses, El Port de la Selva, Barcelona usw.
Cap de Creus: Die (kurvenreiche) Zufahrt zum Cap de Creus ist für motorisierte Fahrzeuge in der Saison (Osterwoche tgl., April/Mai, Okt. Sa/So, Juni–Sept. tgl., 12./13.10., 1.11. Sperrung 9.30–21.30 Uhr) beschränkt, für Wohn-

mobile etc. grundsätzlich verboten. D. h. Sie müssen Ihren Wagen im Ortszentrum von Cadaqués oder auf dem Parkplatz Corral d'en Morell stehen lassen und von dort mit dem **Shuttlebus** (*llançadora;* T 902 30 20 35; 2023: 7/5 € hin und zurück) zum Kap fahren. Alternativ fährt ab Cadaqués-Hauptplatz der **›Bimmelbus‹ Es Trenet** (T 653 82 94 42, www.estrenetdecadaques.cat). Oder Sie wandern (Camí de Ronda) oder radeln.

Figueres

E 3

Südfranzösisches Flair im Zentrum der Hauptstadt (46 000 Einw.) des Alt Empordà allein ist es nicht, was Millionen Pilger Jahr für Jahr hierher zieht. Auch keine Kirche oder religiöse Wallfahrt. Nein, es ist ein surrealistischer Tempel: das Dalí-Museum, das der Meister selbst erschaffen hat. Dazu sind noch weitere Museen und nette Einkaufsstraßen zu entdecken. Da nimmt man gern in Kauf, zunächst die Außenbezirke mit ihren Gewerbegebieten und Mietskasernen durchqueren zu müssen.

WAS TUN IN FIGUERES?

Über die Rambla bummeln

Herzstück des Städtchens und Flaniermeile ist die von Platanen gesäumte **Rambla** 1 mit einigen schönen Jugendstilfassaden und diversen Läden. Von hier aus sind es auch nur ein paar Schritte zur **Plaça del Gra** 3, auf der dreimal pro Woche ein Obst- und Gemüsemarkt stattfindet, und zur arkadengesäumten **Plaça de les Patates** 2 mit Cafés etc.

Surreale Welten

Teatre-Museu Dalí 1: ▸ S. 36

Vergebliche Schutzmaßnahme

Castell Sant Ferran 2

Ein völlig anderes Stück Figueres unweit vom Dalí-Museum stellt die mächtige Festung aus dem 18. Jh. dar, die 1753 zum Schutz vor den Franzosen errichtet, aber dennoch von den napoleonischen Truppen erobert wurde. Während des Spanischen Bürgerkriegs diente sie den Internationalen Brigaden als Munitionsdepot. 32 ha groß erstreckt sich das achteckige Bollwerk mit doppelter Wehrmauer, Minengängen und Zisternen auf einem Hügel außerhalb des Ortszentrums. Lange Zeit als Gefängnis genutzt, kann die Festung heute besichtigt werden.

Pujada del Castell, T 972 51 60 94, www.castillosanfernando.org, Juli/Aug. tgl. 10–20, letzter Okt.-So–letzter März-Sa Di–So 10.30–15, sonst Di–So 10.30–18 Uhr (1., 6. Jan., 25./26. Dez. geschl.), letzter Einlass 1 Std. vor Schließung, 4 €

MUSEEN, DIE LOHNEN

Wo alles begann

Casa Natal d'en Dalí 3

Inzwischen wurde auch Dalís Geburtshaus für Besucher geöffnet. Überraschend unspektakulär sieht das Jugendstilgebäude aus, in dem Figueres' berühmtester Sohn am 11. Mai 1904 das Licht der Welt erblickte. Mithilfe eines Audioguides und einiger früher Werke lassen sich die ersten künstlerischen Schritte des Surrealisten nachvollziehen.

Monturiol 6, T 658 10 71 54, www.casanataldali.cat, Di–So 10–19 Uhr 12/8 €, unter 8 Jahren Eintritt frei

Geschichte und Gegenwart

Museu de L'Empordà 4

Das Museum der Region Empordà präsentiert archäologische Fundstücke ebenso wie Möbel und bedeutende Kunstwerke aus dem 19. Jh. Ergänzt wird das alles durch Ausstellungen zeitgenössischer Künstler.

Rambla 2, T 972 50 23 05, www.museuemporda.org, Mai–Okt. Di–Sa 10–19, So, Fei 10–14, Nov.–April Mo–Sa 11–19, So 11–14 Uhr, 5/2,50 €

Spielzeug über Spielzeug

Museu del Joguet 5

Nicht nur Kinder bekommen bei den 3500 Exponaten des Spielzeugsmuseums leuchtende Augen. Vom Puppentheater

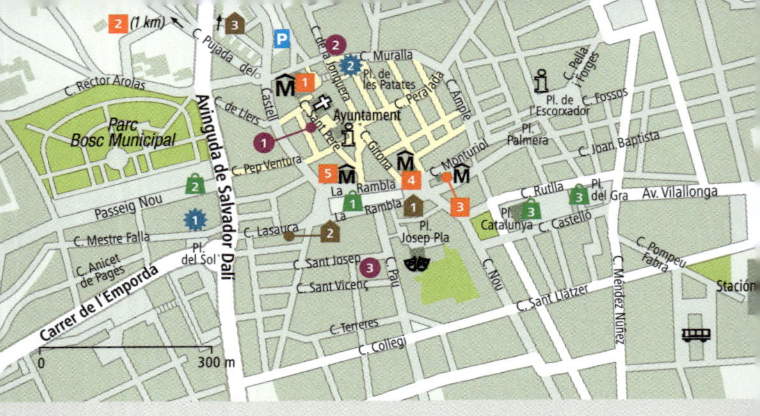

FIGUERES

Sehenswert
1 Teatre-Museu Dalí
2 Castell Sant Ferran
3 Casa Natal d'en Dalí
4 Museu del Empordà
5 Museu del Joguet

In fremden Betten
1 Hotel Rambla
2 Hotel Duran / Duran
3 Hotel Empordà / El Motel

Satt & glücklich
1 Dalícatessen
2 Integral
3 El Vermut

Stöbern & entdecken
1 Rambla/Trödelmarkt
2 Kleidermarkt
3 Gemüse- und Obstmarkt

Wenn die Nacht beginnt
1 Plaça del Sol
2 Plaça de les Patates

über Pferdchen bis hin zu Spielzeugküchen lässt sich hier auch die technische Entwicklung nachvollziehen.

Sant Pere 1, T 972 50 45 85, www.mjc.cat, Mitte Juli–Mitte Sept. Mo–Sa 10–19, So 10–14, Winter Di–Fr 10–18.30, Sa 10.30–19 Uhr, 8/6,50 €

SCHLEMMEN, SHOPPEN, SCHLAFEN

In fremden Betten

Zentral und günstig
Hotel Rambla 1
Mitten im quirligen Zentrum bietet das Haus alles, was man für einen Stadtbesuch braucht. Komfortable Zimmer mit Klimaanlage, Minibar, Haartrockner. Auch spezielle Dalí- oder Wein-Pauschalen.

Rambla 33, T 972 67 60 20, www.hotelrambla.net, €, Frühstück 8,50 €

Geschichtsträchtig
Hotel Duran 2
Gut gelegen mit schicken Designzimmern, gutem Restaurant und Lobbybar spürt man, dass das Haus auf eine lange Tradition – es besteht seit 1855 – zurückblickt.

Lasauca 5, T 972 50 12 50, www.hotelduran.com, €–€€, Frühstück 11 €, auch HP möglich

Für Gourmets
Hotel Empordà 3
Etwas außerhalb des Zentrums können Sie sich hier erholen. Der elegante Luxus mit Philippe-Starck-Möbeln ist mitunter sensationell günstig zu haben.

Av. Salvador Dalí i Domènech 170, T 972 50 05 62, www.hotelemporda.com, €–€€, Frühstück 14 €

Satt & glücklich

Beim Dalí-Museum
Dalícatessen 1: ► S. 37

Vegan
Integral 2

Liebevoll zubereitete vegetarische Küche in nettem Ambiente. Zu köstlichen

Kroketten, Mohrrüben-Kuchen oder japanischer Pizza gibt es auch gute Weine und Öko-Bier.
De la Jonquera 30, T 972 51 63 34, Mo–Sa 13–15.30, 20–22.30 Uhr, €–€€

Wermut als Aperitif
El Vermut 3
Das Richtige für einen Aperitif oder eine kleine Stärkung mit Tapas. Spezialität sind die Wermuts. Dazu gibt es getrüffelten Käse oder Lachs-Carpaccio.
Sant Josep 1, T 972 50 48 86, Mo–Sa 11–24 Uhr, €–€€

Dalís Stammlokal
Duran
Angeblich soll der Surrealist seine Mahlzeiten im schönen Speisesaal des **Hotels Duran** 2 mit Zeichnungen oder einfach ein paar Linien bezahlt haben. Berühmt ist das Lokal für seine *platillos*, eine Art Fleischragout.
Hotel Duran, ▸ S. 34, tgl. 12.45–16, 20.30–23 Uhr, €€, Tagesmenü um 30 €

Für Gourmets
El Motel
Eine Institution ist dieses Feinschmeckerlokal im **Hotel Empordà** 3, in dem Sie die regionale Küche von ihrer besten Seite kennenlernen. Auch Kochkurse und Weinproben.
Hotel Empordà (▸ S. 34), tgl. 12.45–15.30, 20.30–22.30 Uhr, €€–€€€, Degustationsmenü 56 €

Stöbern & entdecken

Plakate, surrealistischen Schmuck und allerlei Skurriles hält der **Museumsshop des Teatre-Museu Dalí** 1 bereit. Rund um die **Rambla** 1 gibt es **Modeboutiquen** und **Delikatessenläden.**

Marktgetriebe
Sie gehen gern auf **Trödelmärkte?** Dann sollten Sie an einem 3. Sa im Monat etwa zwischen 10 und 16 Uhr in Figueres sein und über die **Rambla** 1 bummeln. Doch eher nur auf Kleidungssuche und in den Boutiquen nicht fündig geworden? Dann auf zum **Kleidermarkt** 2 (Do 7.30–14 Uhr) am Passeig Nou. Selbstversorger oder einfach neugierig auf die frischen Produkte der Region in noch nicht verarbeitetem Zustand? Auf dem **Gemüse- und Obstmarkt** 3 (Plaça Catalunya / Plaça del Gra, Di, Do, Sa 7.30–14 Uhr) können Sie Ihre Neugier befriedigen. Besondere Spezialität der Stadt bzw. der Region ist eine Zwiebelsorte, die eher süßliche, rötliche *ceba de Figueres.*

Wenn die Nacht beginnt

Die meisten Bars und das Zentrum des Nachtlebens konzentrieren sich rund um die **Plaça del Sol** 1 und die **Plaça de les Patates** 2.

INFOS & TERMINE

Infos
Oficina de Turisme: Plaça de l'Escorxador 2, außerdem am Bahnhof und an der Plaça de l'Església 6 (beim Rathaus), T 972 50 31 55, www.ca.visitfigueres.cat, Juli–Sept. Mo–Sa 9–20, So 10–15, sonst Di–Sa 9.30–14, 16–18, So/Mo 10–14 Uhr. Infos zu Figueres, geführte Stadtrundgänge, Weintouren und -degustationen.

Termine
Festes de la Santa Creu: 2. Mai-Woche. Stadtfest mit Tanz, Märkten und Musikdarbietungen.
Mostra del Vi de l'Empordà: 2. Sept.-Wochenende. Weinfest in der Innenstadt, Weine aus dem Empordà.

Verkehr
Bahn: Bahnverbindungen mit Frankreich, Portbou, Llançà, Girona, Barcelona usw. ab **Bahnhof Figueres** (Plaça de l'Estació, T 902 32 03 20, www.renfe.com). Der Hochgeschwindigkeitszug **AVE** verkehrt ab dem **Bahnhof Figueres-Vialafant** (Av. Puig Grau, www.renfe.com) von/nach Barcelona, Madrid, Paris und Lyon.

Surreale Welten – im Dalí-Museum von Figueres

Was wäre die Wilde Küste ohne einen wilden Künstler wie Dalí? Er ließ sich nicht nur von der Landschaft inspirieren, er mischte zeitweise auch seine Geburtsstadt auf und schuf sich mit dem Teatre-Museu seine ultimative Kultstätte.

Bei Dalí ist die Grenze zwischen Kunst und Kitsch mitunter fließend.

Dalí und Figueres

1904 im **Carrer Monturiol** östlich der Rambles als Sohn eines Notars geboren, verbrachte Salvador Dalí i Domènech in Figueres seine ersten Lebensjahre. Schon früh besuchte er eine Zeichenschule und bekam später ein eigenes Atelier. Doch schon bald kehrte er der bürgerlichen Provinzstadt den Rücken, um nach Barcelona, Madrid, Paris und den USA vor allem in Cadaqués (▶ S. 25, S. 31) zu wohnen. Hier hatte er als Kind mit seinen Eltern zur Sommerfrische geweilt. Und hier lernte er 1929 seine lebenslange Muse Gala kennen. Die gebürtige Russin Elena Diakonova sorgte dafür, dass aus dem scheinbar verrückten Rebellen ein international beachteter und hochdotierter Kunststar wurde. Auch wenn die beiden hauptsächlich in Cadaqués lebten, wählte Dalí Figueres als Ort für sein Museum. Im angrenzenden Galatea-Turm verbrachte er auch seine letzten Lebensjahre. Dadurch, dass er sich hier

Ein besonderes Erlebnis ist es, das Museum nachts zu besuchen. Im August öffnet es von 22 bis 1 Uhr morgens seine Pforten für eine Besucherführung.

→ UM DIE ECKE

Wer weiter auf den Spuren des Surrealisten wandeln will, sollte sich – neben dem Teatre-Museu in Figueres und der Casa-Museu in Cadaqués-Portlligat (▶ S. 31) – 38 km südlich von Figueres im **Castell Gala Dalí** (🕮 E–F 7, Plaça Gala Dalí, Púbol-la-Pera, T 972 48 86 55, www.salvador-dali.org, Mitte März–Mitte Juni, Mitte Sept.–Okt. Di–So 10–18, Mitte Juni–Mitte Sept. Di–So 10–20, Nov.–6. Jan. Di–So 10–17 Uhr, 8/6 €) umsehen. Seit der Künstler 1970 das Landschlösschen für Gala kaufte, besticht es mit einem bizarren Mix aus Kleidern und Möbeln usw.

Passend zum Ort, dem ehemaligen Stadttheater von Figueres, inszeniert sich die Kunst hier als Spektakel – und die Museumsbesucher haben daran selber ihren Anteil.

sogar bestatten ließ, wurde das Museum definitiv zur surrealistischen Pilgerstätte.

Viel Theater im Theater

Schon von Weitem ist das **Teatre-Museu Dalí** 1, das ehemalige Stadttheater, zu sehen. Der imposante Bau aus dem 19. Jh. ist unschwer an den Eiern zu erkennen, die das Dach und die Torre **Galatea** schmücken. Die rote Fassade zieren in Reihen angeordnete rustikale Brötchen. Außen wie innen ist alles Inszenierung – passend zur einstigen Funktion des Gebäudes. Seit 1974 versammelt es rund 1500 Werke aus allen Schaffensperioden und Gattungen, von Zeichnungen über Gemälde, Grafiken und Skulpturen bis hin zu Fotos, darunter **emblematische Meisterwerke** wie das »Spektrum des Sex-Appeal« (1932), die »Anatomische Leda« (1949) oder die »Apotheose des Dollars« (1965). Auf Dalís Wunsch kamen **Werke anderer Künstler** wie El Greco, Marcel Duchamp oder Antoni Pitxot hinzu, außerdem eine Sonderausstellung mit von Dalí kreierten **Schmuckstücken.**

Zum Gesamtkunstwerk wird das Museum erst durch die **Installationen,** die Dalí für die Räume schuf, etwa das ca. 6 m² große Deckengemälde des Windpalasts, auf dem Dalí und Gala *sardana* tanzen. Im Theaterinnenhof steht der unkrautüberwucherte »verregnete Cadillac«, daneben ruht Galas gelbes, umgedrehtes Boot auf einer Säule von Autoreifen. Nicht weniger skurril der Mae West gewidmete Saal: Ein Vorhang aus blonden Haaren eröffnet den Blick auf riesige wulstige Lippen und Nasenlöcher, zwei Bilder ersetzen die Augen.

INFOS/ÖFFNUNGSZEITEN

Teatre-Museu Dalí 1: T 972 67 75 00, www.salvador-dali.org, Jan.–Juni/Okt.–Dez. Di–So 10.30–17.15, Sept. Di–So 9.30–17.15 Uhr, online 17/13 €, Juli/Aug. tgl. 9–19.15 Uhr, online 21/14 €, unter 8 Jahren Eintritt frei, Nachtführung (nur n. V.) 25 € (inkl. 1 Glas Cava). Am besten Tickets vorab über die Website buchen.

KULINARISCHES FÜR ZWISCHENDRIN

Passend zum Museumsbesuch serviert das nahegelegene **Dalícatessen** 1 (Sant Pere 19, T 972 511193, auf Facebook, tgl. 8.30–20, So bis 17 Uhr, €) Sandwiches und andere Kleinigkeiten in surrealistischer, aber völlig unverkrampfter Atmosphäre.

Faltplan: E 3 | Cityplan: ► S. 34

Verdiente Pause nach dem Besuch des Dalí-Museums – vielleicht ein Kaffee im Schatten der Kirche Sant Pere gefällig?

Bus: www.ca.figueres.cat. Fernbusse und normale Busse verschiedener Firmen fahren ab Plaça de l'Estació nach Cadaqués, Roses, Llançà, Olot oder Vilabertran.

IN DER UMGEBUNG

Ausflug ins Mittelalter

Einen Abstecher lohnt das ca. 2 km entfernte Dörfchen **Vilabertran** (E 3.) an der Landstraße A 26 nach Llançà, das auch mit Bussen zu erreichen ist. Blickfang ist das romanische **Augustinerkloster Santa Maria** (Sept.–Juni Do–Sa 10–13.30, 15–17.30, So, Fei 10–15, Juni–Aug. tgl. 10–13.30, 15–18.30 Uhr, 2,50/1,50 €) aus dem 11. Jh. mit schönem Glockenturm und verschwiegenem Kreuzgang. Im August/September ist es Kulisse des **Musikfestivals Schubertíada** (www.schubertiadavilabertran.cat) mit anspruchsvollen, Franz Schubert gewidmeten Konzerten. Von Vilabertran ist es nicht weit nach **Peralada** (► S. 22), das ebenso sehenswert ist.

Naturpark und Mittelalter

Wer ein Auto hat, kann von Figueres aus auch den ca. 30 km westlich gelegenen **Parc Natural de la Zona Volcànica de la Garrotxa** (A–B 5–6, www.ca.turismegarrotxa.com) erkunden. Die wilde Mittelgebirgslandschaft des Naturparks wird von inaktiven Vulkanen geprägt.
Auf dem Weg dorthin lohnt das mittelalterliche Städtchen **Besalú** (B 5) einen Besuch. Es steht bereits seit 1966 unter Denkmalschutz, hat sich aber erst in den letzten Jahren richtig herausgeputzt. Neben **Kirchen,** einer **Brücke** aus dem 11. Jh. und einer fotogenen **römischen Brücke** über den Ter ist vor allem der **Call,** das ehemalige jüdische Viertel, mit Mikwe (jüdisches Bad) sehenswert.

Roses G 3

Schon ziemlich lange her, dass Roses ein idyllisches Fischerdorf war. Gefischt wird hier immer noch und es macht Spaß, den Fischauktionen zuzuschauen. Ansonsten geht es an der weiten Bucht mit langem Sandstrand ganz schön trubelig zu, wenn sich Hotels und Apartments mit Familien aus aller Herren Länder füllen. Ruhiger und beschaulicher ist es abseits vom Hauptstrand, vor allem, wenn Sie sich zu Fuß oder per Boot Richtung Cap Norfeu aufmachen, wo traumhafte Buchten zu entdecken sind.

WAS TUN IN ROSES?

Hinter dicke Mauern blicken

Was könnte sich wohl hinter den dicken Mauern am Ortseingang verstecken? Kaum jemand würde vermuten, dass die riesige Festungsanlage **Ciutadella** zu einer so spannenden Zeitreise einlädt: Bevor sie nämlich von Kaiser Karl V. im Stil der Renaissance errichtet und später von den Franzosen teilweise gesprengt wurde, gab es hier im 4. Jh. v. Chr. erst eine griechische, dann eine römische Siedlung, von denen die Archäologen diverse Reste zu Tage gefördert haben. Mittendrin entstand vom 11. bis 16. Jh. die romanische

Basilika Santa Maria als Teil eines Klosters und einer mittelalterlichen Siedlung. Wie alles zusammenhängt, ist bei Führungen über das Gelände zu erfahren.
Av. de Rhode s/n, T 972 15 14 66, Juli/ Aug. 10–21, April–Juni, Sept. 10–20, Okt.–März Di–Sa 10–17, So 10–14 Uhr, 4/2,50 €, Führungen Juni–Sept. tgl. (Engl., Franz., Span., Katal.), sonst Mo–Fr (Franz., Span., Katal.), Führung 5 €

Spaziergang durch Roses

Wenn Sie mit offenen Augen durch das Ortszentrum, über die Plaça Catalunya und die Strandpromenade schlendern, werden Sie nicht nur die **Església Santa Maria de Roses** (Plaça de l'Església) entdecken, sondern auch die eine oder andere schöne **Jugendstilfassade** und **Häuser im Stil des Neoklassizismus.** Entstanden gegen Ende des 19. / Anfang des 20. Jh. zeugen sie davon, dass viele Einwohner im Zeichen des Handels und der Kuba-Seefahrer zu Wohlstand gelangt waren. Aus dieser Zeit stammt auch der fotogene **Leuchtturm** an der Punta de la Poncella. Älter ist die Festung, **Castell de la Trinitat** (Antoni Canals 105, T 972 15 14 66, Juni, Sept. 17–21, Juli/Aug. 17–22, Winter Sa 11–17, So 11–15 Uhr, Eintritt frei, Führung 4 €), aus dem 16. Jh., die sich über ihr erhebt.

Abstecher in die Jungsteinzeit

Bis zu 6000 Jahre alt sind die Relikte aus prähistorischer Zeit, die sich oberhalb von Roses in den Bergen verstecken und zum **Parc Megalític** (frei zugänglich) gehören. An der Straße zur Cala Montjoi steht u. a. der größte Dolmen Kataloniens, der in neolithischer Zeit, ca. 3000 v. Chr., als Grabstein gedient haben soll.

SCHLEMMEN, SHOPPEN, SCHLAFEN

In fremden Betten

Mit Balkon und Meerblick
Marina

Für die Strandlage müssen Sie nicht tief in die Tasche greifen. Alle 60 Zimmer haben Klimaanlage und Drei-Sterne-Komfort. Auch Dachterrasse, Pool und einen Spa mit Sauna und Hammam sind vorhanden.
Av. de Rhode 81–83, T 972 25 62 78, www.hotelmarina.roses.net, €–€€

Fünfmal war das El Bulli weltbestes Restaurant, bevor es 2011 schloss. Jetzt öffnet es im Sommer erneut, als Museum – **elBulli1846** (www.elbullifoundation.com, Mitte Juni–Mitte Sept. 9.30–20 Uhr, 27,50/20,50 € inkl. Bustransfer von/nach Roses). An der wunderschönen Cala Montjoi kann man sich hier an 1846 rekonstruierten Gerichten von Ferran Adrià, Mitbegründer der Molekularküche, satt sehen, aber leider nicht mehr satt essen.

Komfort am Strand
Hotel La Terraza

In bester Lage bietet das Traditionshaus alles, was man sich nur wünschen kann: Beach Club, Pool, Tennisplatz, Minigolfanlage und Garage. Dazu einen supermodernen Spa und ein renommiertes Lokal.
Av. de Rhode 34, T 972 25 61 54, www.hotelterraza.com, €€

Elegante Erholungsoase
Almadraba Park Hotel

Abseits des Trubels können Sie es sich an der gleichnamigen Bucht gut gehen lassen. Alle Zimmer haben Balkon und (teils seitlichen) Meerblick. Meerwasserschwimmbad, Tennisplatz, kostenloser Parkplatz und gutes Restaurant.
Almadraba Platja, T 972 25 65 50, www.almadrabapark.com, April–Okt., €€–€€€

Satt & glücklich

An der Strandpromenade
Bar Antonio

Eines der wenigen authentischen Lokale an der Promenade. Drinnen und auf der

Seit 1864 leitet der Leuchtturm an der Punta de la Poncella die Schiffe, die das Meer vor Roses befahren.

Terrasse kann man sich an köstlichen Tapas satt essen.
Av. de Rhode 107, T 972 25 49 88, www.fb.com/BarAntonioRoses, tgl. 9–23 Uhr, €

Thunfisch-Tataki
La Sirena
Man merkt, dass der Fischereihafen nicht weit ist: Frischer Fisch und Meeresfrüchte von Oktopus bis Jakobsmuschel, auch in Form von Tapas, werden von der Küche hier exzellent zubereitet. Mit Terrasse.
Sant Pere 7, T 972 25 72 94, www.santallucia.com, Mi–Mo 12.30–15.30, 19.30–22.30, €€

Familienfreundlich
Restaurant Santallúcia
An der Bucht Almadraba können Sie hier wunderbar auf der Terrasse speisen, während die Kinder im Sand spielen. Frischer Fisch, Fleisch aus Girona, Reisgerichte. Dazu sehr gute Weine.
Av. Díaz Pacheco 72–78, T 972 25 51 05, www.santallucia.com, Ostern–Okt. tgl., im Winter Sa 9–20, So 9–18 Uhr, €€

Romantische Bucht
La Pelosa
Sie müssen schon eine ganze Weile mit Auto oder Boot fahren oder wandern, um dann mit einem superidyllischen Plätzchen am Meer, köstlichen *fideuàs* (Fisch-/Meeresfrüchte-›Paella‹ mit Nudeln statt Reis) oder Reisgerichten belohnt zu werden. La Pelosa ist die Mühe wert.
Cala la Pelosa (1 km hinter der Cala Montjoi, 9 km von Roses), T 691 56 62 49, www.restaurantlapelosa.com, Ostern–Mitte Okt. tgl. 10 (Küche ab 13)–17/18, in der Hochsaison auch 20–22 Uhr, €€

Stöbern & entdecken

Wochenmarkt: So 9–14 Uhr

Wenn die Nacht beginnt

Wer abends noch was trinken möchte, muss nur über die Strandpromenade oder die Avinguda Díaz Pacheco bummeln. Dort reihen sich Bars aneinander.

Mit Gartenterrasse
L'Hort d'en Minguets
Die Lounge-Bar mit Gartenterrasse im Zentrum soll die besten Mojitos und Caipinrinhas in der Gegend mixen. Dazu liefert die Küche auch die passende Grundlage. Häufig Livemusik.
Cosconilles 1, T 972 15 12 75, 872 98 56 40, auf Facebook, Sommer tgl. 19–2.30 Uhr, Winter geschl.

Tanze mit mir in den Morgen ...
Roses Beach Club
Beliebter Treffpunkt (Disco) an der romantischen Cala Canyelles Petites.
Av. Díaz Pacheco 14, www.beach-club.de, T 972 25 70 91, Sommer tgl. 22–3 Uhr

Sport & Aktivitäten

Strände
Wesentlich ruhiger als am langen **Hauptstrand von Roses** und der **Platja de Santa Margarida** geht es in den kleineren Buchten **Almadraba, Canyelles Petites** (alle 🗺 G 3), **Cala Montjoi** (🗺 H 3), zu, die in Richtung Cap Norfeu liegen. Sie können auch Ziel einer kürzeren oder längeren Wanderung oder eines Bootstrips sein.

Bootstouren
Möchten Sie per Boot nach Cadaqués (23 €) oder zum Cap de Creus (30 €)? Die Ausflugsboote von **Don Pancho Roses** (D'Eugeni d'Ors 15, T 609 35 95 55, www.donpancho.org, Ostern–Okt., Abfahrtszeiten variierend je nach Tour) machen es möglich, auch mit Bademöglichkeit. Ein ähnliches Angebot hat **Els Blaus de Roses** (Passeig Marítim 1 und 94, T 689 39 27 44, www.elsblausderoses.com).

Nicht nur für Kinder
Aquabrava
Neben Europas größtem Wellenbecken locken in diesem Wasserpark Riesen-Wasserrutschen, Wildwasserkanäle und ein Kletterberg. Kinder finden die Piratenboote (verständlicherweise) besonders schön. Ein kostenloser Zubringerbus holt Gäste von Roses, Santa Margarida und anderen Orten ab.
Ctra. Roses–Cadaqués, km 0,78, www.aquabrava.com, Juni–Mitte Sept. tgl. 10–19 Uhr, 32–38/18–22 €, Kinder bis 80 cm Eintritt frei

Wassersport
Gen Wind Roses (Passeig Maritím 91, T 972 25 70 03, www.genwindroses.com) bietet Segel-, Kajak-, Windsurfing- und SUP-Kurse an, Kajaks, Surf- und SUP-Bretter werden auch verliehen; **Windiscovery** (Passeig Marítim, T 695 86 27 81, www.windiscovery.com) ist fürs Windsurfen zuständig und hat auch Katamarane. Die ganzjährig geöffnete Tauchbasis **Roses Sub** (Mercè Rodoreda 1, T 972 25 52 69, www.rosessub.com) bietet Material, Kurse, Ausflüge zum Cap de Creus oder zu den Medes-Inseln.

INFOS & TERMINE

Infos
Oficina de Turisme: Av. de Rhode 77–79 (Juli/Aug. auch am Strand), T 972 25 73 31, www.visit.roses.cat, Mitte Juni–Mitte Sept. 9–21, Mitte Sept.–Mitte Juni Mo–Sa10–14, 15–18, So 10–13 Uhr. Infos zu Roses, Unterkünften, Mountainbike-Touren, zur Route der Megalithkultur (Ruta Megalítica), Wanderwegen und Musikveranstal-

Weitab vom Ortszentrum von Roses, an einer einsamen Bucht, wo man meint, die Welt sei zu Ende, überrascht der sympathische Beach Club **Cala Jóncols** (T 972 19 90 08, www.calajoncols.com, April–Okt., €€) mit schönen Zimmern, gutem Essen und Cocktails. Ab und an gibt es Livemusik. Wer mit dem Boot kommt, kann sich vom Seetaxi abholen lassen.

tungen. Auch Führungen durch die Zitadelle, die Burg Trinitat usw.

Termine

Carnaval: Roses ist für seine Umzüge in der Karnevalszeit bekannt. Hier sind auch der Freitag und Rosenmontag Feiertag.
Sant Pere/Apat: 29. Juni. Am Feiertag zu Ehren des Schutzheiligen der Fischer (Petrus) nehmen die Bewohner von Roses die traditionelle Festmahlzeit, einen Fischeintopf, zu sich. Im Ort gibt es Tanz und Musik (auch *sardanes* und *havaneres)*.
Konzerte: Sommer. Konzerte in der Basilika Santa Maria (Castell de la Trinitat).
Festa Major: um den 15. Aug. Hauptfest der Stadt.

Verkehr

Bus: Sarfa (Riera Ginjolers, T 972 15 05 85, www.moventis.es) fährt nach Cadaqués, Figueres, Barcelona usw.

IN DER UMGEBUNG

Kontrastreiches Castelló d'Empúries

Etwas weiter südlich zieht sich die 1967 angelegte Feriensiedlung von **Empuriabrava** (🕮 F–G 3) am Golf von Roses entlang. Besonderheit sind die insgesamt 30 km langen Kanäle, auf denen viele Eigenheimbesitzer oder Urlauber ihr Boot liegen haben. Viele von ihnen sind Deutsche, die hier gern auch mal rheinischen Sauerbraten essen und Filterkaffee trinken. Im Sommer geht es in den Lokalen rund um den Hauptstrand hoch her.

›Café amb llet‹ – Milchkaffee

Ganz anders im mittelalterlich geprägten Ortsteil **Castelló d'Empúries** (🕮 F 3) im Landesinneren: Nachdem er aus seinem Dornröschenschlaf erwacht ist, lockt hier neben der wunderbaren **Església de Santa Maria** aus dem 14. Jh. und anderen historischen Gebäuden das **Ecomuseu-Farinera** (Sant Francesc 5–7, www.ecomuseu-farinera.org, April–Juni, Sept. Di–Sa 10–14, 16–19, So 10–14, Juli/Aug. tgl. 10–14, 17–20, Okt.–März Di–Sa 10–14, 16–18, So 10–14 Uhr, 3,70/1,90 €, unter 6 Jahren Eintritt frei). Das liebevoll gestaltete Ökomuseum befindet sich in einer ehemaligen Mehlfabrik aus dem 19. Jh. und über einer von drei mittelalterlichen Mehlmühlen. Thema der Dauerausstellung, natürlich: Mehl- und Brotherstellung. Beim Schlendern durch die alten Gassen können Sie auch das **Museu d'Història Medieval de la Cúria-Presó** (Plaça Sant Jaume, www.castello.cat/museu-dhistoria-medieval-de-la-curia-preso-s-xiv, April–Juni, Sept. Di–So 10–16, Juli/Aug. tgl. 10–19, sonst Do–So 10–16 Uhr, 2,50 €) einen gotischen Bau mit einem Gefängnis aus dem 13. Jh., entdecken. Echte Mittelalter-Atmosphäre atmet der Ort beim **Festival der Troubadoure** (2. Sept.-Woche).

Charmante Landhotels

In Castelló d'Empúries können Sie auch sehr gut unterkommen – ob im **Hotel Canet** (Plaça Joc de la Pilota 2, T 972 25 03 40, www.hotelcanet.com, €€) mit traumhafter Dachterrasse und Pool oder im **Hotel Empòrium** (Santa Clara 31, T 972 25 05 93, www.emporiumhotel.com, €€) mit eher schlichten Zimmern und Drei-Sterne-Komfort.

Für Feinschmecker

Obendrein lockt eine eher unscheinbare, aber sehr empfehlenswerte Gourmetadresse (1 Michelin-Stern), das **Restaurante Empòrium** (Hotel Empòrium, ▸ S. 42, Juli–Mitte Sept. Di–So 13–16.45, 20–23.30, Juni, 2. Sept.-Hälfte So abends geschl., Okt.–Mai Di/Mi 13–16.45, Do–So 13–16.45, 20–23.30, Einlass jeweils bis 14 bzw. 21 Uhr,

Kontrastprogramm: Zu weiten Teilen wird die Wilde Küste von Felsen geprägt, aber rund um Sant Pere Pescador breiten sich kilometerlange Sandstrände mit Dünen aus.

schließzeiten Mitte Febr.–Mitte März, Ende–Okt.–20. Nov., €€€). Probieren Sie mal Gerichte wie das Entenragout mit Birne oder Rebhuhn mit Austern! Im preisgünstigeren Bistro können Sie auch à la carte genießen.

Sant Pere Pescador 🗺 F 4

Das Mekka der Campingurlauber und Wassersportler! Der 6,3 km lange Strand am Golf von Roses mit seinen jungfräulichen Sanddünen bietet die besten Voraussetzungen für einen naturnahen Urlaub am Wasser. Der Weg dorthin führt durch das unaufgeregte Sant Pere Pescador (ca. 2000 Einw.) im Landesinneren. Rings um den Ort gedeihen Obst und Gemüse. Hier laden einige Betriebe auch zum Urlaub auf dem Bauernhof ein. An der Mündung des Fluvià entführt der Parc Natural dels Aiguamolls de l'Empordà in die geheimnisvolle Welt der Vögel.

Mittelalterliches Flair spüren

Für viele Camper ist der 3 km von der Küste entfernte Ort nur Anlaufstelle, um einzukaufen oder mal einen *café amb llet* zu trinken. Man muss auch genauer hinsehen, um zu entdecken, dass Sant Pere Pescador auf eine über 1000-jährige Geschichte zurückblickt. In den Gassen abseits der Hauptstraße werden Sie historische Gebäude wie die **Casa Caramany** (C. Girona / del Forn / Plaça Catalunya) und die benachbarte **Pfarrkirche** (Plaça de l'Església) aus dem 18. Jh. entdecken.

SCHLEMMEN, SHOPPEN, SCHLAFEN

In fremden Betten

Oase im Grünen
El Molí
Lieber Ruhe als Trubel? Dann sind sie in dem liebenswerten Landhaus richtig. Mit Garten, Pool, Tennisplatz und Spielplatz ist es ein guter Kontrast zum Strandleben. Ctra. de la Platja 3, T 972 52 00 69, http://hotelelmoli.com, April–Sept., €€, Frühstück 9 €

Im Vogelparadies – **der Naturpark Aiguamolls**

Genug Wilde Küste gesehen? Rund um die Muga-Mündung zeigt sie sich ausnahmsweise von einer sanften Seite. Eine eigentümliche Stille liegt über den Salzwiesen und Süßwasserlagunen mit ihrer eigentümlichen Flora und Fauna. Ein Netz von Wanderwegen zieht sich durch den Naturpark, von denen aus sich je nach Jahreszeit Flamingos, Bartmeisen, Störche, Rohrdommeln oder Nachtigallen beobachten lassen.

Errungenschaft der Umweltschützer

Der Naturpark war eine der ersten Errungenschaften der katalanischen Umweltschützer. In den 1970er-Jahren sollte der Küstenstrich so bebaut werden wie das angrenzende Empuriabrava. Doch massive Proteste haben das Vorhaben gestoppt und dafür gesorgt, dass das ökologisch bedeutende Gebiet zum **Parc Natural dels Aiguamolls de l'Empordà** (Naturpark der Sümpfe des Empordà) erklärt wurde. Auf relativ kleinem Raum wechseln sich Salzwiesen, Sümpfe, Weidelandschaft, Süßwasserlagunen und naturbelassene Strände ab. Die Wanderwege bieten sich auch für einen reizvollen (Familien-)Ausflug an.

Klappern gehört zum Handwerk

Ob sich hier ein Vogel im Schilf verbirgt? Oder eine seltene Pflanze?

Ausgangspunkt der Tour ist das **Centre d'Informació El Cortalet** 1. 50 m weiter erreichen Sie den **Aguait Quim Franch** 2, eine Beobachtungsstation, an der sich aus den fensterartigen Öffnungen die Vogelwelt am **Estany del Cortalet,** beobachten lässt. Flamingos, Sumpfhühner, Silbermöwen und gewöhnliche Enten tummeln sich zwischen Wasser und Schilf. Anschließend führt der Weg am Ufer des Sees entlang zu **weiteren Beobachtungsstationen,** die den Blick auf die Teichlandschaft eröffnen. Zur Linken sind unzählige **Storchennester** zu sehen. Vor allem im März und April herrscht hier reger Flugverkehr und es wird heftig geklappert. Ein

Stück weiter stehen Rinder auf der Weide, eine im Empordà autochthone Art, die hier wieder heimisch wurde. Zum Teil können auch Hirsche oder seltene Pflanzen wie die gelbe Lilie und die gelbe Iris gesichtet werden.

Immer am Bach entlang geht es am **Estany de la Closa del Puig** vorbei zum **Observatori Pallejà** 3, von dem aus sich eine schöne Aussicht auf die Lagune und die weite Bucht von Roses bietet. Schließlich ragen links am Weg ehemalige Reissilos auf. Das Höchste bietet als **Observatori Senillosa** 4 einen einzigartigen Panoramablick über die Landschaft. Die Silos gehören zum schräg gegenüber liegenden Bauernhaus, **Mas Matà** 5. Auf demselben Weg geht es dann zurück (insgesamt 2 Std.).

Wer Hunger hat, muss sein Nest verlassen, das gilt auch für die Störche von Aiguamolls.

Ausdauer wird belohnt

Wer noch Ausdauer hat, kann über den **Itinerari 2** an Sümpfen und Teichen zu einem Naturstrand, der **Platja del Matà,** weiterlaufen (ca. 40 Min.) und zwischendurch ins Wasser springen. Am Ende mündet der Itinerari 2 in den **Itinerari 3,** der am **Strand** und an **Lagunen** zurück nach El Cortalet führt (insgesamt 4 Std.).

INFOS/ÖFFNUNGSZEITEN

Centre d'Informació El Cortalet: Ctra. de Sant Pere Pescador–Castelló d'Empúries, km 13, T 972 45 42 22, www.aiguamollsdelemporda.cat, Sommer 9–18.30, Winter 9–16 Uhr, Eintritt frei. Kleiner Parkplatz, Faltblätter, Toiletten, Getränkeautomaten.
Dauer: 2–4 Std.
Besuchszeiten: Beste Jahreszeiten zur Vogelbeobachtung sind Frühjahr und Herbst (Zugvögel), beste Tageszeiten frühmorgens und Abenddämmerung.
Hinweis: In der warmen Jahreszeit an **Sonnen- und Mückenschutz** denken, eventuell **Badesachen** mitnehmen. **Proviant und Getränke** (nur Getränkeautomaten, s. o.), keine Gastronomie. Wege sind teils mit dem **Fahrrad** befahrbar.

Faltplan: F 4

Rustikal mit Stil
Hotel Can Ceret
Drei-Sterne-Hotel in einem Haus aus dem 18. Jh. Ruhige Zimmer, auch mit Hydromassage. Unter den Gewölben des Lokals mundet beste katalanische Küche.
Mar 1, T 972 55 04 33, www.canceret.com, Dez.–Mitte März geschl., €€, Frühstück 9 €

Ländliche Idylle
Mas del Joncar
Hier werden Sie sich wie bei Freunden auf dem Land fühlen. Der Gastgeber kocht abends selbst und verwöhnt seine Gäste mit Bio-Produkten aus der Region. Großer Garten, Schwimmbad, viel Ruhe.
Camí del Joncar 15, T 972 52 10 72, www.masdeljoncar.com, €€

Familienfreundlich
Camping Aquarius
Einer der insgesamt sechs gut ausgestatteten Campingplätze von Sant Pere. Pluspunkte sind das viele Grün, der Kinderspielplatz, der Kindergarten und die behindertengerechte Ausstattung. Auch mit Mobilhomes und Fischerhütten.
Ctra. de la Platja, T 972 52 00 03, www.aquarius.es, Ostern–Okt., €–€€

Satt & glücklich

Ökoprodukte
Can Font
In dieser Bäckerei wird Brot aus speziellen Mehlen hergestellt. Köstliches Gourmetfrühstück und leckere kleine Speisen.
Mar 24, T 872 20 32 14, tgl. 7–14 Uhr, €

Für jeden Geschmack
La Placeta de la Muralla
Der Klassiker im Ort, wo von Reisgerichten über den vietnamesischen Salat bis zu den Desserts alles schmeckt, mit Terrasse.
Del Mar 13, T 972 52 03 71, Di–So 12–16, 19–23 Uhr, €–€€

Stöbern & entdecken

Versäumen Sie nicht, das **Obst** aus der Gegend zu probieren, das auch an Straßenständen verkauft wird. So gute und günstige Melonen, Pfirsiche und Äpfel sind rar! **Markt** ist Mittwoch (9–14 Uhr).

Wenn die Nacht beginnt

Von morgens bis morgens
Xiringuito Che
Hier langweilt sich keiner. Schon tagsüber, aber erst recht am Abend sorgt gute Musik für eine tolle Stimmung am Strand.
Camping La Gaviota, Juni–Mitte Sept. tgl. 11–24 Uhr

Sport & Aktivitäten

(Kite-)Surfen, Segeln, SUP und mehr
Die **Escola de vela** (Camí del Joncar, T 635 48 91 53, www.windsurfsantpere.com) bietet verschiedenste Kurse, um u. a. Surfen, Segeln, SUP zu erlernen. Segeln und surfen können Sie auch im **Ion Club Golf Roses** (Camping Ballena Alegre 2, T 687 45 51 82, www.ion-club.net) lernen, auch Verleih von Kajaks, Katamaranen und SUPs. Bei **Kite Experience** (Camping La Gaviota, T 637 37 42 75, https://kiteexperience.com) und dem **Kitebeach Club** (Ctra. de la Platja, T 644 44 94 49, www.kitesurftheworld.com) wiederum gibt es alles rund ums Kitesurfen. Sie können Kurse belegen, Equipment ausleihen etc.

INFOS & TERMINE

Infos
Oficina de Turisme: Ctra. de la Platja, T 972 52 05 35, www.visitsantpere.com, April/Mai Fr 16–20, Sa/So 9.30–14.30, Juni–Aug. Mo 9–15.30, Di–Sa 9.30–20.30, So 9–15.30, Sept./Okt. Mi 10–13, Fr 16–20, Sa/So 9.30–14.30 Uhr. Infos zu Sant Pere Pescador, Wanderungen, Wassersport, Führungen usw.

Termine
Festa Major: 20. Jan., 29. Juni. 2 x wird ein traditionelles Dorffest gefeiert.

Festival de música: Juli/Aug. Renommiertes Festival mit klassischer Musik in der Pfarrkirche.

Verkehr

Busse: ab Haltestelle Landstraße GIV-6217/Ecke Comtessa de Molins, T 900 36 00 00, www.compras.moventis.es. Verbindungen nach Barcelona, Figueres, Roses, Cadaqués, Empuriabrava usw.

L'Escala G 5

Es ist lange her, dass L'Escala ausschließlich vom Fisch lebte. Doch steht das Städtchen noch immer im Zeichen der Sardellen, die hier gefangen und nach traditionellem Einsalzungsverfahren konserviert werden. Wahrscheinlich taten dies schon die Bewohner der griechisch-römischen Stadt Emporion (► S. 53), deren Reste nördlich von L'Escala ausgegraben wurden. Besonders reizvoll ist die Cala Montgó mit ihrer Feriensiedlung.
Die Bebauung rund um die Strandpromenade ist schlicht. Am Wasser reihen sich eher gesichtslose Lokale, Läden und das eine oder andere Pub aneinander.

Durch den historischen Ortskern bummeln

Eindrucksvoller ist der schlichte Ortskern mit historischen Gebäuden wie der Pfarrkirche, der **Església Sant Pere** 1, und der **Casa Albert** 2 (Enric Serra 37, Führung möglich über Museu de l'Anxova i la Sal), dem Geburtshaus der Schriftstellerin Victor Català (Caterina Albert i Paradís, 1869–1966). Vor allem aber können Sie sich Anchovis und Salz widmen: mit einem Besuch des **Alfolí de la Sal** 3 und des **Museu de l'Anxova i de la Sal** 4 (beide: ► S. 50).

SCHLEMMEN, SHOPPEN, SCHLAFEN

In fremden Betten

Stylish
Hotel L'Escala Centre 1
Schickes, relativ neues Hotel mit Vintage-Flair und familiärer Atmo-

Auslauf gefällig? Südlich des Ortszentrums von L'Escala können Sie endlos an der von Pinien und Felsen gesäumten Küste entlangwandern.

sphäre in zentraler Lage. Mit gutem Frühstück.
Midgia 18, T 872 20 14 14, www.hotelescalacentre.com, im Winter zeitweise geschl., je nach Saison u. U. Mindestaufenthalt 2–5 Nächte, €

Komfort am Strand
Hotel Can Miquel 2
Sympathisches Refugium an der schönen Bucht Montgó, wo es an nichts fehlt: schicke, helle Zimmer, Garten, zwei Pools, Tennisplatz. Dazu serviert das gute Restaurant Reisspezialitäten.
Cala Montgó, T 972 77 14 52, www.canmiquel.com, April–Okt., in der Hauptsaison nur wochenweise, €–€€

Schöner wohnen an Ruinen
Hostal spa Empúries 3
Schöner als hier neben den Ruinen von Empúries können Sie an der Costa Brava kaum wohnen. Nachts hören Sie das Meer rauschen, tagsüber können Sie auf der Terrasse des Bistró del Mar oder im Restaurant Villa Teresita speisen.
Platja del Portitxol, T 972 77 02 07, www.hostalempuries.com, €€–€€€, Reservierungen für die Gastronomiebereiche: T 972 77 59 32, Bistró (€) tgl., Restaurant (€€) Fr–So 13–15.30, 20–22.30 Uhr

Satt & glücklich

Am Hafen
La Clota 1
Kein Wunder, dass es hier immer voll ist. Ehrliche Küche ohne Schnickschnack zu fairen Preisen. Auch auf der Terrasse.
Racó del Port, T 972 77 08 27, auf Facebook, Mi–Mo 9–23 Uhr, €€

Klassiker mit Meerblick
El Roser 2 2
Wenn Sie es sich mal richtig gut gehen lassen wollen, dann ist dieses elegante Traditionslokal unschlagbar. Mutige probieren vorab z. B. Kirschgazpacho mit Hummer und Apfel (22 €).
Pg. Lluís Albert 1, T 972 77 11 02, www.elroser2.com, Küche Mo/Di, Do–Sa, Fei 13–15.30, 20–22.30, So 13–15.30, Juli/Aug. tgl. 13–15.30, 20–22.30 Uhr, €€–€€€

Stöbern & entdecken

Anchovis kaufen
Die Anchovis von L'Escala sind eines der originellsten Mitbringsel von der Costa Brava. Neben einigen Geschäften sind sie auch direkt in Fabriken wie der **Casa Bordas 1** (im Gewerbegebiet, Dels Boters 2, T 972 77 00 85, www.casabordas.es) erhältlich. Auf Wunsch werden – bei vorheriger Anmeldung – hier auch Führungen organisiert.

Wenn die Nacht beginnt

Gute Cocktails
Medusa Lounge Bar 1
Auch tagsüber können Sie hier bei einem Kaffee den Blick auf den Golf von Roses genießen, richtig schön wird es nach Sonnenuntergang. Zu den Drinks gibt es leichte, auch glutenfreie Kost. Häufig Livemusik.
Cargol 3, Platja de les Barques, T 872 98 42 09, auf Facebook, in der Saison tgl., sonst Mi–So 10–2 Uhr, im Winter Schließzeiten

Wermut satt
Ultramar 2
25 Sorten des gewürzten Weines und viele Cocktails am Meer. Zum ersten Drink gibt es eine Tapa gratis. Und manchmal auch noch fetzige Jazzrhythmen.
De la Torre 1, T 872 20 14 21, https://ultramarclub.com, in der Saison Mo–Do 11–24, Fr 11–1, Sa 11–2 Uhr

Sport & Aktivitäten

Strände
Schöner als im Ortszentrum von L'Escala sind die Strände rund um die **Cala Montgó 1** im Süden. Traumhaft sind außerdem die kleinen Buchten nördlich vom Ortszentrum bei den antiken Ausgrabungen, z. B. **Es Portitxol 2**, **Les Muscleres 3**, **Moll Grec 4**.

L'ESCALA

Sehenswert
1 Església de Sant Pere
2 Casa Albert
3 Alfolí de la Sal
4 Museu de l'Anxova i de la Sal

In fremden Betten
1 Hotel L'Escala Central
2 Hotel Can Miquel
3 Hostal spa Empúries

Satt & glücklich
1 La Clota
2 El Roser 2

Stöbern & entdecken
1 Casa Bordas

Wenn die Nacht beginnt
1 Medusa Bar Lounge
2 Ultramar

Sport & Aktivitäten
1 Cala Montgó
2 Es Portitxol
3 Les Muscleres
4 Moll Grec
5 Surfschule Funtastic Empordà
6 International Diving Center
7 Club Nàutic

Wassersport

Die **Surfschule Funtastic Empordà** 5 (Platja Riells, T 603 57 51 09, www.funtastic.cat) am Hauptstrand bietet auch Kajaks, Segelboote, Wasserski und kleine Motorboote an. Mekka der **Taucher** sind die Kim-Grotten (Coves d'en Kim, Cala Viuda: 🕮 G 5) sowie die Buchten rund um Cala Montgó (🕮 G 5) und Cala Ferriol (🕮 G–H 5). Auch die Illes Medes (🕮 H 6) bei L'Estartit locken Unterwasserfans. Wer all dies erkunden möchte, kann sich an das **International Diving Center** 6 (Port de la Clota, T 872 20 15 20, www.divingpass.net) wenden.

Der **Club Nàutic** 7 (Port de la Clota, T 972 77 00 16, www.nauticescala.com, Yachthafen, 957 Liegeplätze) unterhält eine Segel- und Tauchschule, verleiht Kajaks und Motorboote und bietet geführte Bootstrips und SUP an.

INFOS & TERMINE

Infos

Oficina de Turisme: Plaça Escoles 1, T 972 77 06 03, www.visitlescala.com, Sommer Mo–Sa 9–20.30, So 9.30–13, Winter Mo–Sa 9–13, 16–19, So 10–13 Uhr. Infos zu L'Escala,

Salzige Erfahrung – **Besuch im Anchovis-Museum von L'Escala**

Von den Speisezetteln der Restaurants sind sie nicht wegzudenken, die Anchovis – katalanisch Anxoves, die vor allem aus der Gegend um L'Escala stammen. Ihren besonderen Geschmack erhalten die Sardellen durch das traditionelle Einlegeverfahren in Salz. Wie das vonstatten geht, zeigt das Museu de l'Anxova i de la Sal in der Sardellen-Hochburg.

So schmecken die *anxoves* am besten: Vor dem Essen müssen Sie unter fließendem Wasser das Salz abspülen und die Gräten entfernen, dann mit Olivenöl übergießen. Die Katalanen legen die Anchovis am liebsten auf *pa amb tomàquet*, also Brotscheiben, die zuvor mit einer ausgedrückten Tomate sowie eventuell mit etwas Salz und Olivenöl gewürzt wurden.

Das weiße Gold

Einer der ersten Industriezweige der Costa Brava war die Anchovis-Fabrikation, die vor allem um L'Escala praktiziert wurde. Noch heute führen einige Fabriken das traditionelle Herstellungsverfahren weiter. Das Besondere daran ist, dass der Fisch allein durch Salz konserviert wird. Ohne das hätte der Fischerort mit seinem üppigen Sardellen- und Sardinenfang früher nicht viel anfangen können. Insofern stellte das Salz eine große Kostbarkeit dar, es wurde als ›weißes Gold‹ gehandelt und im Lagerhaus **Alfolí de la Sal** 3 wie ein Schatz aufbewahrt.

Die zarten Anchovis bedürfen einer sorgsamen Behandlung, Schicht für Schicht werden sie mit Salz eingelegt und so haltbar gemacht.

Frische Sardellen lassen sich schlecht als Souvenir mit nach Hause nehmen, aber traditionell eingelegt in Salz schon.

Fangmethoden

Im **Museu de l'Anxova i de la Sal** 4 werden die Abläufe vom Fang bis zur Konservierung erläutert. Ursprünglich fuhren die Fischer mit Lateinsegelbooten aufs Meer hinaus und brachten den Fisch bei Morgengrauen ein. Zunächst blieben die Fische in den Maschen der kleinen Netze stecken und mussten Stück für Stück per Hand – meist von Frauen oder Kindern – herausgezogen werden. Auch das Flicken der Netze war oftmals weibliche Domäne. Zu Beginn des 20. Jh. wurden dann größere Fangnetze eingeführt, die mit Hilfe von zwei Booten im Meer ausgebreitet wurden und einen wesentlich größeren Fang ermöglichten. Durch die Motorisierung der Boote konnte man nach und nach in immer entfernteren Gebieten fischen. Heute ist die Gegend allerdings so stark überfischt, dass die Fischer immer wieder Zwangspausen einlegen müssen.

Einlegeverfahren in Salz

Nach dem Einbringen des Fangguts wurde der Fisch versteigert, dann machten sich die Frauen an die Arbeit. Sie nahmen die Sardellen aus, befreiten sie von Innereien und Kopf und säuberten sie. Schließlich wurde jeweils eine Lage Fisch und eine Lage grobkörniges Salz in Gläser geschichtet, zum Schluss kam noch etwas kochende Brühe darüber. So wird der Fisch auch heute noch haltbar gemacht und kann nach einer Reifezeit von etwa sechs Monaten – wenn sich das Blut mit dem Salz vermischt hat – verzehrt werden.

INFOS/ÖFFNUNGSZEITEN

Alfolí de la Sal 3: Alfolí 6, Mitte März–Mitte Okt. Di–Sa 10–13, 17–20, So 10–13, Winter Di–So 10–13, Fr/Sa auch 17–20, Eintritt frei

Museu de l'Anxova i de la Sal 4: Av. Francesc Maciá 1, T 972 77 68 15, Juli/Aug. Mo–Sa 10–13, 17–20, So 10–13, sonst Di–Sa 10–13 Uhr, 2,15/1,10 €). Es gibt auch ein Video in deutscher Sprache.

Faltplan: G 5 | **Cityplan:** ▸ S. 49

Kein Problem damit, mal etwas früher aufzustehen? Dann könnten Sie sich auf den Weg machen und den Sonnenaufgang in der herrlichen, kleinen Bucht Es Portitxol in der Nähe der Ruinen von Empúries erleben.

Wassersport, geführten Rundgängen und Veranstaltungen.

Termine

Festa Major: Ende Aug./Anfang Sept. Großes Stadtfest
Jazz al Port: 1. Sept.-Woche. Jazzfestival am Hafen
Festa de la Sal: 2. Sept.-Wochenende. Im Bereich der Platja de les Barques findet das traditionelle Salzfest statt. Boote mit Lateinsegeln erinnern daran, wie das Salz früher auf dem Meerweg nach L'Escala gebracht wurde. Dazu gibt es traditionelle Gesänge, Tanz und natürlich werden am Strand auch Sardinen gegrillt.
Festa de l'anxova: 1. Okt.-Wochenende. Sardellenfest mit Verköstigung und Kochwettbewerb.

Verkehr

Busse: ab Haltestelle Plaça de les Escoles, T 902 30 20 25, www.compras.moventis.es. Busse nach Sant Pere Pescador, Figueres, Girona, Barcelona usw.

In der Umgebung

Auf zur Bucht

Wesentlich idyllischer als an den Buchten im Ortszentrum wohnt es sich an der Bucht **Cala Montgó** (🕮 G 5), die südlich von L'Escala im Naturpark Montgó liegt. Man kann auch zu Fuß vom Yachthafen aus an der zerklüfteten Steilküste dorthin laufen.

Antike Ausgrabungen erkunden

Ruinen von Empúries: ► S. 53

Mittelalterliches Örtchen

Ein schöner Fuß- oder Fahrradweg führt nach **Sant Martí d'Empúries** (🕮 G 5, auch: ► S. 55) ca. 2 km nördlich der Ruinen von Empuriés. Auch wenn es am Dorfplatz recht touristisch zugeht – es lohnt sich, einen Blick auf die wehrhafte Kirche, auf Paläste und Gassen, wo bis 1064 die Grafen von Empúries residierten, zu werfen.

Zeitreise in die Antike – **die Ruinen von Empúries**

Kaum zu glauben: Wo sich heute Badegäste und Tretbootfahrer tummeln, gingen im 6. Jh. v. Chr. die Griechen an Land und bestimmten das Geschick Spaniens mit. Heute laden die Ausgrabungen von Empúries zur Zeitreise in die Antike ein.

An der großen Bucht von Roses hatten schon die Bewohner der Eisenzeit erste Siedlungen. Im 7. Jh v. Chr. begannen sie, mit Phöniziern, Etruskern und Griechen zu handeln. So wollten auch die Griechen, als sie aus Phokis hierherkamen, anfangs nur eine Handelskolonie errichten. Zunächst befand sie sich auf der Anhöhe weiter nördlich, wenig später entstand am Meer die Neustadt **Néa Pólis,** die heute im südlichen Teil des Ausgrabungsgeländes liegt.

In der griechischen Handelskolonie

Vom **Eingang** 1 erreichen Sie zunächst die **südliche Stadtmauer** 2, die Teil des Verteidigungssystems des griechischen Emporion war. Dahinter sind rechts die Überbleibsel des **Serapieion** 3 zu sehen, eines dem ägyptischen Gott Serapis geweihten Tempels. Links davon erhebt sich der heilende Gott **Asklepios** 4 als 2 m hohe Marmorstatue. Durch sein Gewand mit elegantem Faltenwurf scheint der mächtige, leicht entblößte Körper mit zierlichen Sandalen hervor. Rundherum ragen die Reste von Einfamilienhäusern wie dem **Peristylhaus** mit Innenhof aus dem Boden. Dabei deuten Teile von **Wasserleitungen** auf ein damals schon vorhandenes Kanalsystem hin. Besonders verblüffend sind die Überbleibsel einer Art Fabrik, eines **Einsalzungsbetriebs** 5, aus dem 1. Jh. n. Chr.: Offensichtlich wurde hier schon vor 2000 Jahren der Fisch nach demselben Verfahren konserviert, das in den Anchovis-Fabriken von L'Escala (► S. 50) praktiziert wird. Fisch war demnach begehrtes Handelsgut. Politisches und wirtschaftliches Zentrum der Siedlung war die **Agorá mit ihrer Stoá** 6, einer Säulenhalle. Sehr viel später (4.–7. Jh. n. Chr.), kam eine

Durch dieses Tor schritten nicht die Griechen, sondern die Römer. Sie bauten es für ihr Emporiae.

Wie ein offenes Geschichtsbuch liegen die Ausgrabungen des antiken Empúries nur ein paar Schritte vom Meer entfernt und zeigen den Nachgeborenen, wie zivilisiert es hier lange vor ihnen zuging.

frühchristliche Basilika mit Totengedenkstätte 7 am östlichen Rand der Ausgrabungen hinzu.

Von den Griechen zu den Römern

Um die Geschichte der Siedlung zu verstehen, empfiehlt sich der Besuch des **Archäologischen Museums** 8: Schön bemalte Amphoren belegen z. B., dass die Griechen auch mit Wein handelten. Im Übrigen können Sie hier vieles über den Handel mit Getreide, Wolle oder Leinen sowie über Religion und Totenkult erfahren. Und über die allmähliche Romanisierung der Gegend. Als Rom seine Expansion im westlichen Mittelmeerraum fortsetzte, landete hier 218 v. Chr. ein römisches Heer und leitete die Eroberung der Iberischen Halbinsel ein. Aus dem Militärlager wurde um 100 v. Chr. eine Stadt, die später mit der griechischen zusammengelegt wurde. Obwohl nur ein kleiner Teil ausgegraben wurde, ist zu erkennen, dass es sich um eine großzügige, gerade strukturierte Anlage handelte.

Rundgang durchs römische Emporiae

Vom Museum kommend, empfängt einen gleich **Domus 1** 9, eine der bedeutendsten Villen der römischen Stadt mit schönen Moasaikböden. Links der hier beginnenden Straße liegen **Domus 2 A und 2 B** 10, an denen sich die Struktur der damaligen Häuser mit Atrium und Peristyl gut ablesen lässt. Auf der anderen Straßenseite sind die Überreste der öffentlichen **Thermen** 11 zu sehen. Politisches Zentrum der Stadt war das **Forum** 12. Um es herum gruppieren sich **Basilika** und **Kurie,** eine Art Verwaltungssitz, außerdem der **Augustus- und Kapi-**

toltempel, wo vermutlich Jupiter, Juno und Minerva gehuldigt wurde. Weiter südlich säumten **Geschäfte** 13 die Hauptstraße, den **Cardo Maximus,** der zum Ausgang der Stadt führte. Von der römischen Stadtmauer ist das mächtige **Haupttor** 14 erhalten, außerhalb liegen Relikte der **Palästra** 15 – einer Art Sporthalle – und des **Amphitheaters** 16, wo einst die Gladiatoren miteinander kämpften.

Niedergang und Umsiedlung

Um die Mitte des 3. Jh. n. Chr. gewannen andere römische Städte im Landesinneren an Bedeutung, Empurion wurde aufgegeben. Seine Bevölkerung zog auf den Hügel des benachbarten **Sant Martí d'Empúries** 17 (► S. 52), später Bischofssitz und Hauptstadt der Grafschaft Empúries.

INFOS/ÖFFNUNGSZEITEN

Ruïnes d'Empúries: Nordrand von L'Escala, kurz vor dem Ortseingang zweigt links die Straße zum Parkplatz (kostenlos) ab, T 972 77 02 08, www.macempuries.cat, Mitte Febr.–Mai, Okt.–Mitte Nov. tgl. 10–18, Juni–Sept. tgl. 10–20, Mitte Nov.–Febr. Di–So 10–17 Uhr, 7/5 €

KULINARISCHES FÜR ZWISCHENDRIN

Direkt in der Nähe des Eingangs zur Ausgrabungsstätte und zugleich direkt am Meer wartet insbesondere das **Bistró del Mar** 1 (tgl. 13–15.30, 20–22.30 Uhr, €€) des Hostal spa Empúries (► S. 48) nur darauf, Gäste bei herrlichem Meerblick mit leckeren Speisen zu verwöhnen.

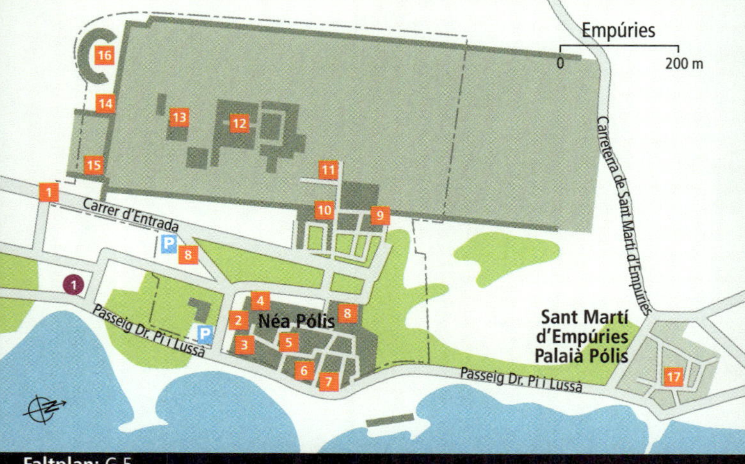

Faltplan: G 5

Von L'Estartit bis Palafrugell

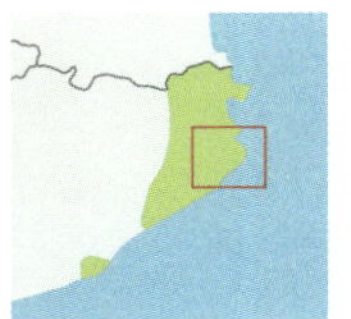

Es ist Geschmackssache. Aber landschaftlich ist die mittlere Costa Brava für die meisten das Highlight der Küste. Unzählige Traumbuchten säumen die Steilküste. Und im Landesinneren machen mittelalterlich geprägte Dörfer und Städtchen wie Pals den Küstenorten Konkurrenz. Kein Wunder, dass sich in vielen von ihnen eine betuchtere katalanische Szene eingerichtet hat. Im Hinterland liegt auch die lebendige Provinzhauptstadt Girona mit ihrer malerischen Altstadt am Onyar-Fluss.

L'Estartit 🕮 H 6

Die dem Ort vorgelagerten Medes-Inseln (▶ S. 60) haben es nicht nur Tauchern angetan. Noch dazu, wenn sich der kilometerlange Sandstrand am Golf von Pals dazugesellt. So ist aus dem Fischereihafen von Torroella de Montgrí eine quirlige Feriensiedlung geworden, die in der Hochsaison fast alles bietet – außer Ruhe.

WAS TUN IN L'ESTARTIT?

Durch Torroella de Montgrí streifen

Im alten Ortskern von Torroella de Montgrí (🕮 G 6) im Hinterland taucht man hier und da noch ins Mittelalter ein. Rund um die arkadengesäumte **Plaça de la Vila** haben das Stadttor **Portal de Santa Caterina,** der **Hexenturm,** das **Rathaus** aus dem 15./16. Jh. und die **Casa Hospital** mit ihrem Kreuzgang überdauert. Die können Sie im Sommer auch auf geführten Rundgängen entdecken, die das **Museu de la Mediterrània** (Ullà 27–31, T 972 75 51 80, www.museudelamediterrania.cat, Sept.–Juni Mo, Mi–Sa 10–13.30, 17–20, So 10–13.30, Juli/Aug. Mo–Sa 10–14, 17.30–21 Uhr, Eintritt frei) organisiert. Ansonsten bringt dieses Museum in der schönen Can Quintana den Besuchern das Mittelmeer mit Ausstellungen, Musik und sogar Gerüchen näher.
Einen Besuch lohnt auch der Renaissancepalast **Museu Palau Solterra** (L'Església 10, T 972 76 19 76, www.fundaciovilacasas.com, Mitte Jan.–Mitte Juni, Mitte Sept.–Nov. Sa 11–14, 16.30–20.30, So 11–14, Mitte Juni–Mitte Sept. Di–So 17–21 Uhr, 5/2 €) der Stiftung Vila Casas. Hier wird als Dauer- und mit Sonderausstellungen zeitgenössische Fotografie präsentiert.

Sich am Strand vergnügen

Am kilometerlangen **Hauptstrand** von l'Estartit gibt es genügend Platz und Infrastruktur mit Duschen, Kiosken usw.

Einen Hauch Abenteuer vermitteln die meist einsamen, spektakulären **Buchten nördlich von L'Estartit,** die nur zu Fuß oder per Boot zu erreichen sind. Eine tolle **Wanderung** (ca. 1 Std.) führt zur **Cala Pedrosa** (🕮 H 5–6) und zur **Cala Ferriol** (🕮 G 5) in Richtung L'Escala.

Lust auf Bergwandern?

Weithin sichtbar erhebt sich das kahle Bergmassiv des Montgrí über die Ebene des Empordà. Oben auf 300 m Höhe sitzt die Ruine des **Castell de Montgrí** (🕮 G 6). Jaume II. ließ die Burg, die nie fertig wurde, im 13. Jh. zur Verteidigung gegen die Grafen des Empordà errichten. Das schöne Wanderziel (ca. 1 Std.) belohnt für den etwas mühsamen Aufstieg mit tollem Blick bis zu den Illes Medes.

SCHLEMMEN, SHOPPEN, SCHLAFEN

In fremden Betten

Für Taucher
Hotel Les Illes
Freundliches, zentral gelegenes Haus mit Tauchschule bzw. -klub. 63 renovierten Zimmer mit Klimaanlage, teils mit Hafenblick. Auch Familienzimmer und Spezialangebote für Taucher.
Illes 55, T 972 75 12 39, www.hotellesilles.com, April–Okt., €€

Ehemalige Fischhandlung
Cal Tet
Familiäres Stadthotel mit elf behaglichen Zimmern, einige mit Balkon und Jacuzzi. Im traditionsreichen Fischrestaurant (▶ S. 59) können Sie sich an Meerestieren satt essen.
Santa Anna 38, T 972 75 11 79, www.caltet.com, im Jan. geschl., €€

Satt & glücklich

Fantastische Konditorei
Pastisseria Masvidal
Wunderbar für eine Pause ist dieses Konditorei-Café. Feinstes Gebäck,

gute Sandwiches und ausgezeichneter Kaffee.

Passeig Catalunya 49, T 972 76 04 85, Mo 8–13.30, Di–Fr 16–20.30, Sa/So bis 21 Uhr

Rund um die Uhr

Sunyer & El Café del Passeig

Genau das Richtige für einen Abstecher in den alten Ort. Unprätentiös und doch stilvoll, schmeckt hier alles vom Frühstück über den Aperitif bis zum Dinner.

Passeig Catalunya 63, Torroella de Montgrí, T 690 20 87 97, tgl. 7.30–24 Uhr, €–€€

Mit Bierspezialitäten

N'Gruna

Unweit vom Hafen kann man sich kreative mediterrane Küche schmecken lassen. Neben Fischgerichten wie Thunfisch-Tartar gibt es donnerstags im Tagesmenü auch köstliche Paella.

Passeig Molinet 5, T 872 21 71 00, Di–So 13–15.30, 20–22.30, €–€€

Im Zentrum

Cal Tet

Natürlich stehen die Zeichen in der ehemaligen Fischhandlung auf Fisch und Meeresfrüchten. Wobei es auch herzhafte Tapas wie *patatas bravas* gibt. Besondere Spezialität ist der Reis mit Languste.

▸ Cal Tet, S. 58, in der Saison tgl., sonst Do–So 13.30–16, 19.30–22.30 Uhr, €€

 Stöbern & entdecken

Wochenmarkt: Do 8–15 Uhr

 Wenn die Nacht beginnt

Hoch her geht es an den vielen **Strandkiosken,** die im Hochsommer bis spät in die Nacht geöffnet haben.

Legendär

Sala Mariscal

Jazz, Rock, Folk und Livemusik bietet seit fast 40 Jahren die Sala Mariscal.

Barcelona 51, T 650 93 76 66, in der Saison tgl. 22–4 Uhr

Zwei Welten und doch eine: einfache Motorboote hier und im Yachthafen die Luxusvariante …

 Sport und Aktivitäten

Strände

Ortsnahe Strände: ▸ S. 58.

Im Süden schließt sich an L'Estartit die kilometerlange **Platja de Pals** (🕮 H 7) an. Großteils ist sie unverbaut – dank des CIA, der hier früher mit Radio Liberty auf Sendung ging. Erst am Ende finden sich einige Luxushotels und -campingplätze. Dann folgt bei Begur einer der fotogensten Strände der ganzen Küste, die **Platja de l'Illa Roja** (🕮 H 7, ▸ S. 67).

Bootsausflüge und Tauchen

▸ S. 61

Rund um aktiv

Medaqua

Ob Sie Mountainbike-Touren machen, mit dem Kajak die Grotten der Küste erkunden, wandern oder tauchen möchten – hier gibt es geführte Touren aller Art.

Passeig Marítim 13, T 972 75 20 43, www.medaqua.com

Wassersport und mehr

Bei **EolisKite** (Romaní s/n, T 663 88 48 68, www.eoliskite.com) können Sie

Leben unter Wasser – **im Glasbodenboot zu den Illes Medes**

Raus aufs Wasser? Wie wäre es mit einem Abstecher zu den Medes-Inseln vor L'Estartit? Die Unterwasserwelt mit ihren geheimnisvollen Pflanzen und Tieren, vor allem Korallen, lässt sich vom Glasbodenboot aus entdecken.

Ein Archipel aus bizarren Felsen

Sieben Inselchen – Meda Gran, Meda Xica, Magallot, Ferranelles, Tascons Grossos, Tascons Petits und Carall Bernat – umfasst der 21,5 ha große Archipel und die bis zu 75 m hohen Felsen, die etwa eine Meile vor der Küste aus dem Wasser ragen, sind so bizarr wie ihre Namen. Mal erinnern sie an einen Zuckerhut, mal an einen archaischen, zu Stein gewordenen Dickhäuter. Als Ausläufer des Kalksteinmassivs des Montgrí im Landesinneren stellen sie ein eigenes Ökosystem mit spezifischer Flora und Fauna dar. So winzig die Eilande sind, mit ihrer strategischen Lage standen sie oftmals im Zentrum kriegerischer Auseinandersetzungen. Schon die Griechen sollen die größte Insel, **Meda Gran** 1, als Begräbnisstätte verwendet haben. Später nutzten sie Engländer, Franzosen und Spanier als Festung.

Die Inseln umpaddeln dürfen Sie, aber keinesfalls an Land gehen!

Seit dem 18. Jh. plünderten Korallenfischer den Meeresgrund rund um die Inseln, bis 1983 ein totales Fischereiverbot verhängt wurde. Seit 1990/91 wird das Gebiet als maritimer Naturpark geschützt, es gibt nur wenige freigegebene Ankerplätze. Doch können Sie die Gegend gut mit dem Glasbodenboot erkunden oder an organisierten Bootstrips für Taucher, Schnorchler und Schwimmer teilnehmen.

Unterwegs mit dem Glasbodenboot

Je nach gewählter Tour fahren die Boote zuerst an der stark zerklüfteten Festlandküste entlang nach Norden – am Wasser türmen sich bis zu 100 m hohe Felswände auf. Besonderes Highlight ist in diesem Fall das gewaltige, vom Meer umtoste Loch in der **Roca Foradada** 2, dem sich die Boote nähern. Danach wird eine Medes-Insel nach der anderen umfahren. Schlechtes Wetter kann allerdings die Sicht hinab ins Meer trüben, wenn es bei stürmischer See aufgewühlt ist.

Nein, weiden will er nicht, der Zackenbarsch. Er ernährt sich von Fischen und Krebstieren.

Schillernde Unterwasserwelt

Etwa 10–15 m unter der Wasseroberfläche leben vor allem rote und grüne Algenarten, außerdem wächst auf dem Meeresboden langes Neptungras. Dazu gesellen sich farbenfrohe Schwämme und eine reichhaltige Tierwelt. Neben Würmern, Schnecken und Muscheln tauchen Zackenbarsche, Lippfische, Drachenköpfe und sogar Meeraale auf, in den Höhlen verstecken sich Krustentiere wie Langusten oder Bärenkrebse. Insgesamt sind in den Miniaturwäldern unter Wasser um die 600 Arten von Wachsrosen, Muscheln, Seegurken, Krustentieren und Fischen zu Hause. Besonders exotische Exemplare sind die Edelkorallen und gelben Nelkenkorallen. Außerdem kreisen nicht selten Silbermöwen, Wanderfalken oder Seidenreiher über den Booten. Der Kot, mit dem sie die Inseln überziehen, ist ein Grund mehr, sie nicht zu betreten.

INFOS

Glasbodenboot-Touren: April–Okt. mehrmals tgl. mit **Nautilus** 1 (Passeig Marítim 23, T 972 75 14 89, www.nautilus.es) oder **Excursions Marítimes Núria** 2 (Passeig Marítim 34, T 972 66 59 02, www.barcanuria.com), Dauer ca. 1,5–2 Std., ca. 25 €

TAUCHEN

Rund um die Strandpromenade gibt es diverse Tauchstationen, die neben Kursen und Ausrüstung auch Ausflüge mit Tauchgängen oder zum Schnorcheln anbieten: **Costa Brava Divers** 3 (Passeig Marítim 7, T 972 75 20 34, www.costabravadivers.com), **Diving Center La Sirena** 4 (Passeig Marítim 2, T 972 75 09 54, www.divingsirena.com), **Centre de Submarinisme Les Illes** 5 (Illes 55, T 972 75 12 39, www.hotellesilles.com), **Unisub** 6 (Platja 8, T 972 75 17 68, www.unisub.es).

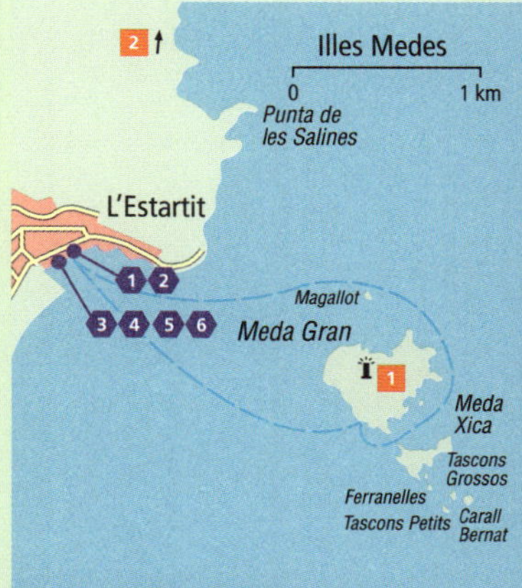

Faltplan: H 6 | Start: L'Estartit

Die Zeit, in der Seeräuber die Küste bedrohten, lebt Ende September mit Ausstellungen, Bootstrips, Stadtrundgängen und witzigen Darbietungen vor dem Hintergrund der Medes-Inseln wieder auf. Infos beim Touristenbüro.

Kitesurf- und Stand-up-Paddle-Kurse buchen. Auch Ausflüge zu den Illes Medes. Im superprofessionellen Yachthafen des **Club Nàutic Estartit** (T 972 75 14 02, www.cnestartit.com, 643 Liegeplätze) können Sie sich auch ein Gourmetfrühstück oder Tapas an Bord servieren lassen und E-Bikes ausleihen. Auch Kajaks, SUPs, Jetski, Flybord und Windsurfing.

INFOS & TERMINE

Infos

Oficina de Turisme: Passeig Marítim 47, T 972 75 19 10, www.visitestartit.com, März–Mai, Okt.–Febr. Mo–Fr 9–18, Sa/So 10–14, Juni, Sept. tgl. 9–20, Juli/Aug. tgl. 9–21, Torroella de Montgrí (Museu de la Mediterrània, Ullà 27–31), Sommer Mo–Sa 10–14, 16–21, So 10–14, Winter Mo, Mi–Sa 10-14, 17–20, Do, So, Fei 10–14 Uhr. Infos zu L'Estartit und Torroella, zu Wassersport, Ausflügen und Aktivitäten aller Art.

Termine

Festa Major: 26. Juli, Tag der hl. Anna, in L'Estartit. Torroella feiert am 25. Aug.
Festival Internacional de Música: Aug., T 972 76 06 05, www.festivaltorroella.cat. Festival mit Schwerpunkt Gitarrenmusik in der Altstadt von Torroella.

Verkehr

Busse: ab Passeig Marítim 10 und C. de l'Església (L'Estartit), Carretera de l'Estartit 46 (Torroella de Montgrí), T 902 30 20 25, www.compras.moventis.es. Busse nach Barcelona, L'Escala und Bellcaire.

Begur 🕮 H 7

Zwar liegt der charmante Ort nicht direkt am Wasser, trotzdem steht er bei katalanischen Sommerfrischlern hoch im Kurs. Die Mischung von mittelalterlichen Gassen und Häusern im Neokolonialstil schafft ein besonderes Flair und obendrein ist Begur der beste Ausgangspunkt für den Besuch der wunderbaren Buchten ringsum. Die können Sie auch gut erwandern (▸ S. 68).

WAS TUN IN BEGUR?

Den Spuren der Indians folgen

Schöner Kontrast zum mittelalterlichen Begur sind die **Cases de Indians,** die Häuser der Kuba-Seefahrer, die im 19. Jh. in der Karibik zu Geld gekommen waren und sich in der Heimat stolze Villen im Kolonialstil errichten ließen. Besonders schöne Beispiele sind die **Casa Pere Roger** und die **Casa Josep Pi Carreras** (beide: Bonaventura Carreras) sowie die **Casa de Josep Forment** (Concepció Pi i Tató, nahe Camí del Mar), die allesamt mit Infotafeln versehen sind.

Ortskern und Burgruine erkunden

Im mittelalterlichen Gassengewirr von Begur sticht neben **Verteidigungstürmen** aus dem 16. Jh. wie der **Torre de Can Marquès** (Frederic Sires i Puig 1), die schlichte **Església de Sant Pere** (Plaça de l'Església) hervor, die schon 1190 existiert haben soll, aber erst im 17./18. Jh. erweitert wurde. Von hier aus müssen Sie zum Wahrzeichen des Ortes, dem mittelalterlichen **Castell de Begur,** hinaufsteigen. 1810 von den Napoleonischen Truppen zerstört, wurde es 1956 teilweise wieder instandgesetzt. Von oben bietet sich ein fantastischer Blick über das Cap de Begur und die Illes Medes.

Wehrhaftes Mittelalter – **Pals und Peratallada**

An der Küste mag es hier und da noch so hip zugehen, im Hinterland scheint vielerorts die Zeit stehen geblieben zu sein. Zumindest in Dörfern wie Pals und Peratallada, deren Besuch wie eine Zeitreise ins Mittelalter ist, als sich die Landgrafen mit dicken Stadtmauern und Wehrtürmen vor Feinden schützen mussten.

Auferstanden aus den Sümpfen

Am besten spiegelt **Pals** 1 das Modell der mittelalterlichen Stadt wieder. Sein Name leitet sich vom lateinischen Wort *palus* für Sumpf ab. Tatsächlich liegt der Ort mitten im Sumpfgebiet, das in früheren Jahrhunderten für den Reisanbau trockengelegt wurde. Wie eine Festung thront der älteste, mittelalterliche Ortsteil auf dem Hügel **Mont Aspre.** Schon von Weitem grüßt die romanische **Torre de les Hores,** der runde Stundenturm. Drumherum reihen sich dicht an dicht die steinernen Zeugen des Mittelalters samt **Stadtmauer** aneinander.

Wenn Sie durch die von Arkaden überdeckten Gassen den Berg hinaufsteigen, entdecken Sie die 1000-jährige **Església Sant Pere,** schöne **Brunnen,** weitere eckige **Wehrtürme,** die **Plaça Major** und

Ja, sie lebt, die jahrhundertealte Bausubstanz von Pals. Zumindest, wenn sie für die Gäste in Lokale, Bars und Cafés umgewidmet wird.

Autos wurden aus dem Zentrum von Peratallada weitgehend verbannt – die Chance für Radler.

so manchen **gotischen Adelspalast.** Ja, sie müssen reich gewesen sein, die früheren Bewohner – das lässt sich an der Verzierung mit steinernen Balkonen und kunstvollen Türstürzen ablesen. An Stelle der einstigen **Burg** aus dem 9. Jh., von der nicht viel mehr als der Turm übrig geblieben ist, steht heute ein Privathaus. Hier schenkt einem der **Mirador Josep Pla** einen fantastischen Blick über die Landschaft des Baix Empordà.

Peratallada

Eine wunderbar geschlossene mittelalterliche Dorfanlage weist auch das wenige Kilometer von Pals entfernte **Peratallada** 2 auf. Der Name bedeutet so viel wie ›behauener Stein‹ und tatsächlich besteht hier fast alles aus bearbeitetem Naturstein: die dreifache **Stadtmauer,** von der sich einige Teile erhalten haben, die **Wehrtürme,** die **Kirche** und das **Kastell.** Die Burg geht mindestens auf das Jahr 1065 zurück. Um sie herum verirrt man sich in engen Gassen mit niedrigen Arkaden und Torbögen, die sich wieder zu kleinen Plätzen öffnen.

UM DIE ECKE

Wer auf den Geschmack gekommen ist, sollte sich auch in anderen mittelalterlichen Dörfern der Gegend wie **Vulpellac** 3**, Canapost** 4**, Ullastret** 5 (alle: 🕮 F 7), **Palau-Sator** 6**, Sant Feliu de Boada** 7 oder **Torrent** 8 (alle: 🕮 G 7) umsehen.

Etwas außerhalb des Dorfkerns steht die romanische **Església Sant Esteve** mit ihrer rechteckigen Fassade, in der einer der mittelalterlichen Barone der Gegend, Gilabert de Cruïlles, begraben liegt. Der Wermutstropfen von soviel Schönheit: Die Orte haben sich in eine Art Freiluftmuseum verwandelt, wo neben stilvollen Herbergen, Lokalen und Läden das Alltagsleben fehlt.

INFOS/ÖFFNUNGSZEITEN

Oficina de Turisme, Pals: Hospital 22, T 972 637 380, www.visitpals.com, Frühjahr tgl. 10–14.30, 16–19, Sommer tgl. 10–14.30. 17–20, Winter Mo–Sa 10–14.30, 15–17.30, So 10–14 Uhr
Oficina de Turisme, Peratallada: Plaça del Castell 3, T 872 98 70 30, www.visitperatallada.cat, Osterwoche, Juni–Sept. tgl. 10.30–13.30, 16.30–20.30, Winter (dann nur Infomaterial) tgl. 9–18 Uhr

---

KULINARISCHES FÜR ZWISCHENDRIN

Im historischen Zentrum von **Pals** tischt das stilvolle **El Pedró** (1) (Placeta d'en Bou 29, T 972 63 69 83, www.elpedropals.com, März–Okt. Fr–Mi 13–15.30, 19.30–23.30, So 13–15.30 Uhr, €€) mit hübscher Terrasse gute Reisgerichte und Feinschmeckermenüs auf. Solide katalanische Küche in **Peratallada** bekommt man im **Restaurant Bonay** (2) (Plaça Les Voltes 13, T 972 63 40 34, www.restaurantbonay.com, tgl. 13–15, 20.30–22.30 Uhr, €€), mit kleinem Weinmuseum.

LÄNGER BLEIBEN

Ganz in die Atmosphäre des alten **Peratallada** eintauchen können Sie im charmanten **Ca l'Aliu** (1) (De la Roca 6, T 661 40 49 35, www.calaliu.com, €) in einem Gebäude aus dem 18. Jh. mit Garten, kostenlosem Parkplatz und Küchenbenutzung.

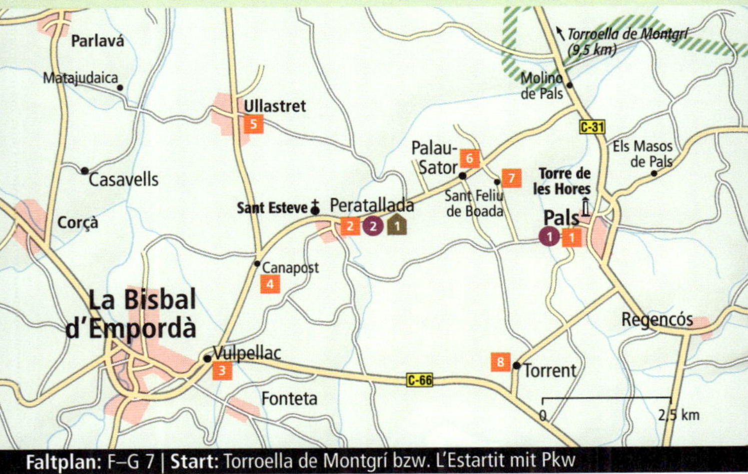

Faltplan: F–G 7 | **Start:** Torroella de Montgrí bzw. L'Estartit mit Pkw

SCHLEMMEN, SHOPPEN, SCHLAFEN

In fremden Betten

Mit gutem Restaurant
Hostal Ondina
Sympathische Bleibe nahe am Hafen von Fornells. Acht Doppelzimmer mit kleiner Terrasse.
Crta. Aiguablava 3, T 972 62 20 52, www.hostalondina.com, April–Dez., €, Frühstück 8,50 €

Direkt an der Bucht
Hotel Sa Riera
Gepflegtes Zwei-Sterne-Hotel mit Garten und Schwimmbad. Geräumige Zimmer, teils mit Balkon und Meerblick.
Sa Riera, T 972 62 30 00, www.sariera.com, Ende April–Mitte Okt., €–€€

Nettes Stadthotel
Hotel Rosa
Im Zentrum von Begur finden Sie im begrünten Innenhof und auf der Dachterrasse des Rosa Ruhe. 18 komfortable Zimmer und drei Suiten, alle mit Whirlpool-Wannen. Außerdem sechs Apartments mit Küchenzeile.
Pi i Ralló 19, T 972 50 30 15, www.hotelrosabegur.com, März–Dez., €€

Im denkmalgeschützten Palast
Hotel Aiguaclara
Aus einem Gebäude von 1866 im Kolonialstil ist eine charmante, originelle Bleibe mit zehn individuell eingerichteten Zimmern geworden. Gemütliche Lounge-Bar, gute Küche und hübsche Gartenterrasse.
Sant Miquel 2, T 972 62 29 05, www.aiguaclara.com, €€–€€€

Satt & glücklich

Sympathisch unprätentiös
Can Pere
Erstaunlich, dass sich in Begur ein Lokal hält, in dem man sich für kleines Geld rundum sattessen kann. Köstlich auch das Sandwich mit Tomate und Anchovis.
De la Creu 3, T 972 62 37 49, tgl. 11–23 Uhr, €

Slowfood
Fitzroy Café
Ob es nur ein Snack oder ein ganzes Essen sein soll – die originellen veganen und vegetarischen Gerichte munden zu allen Tageszeiten zusammen mit Kaffee- oder Weinspezialitäten.
Francesc Forgas 1, www.fitzroycafe.com, Mi–Mo 9–14, 19–22 Uhr, €

Die Cala Aigua Xelida (1,5 km von Tamariu) war die erste Station von Josep Plas Erzählung »Eine gescheiterte Reise«.

Essen im ehemaligen Kloster

Hostal Sa Rascassa

Das Ambiente an der schönen Bucht allein lohnt schon den Besuch. Auch die gehobene Küche rechtfertigt die Preise. Zu Thunfisch-Tataki gibt es gute Weine. Stilvolle Zimmer (€€).

Cala d'Aiguafreda, T 972 62 28 45, www.hostalsarascassa.com, Mitte/Ende März Sa/So, April–Okt. Mi–Mo 13.30–15.30, 20.30–22.30 Uhr, €€

 Wenn die Nacht beginnt

Kubanisch

La Bodeguita del Medio

Eine der gemütlichsten Bars in der Straße Pi i Ralló. Mojitos und Daiquiris bis zum Abwinken. Im Treff der Exil-Kubaner gibt es auch mal Livemusik. Wenn hier kein Platz frei ist, können Sie am Wochenende zu **La Lluna** ausweichen.

Del Medio: Pi i Ralló 1, T 972 62 46 80, Mi–Mo ab 22 Uhr; **La Lluna:** Concepció Pi i Tató 5, T 972 62 20 23, Fr/Sa 23–3 Uhr

Chillen im ehemaligen Kloster

El Jardí de Can Marc

Romantisches Gartenlokal mit guten Cocktails und atemberaubender Aussicht. Auch Tapas.

De la Creu 10, T 972 62 31 19, www.canmarc.cat, Sommer tgl. ab 19 Uhr

 Sport & Aktivitäten

Buchten besuchen

Von Begur zweigen sternförmig Straßen zu unterschiedlichsten Buchten ab, eine reizvoller als die andere. Ob **Sa Riera, Aiguafreda, Sa Tuna, Fornells** oder **Aiguablava** (alle: 🕮 H 7) – alle haben auch eine kleine Infrastruktur mit Restaurants, Hotels und einem Yachthafen.

FKK an der ›Roten Insel‹

Auch wenn sie **Platja de l'Illa Roja** – ›Strand der roten Insel‹ heißt –, es ist keine Insel. Ein riesiger Felsblock aus rötlichem Gestein sitzt zwischen Sa Riera und der Platja del Racó am Südende des Golfs von Pals wie ein prähistorisches Ungeheuer äußerst fotogen auf dem Sand und lässt sich von den Wellen umspülen. Keine schlechte Kulisse für die Nudisten, die hier dem Badevergnügen frönen!

Am ersten oder zweiten Septemberwochenende steht Begur ganz im Zeichen der Kuba-Seefahrer, die Ende des 19. Jh. in der Karibik weilten und bei ihrer Rückkehr viel Geld und einen neuen Lebensstil mitbrachten. Zur **Festa d'Indians** kleidet sich Begur stilecht in weiße Gewänder.

Tauchen

Begurdive

Die fantastischen Tauchgründe laden dazu ein, sich auf den Spuren von Unterwasser-Archäologen zu bewegen. Kurse, Material, spezielle Tauchgänge.

Cala d'Aiguablava, T 609 43 71 06, www.begurdive.com

INFOS & TERMINE

Infos

Oficina de Turisme: Av. Onze de Setembre 5, T 972 62 45 20, www.visitbegur.cat, Sommer Mo–Fr 9–21, Sa/So 10–14, 16–21, Winter Mo–Fr 9–14.40, Sa/So 10–14 Uhr.

Termine

Santa Reparada: um den 29. Juni und Anfang/Mitte Sept. Die Heilige wird mit einem großen Stadtfest gefeiert, bei denen die typischen *havanares*-Gesänge der Kuba-Seefahrer nicht fehlen dürfen.

Festa d'Indians: Übrigens, ► oben.

Verkehr

Bus: ab C. de Ramon Llull 4B, T 902 30 20 25, www.compras.moventis.es. Verbindungen nach Barcelona, Girona, L'Escala, Pals, Peratallada usw. sowie zu den umliegenden Stränden.

Am Cap de Begur – **Wanderung Begur–Aiguablava**

Rings um das Cap de Begur verstecken sich einige der wildesten Abschnitte der Costa Brava. Über die Steilküste führt der anspruchsvolle Wanderweg, auf dem sich atemberaubende Aussichtspunkte mit reizvollen Badestellen abwechseln, von Sa Tuna nach Aiguablava.

Alter Weg zu malerischem Ort

Vom **Parkplatz Sot d'en Ferrer** in **Begur** 1 laufen Sie ein kleines Stück auf der Landstraße in Richtung Aiguafreda, dann zweigt links der **Camí Vell,** der alte Weg, nach Sa Tuna ab. Bergab Richtung Küste kreuzt er mehrmals eine Straße und kleine Siedlungen. In **Sa Tuna** 2, einem der malerischsten Fleckchen an der ganzen Küste, gruppieren sich um den ca. 100 m langen Sandstrand einige Häuser und Lokale in bunten Farben – eine Postkartenidylle!

Eine Karte tut meist gute Dienste – und sei es, um zu schauen, was man sieht …

Herrliche Aussichten

Am südlichen Ende der Bucht geht es auf dem Camí de Ronda in einen Pinienwald und auf schmalem Pfad an der zerklüfteten Küste entlang. Nach dem **Mirador de Sant Josep** 3 folgt die Siedlung **La Borna.** Über ein Stück asphaltierte Straße und einen sich anschließenden Sandweg folgen Sie der **Abzweigung zum Cap de Begur** mit grandiosem Blick über die windumtoste Küste. Hier steht noch das **Semàfor-Gebäude** 4 von 1891, in früheren Zeiten Wetterstation und Leuchtturm.

Vom Kap nach Aiguablava

Zurück an der Abzweigung laufen Sie wieder ein Stück auf asphaltierter Straße, bis links ein von

UM DIE ECKE

Von Sa Tuna aus können Sie noch einen Abstecher nach **Aiguafreda** 9 machen. Etwas oberhalb der traumhaften Bucht lockt der **Hostal Sa Rascassa** 3 (► S. 67) mit exzellenter Küche.

Die südliche Küste von Palamós bis Blanes

Ja, auch an der südlichen Costa Brava gibt es hübsche, einsame Buchten und ein Stück spektakulärer Steilküste. Doch haben sich die Küstenorte hier längst zu richtigen Städten (Abb.: Lloret de Mar) ausgewachsen, in denen es wesentlich betriebsamer zugeht als in den pittoresken Dörfern im Norden.

Palamós 🗺 G 9

Gamba-Menüs, Gamba-Messen, Gamba-Wochen: Wenn Katalanen etwas mit Palamós verbinden, dann sind es die Garnelen. Denn hier dreht sich immer noch (fast) alles um den Fischfang. Das lässt sich allein schon an den Netzen ablesen, die regelmäßig neben der Strandpromenade zum Trocknen ausliegen. Oder am Denkmal A la Gent del Mar, das den Fischerfamilien gewidmet ist.

WAS TUN IN PALAMÓS?

Fische, Fischfang, Fischauktion

Auf keinen Fall dürfen Sie die **Fischauktion** (Beginn je nach Wetterlage und Ankunftszeit der Boote: Mo–Fr ab ca. 16.15 Uhr, 1,50 €) verpassen, wo je nach Fanggut die schönsten Exemplare mitunter astronomische Preise erzielen. Wochentags findet in der **Llotja del Peix,** der Auktionshalle am Hafen, darüber hinaus ein **Direktverkauf** (Mercat de la Llotja, Moll Port 1, www.confraria.cat/mercat-de-la-llotja-de-palamos, Mo–Fr 16.30–19.30 Uhr) an Konsumenten statt. Im **Espai del Peix** (Llotja del Peix, www.espaidelpeix.org) können Sie vielleicht an einem Workshop teilnehmen oder bei

Frischer Fisch gefällig?

einem Show Cooking zusehen und lernen, aus Fisch leckere Paellas, Carpaccios oder Tatakis zu machen. Der Espai gehört zum liebevoll gestalteten **Museu de la Pesca** (Edifici del Tinglado, Moll Pesquer, T 972 60 04 24, www.museudelapesca.org, Mai/Juni, Sept. Mo–Fr 10–13.30, 15–19, Sa/So 10.30–14, 16–19, Juli/Aug. tgl. 10–14, 16–21, Okt.–April Di–Fr 10–13.30, 15.30–19, Sa/So, Fei 10.30–14, 16–19 Uhr, 5/2,50 €) auf der anderen Seite der Mole. Das Fischereimuseum zeigt mit einem Film und Exponaten die Rolle des Fischfangs in Palamós.

Bummel durchs historische Zentrum

Bei so viel Fisch(-fang) könnte man glatt das hübsche historische Zentrum des Städtchens übersehen, das bis auf das Jahr 1279 zurückgeht. Markant ist die **Església Santa Maria del Mar** (Plaça de l'Església) mit der festungsartigen **Torre del Consell**, in der sich einst die Stadtoberen beraten haben.

Buchten, Strände, Fischerdörfchen erkunden

Rund um Palamós liegen einige der schönsten unverbauten Strände und Buchten der ganzen Küste. Am besten machen Sie sich zu Fuß auf: Der **Camí de Ronda** beginnt nördlich vom Hafen bei der malerischen Fischersiedlung **Margarida.** Von hier nach Norden gelangen Sie zur Bucht **La Fosca** (🗺 G 8–9) mit Lokalen, Strandkiosken und Hotel. An diese schließen sich die bunten Fischerhäuschen der **Cala S'Alguer** an und der unverbaute Traumstrand **Platja del Castell** (beide: 🗺 G 8) mit feinem, weißem Sand. Dann ragen die **Reste einer iberischen Siedlung** aus dem 6. Jh. v. Chr. aus dem Boden. Wer keine Steigungen scheut, läuft an der zerklüfteten Steilküste weiter zu den spektakulären, von bizarren Felsblöcken gerahmten Buchten der **Cala Estreta** (🗺 H 8).

SCHLEMMEN, SCHLAFEN, SPORTELN

In fremden Betten

Zentral und günstig

Hostal Residencia Catalina

Wer keine großen Ansprüche hat, wird sich in dem etwas altmodischen Haus mit

22 Zimmern mit Balkon, Satelliten-TV und Klimaanlage sicherlich wohlfühlen.

Foment 16, T 972 31 43 86, www.hostalcatalina.com, einige Schließtage im Jahr, €–€€, Frühstück 5 €

Am Strand La Fosca

Hotel Ancora

Gepflegtes Drei-Sterne-Haus mit Garten, Schwimmbad, Tennisplatz, Parkplatz und gutem Restaurant. Auch Drei- und Vierbettzimmer.

Josep Pla 43, T 972 31 48 58, www.hotelancora.net, €€

Lange Tradition

Hotel Trias

Eine mehr als 100-jährige Institution in zentraler Lage. Schnörkellos designte, auch behindertengerechte Zimmer, Garten, Tennisplatz, Schwimmbad und elegantem Restaurant. Im Sommer lockt der Beach Club Le Corniche mit Snacks.

Passeig del Mar, T 972 60 18 00, www.hoteltrias.com, €€–€€€

Am schönen Strand Can Cristus

Camping Sénia Internacional de Calonge

Allein schon wegen des exzellenten Restaurants lohnt der Aufenthalt auf diesem sehr gut ausgestatteten Gelände, wo Sie auch in modernen Bungalows unterkommen können. Mit Sportklub, Pool, Fahrradverleih und Supermarkt.

Av. Andorra, T 972 65 15 64, www.senia.es,, €–€€

Satt & glücklich

Tapas mit Meerblick

La Vermuteria del Passeig

Das Richtige für eine kleine Stärkung mit Blick aufs Wasser. Originelle Tapas und mehr, 2,5 km von Palamós-Zentrum.

Josep Mudnet 76, Sant Antoni de Calonge, T 872 50 77 48, tgl. ab 12 Uhr, €

Gambas satt

L'Arcada

Beim Rathaus wird vorzügliche katalanische Küche serviert. Feinschmecker haben ihre Freude am opulenten Fisch- und Meeresfrüchte-Menü mit Hummer (Menu de la Gamba) um 60 €.

Pagès Ortiz 49, T 972 31 72 15, www.larcadapalamos.es, Mo–Fr 10–23, Sa/So 10–16 Uhr, €€

Im Wald hinter der Platja de Castell versteckt sich die **Barraca d'en Dalí**, ein Häuschen mit unverkennbar surrealistischen Zügen, das ein Dalí-Fan für den Meister dorthin gesetzt hat. Viel gearbeitet dürfte dieser hier aber nicht haben.

Katalanisch-peruanisch

Entre dos Mons

Der frische Fisch aus Palamós bietet die besten Voraussetzungen für wunderbar arrangierten Ceviche und andere Spezialitäten der kreativen Fusionküche. Günstige Mittagsmenüs.

Tauler i Servià 21, T 972 31 52 89, www.entredosmons.es, Do–So 13–14.30, 20–21.30, Mo/Di nur abends, €€–€€€

Neben der Fischbörse

La Gamba

Der Klassiker für Fisch und Meeresfrüchte. Probieren Sie mal die gefüllten und gratinierten Seeigel!

Plaça de Sant Pere 1, www.lagambapalamos.com, T 972 31 46 33, tgl. Do–Mo 13–15.45, 19.30–22.15, Di/Mi 13–15.45 Uhr, Winter zeitweise geschl., €€

Sport & Aktivitäten

Wassersport und mehr

Am Yachthafen **Marina de Palamós** (T 972 60 10 00, www.marinapalamos.com, 866 Liegeplätze) gibt es auch einen **Boots- und Fahrradverleih** sowie die Tauchbasis **Palamós Dive Center** (www.palamosdivecenter.com). Der **Club Nàutic Costa Brava** (T 972 31 43 240 www.cncostabraba.

com) unterhält einen **Yachthafen** (252 Liegeplätze) und die Segelschule **Club de Vela Palamós.** Wer paddeln möchte kann bei **Tramuntana Kayak** (Salvador Albert i Pey, Marina de Palamós, T 670 33 92 69, www.tramuntanakayak.com) Boote leihen.

INFOS & TERMINE

Infos

Oficina de Turisme: Passeig del Mar und Museu de la Pesca (Moll Pesquer), T 972 60 05 00, www.visitpalamos.cat, Sommer tgl. 10–20, Winter Mo–Sa 9.30–14, 15–18, So 9.30–14, Fei immer nur 10–14 Uhr

Termine

Carnaval: Febr., www.carnavaldepalamos.cat. Palamós ist für seinen ausschweifenden Karneval bekannt.
Fira de la Gamba: Juni, www.firadelagamba.cat. Traditionelle Gamba-Messe – natürlich mit reichlich Degustationen.
Festa Major: um den 24. Juni. Großes Stadtfest von Palamós.
Festivitat de la Verge del Carme: Mitte Juli. Palamós huldigt mit Prozessionen auf dem Wasser der Schutzheiligen der Fischer, am Vorabend gibt es einen großen Ball auf der Strandpromenade.
Mostra de l'Havanera: Aug. In der Arbreda (Placeta Dr. Dalmau) erklingen regelmäßig die traditionellen *havaneres*-Gesänge.

Platja d'Aro 🕮 G 9

Las Vegas an der Costa Brava – so könnte man die riesige Feriensiedlung am kilometerlangen Strand beschreiben, in der sogar eine Woche lang Oktoberfest gefeiert wird. Rund um die Hauptstraße mit ihren unzähligen Geschäften, Bars, Restaurants, Klubs und Diskotheken ist es recht trubelig. Wesentlich beschaulicher geht es an den kleinen Buchten jenseits des kilometerlangen Sandstrands zu.

Strände und Buchten erkunden

So schön der breite Sandstrand mit dem markanten Felsen **Cavall Bernat,** dem Wahrzeichen von Platja d'Aro ist, viel idyllischer sind die Buchten rund um die **Torre Valentina** im Norden wie z. B. die **Platja Ses Torretes.** Mit ihnen konkurriert die ebenfalls malerische **Cala de sa Conca** in südlicher Richtung. Am besten lassen sie sich auf dem Küstenwanderweg **Camí de Ronda** entdecken. Parkplätze in Strandnähe sind ohnehin rar.

Bummeln in S'Agaró und Castell d'Aro

Eine völlig andere Welt und eine völlig andere Klientel erwartet Sie im kleinen, 3,5 km südlich von Platja d'Aro gelegenen **Villenviertel S'Agaró** (🕮 G 9). Rund um die Hotellegende **Sa Gavina** stehen alle Zeichen auf Luxus.
Sehr stimmungsvoll ist der sehr viel ältere Ortsteil **Castell d'Aro** (🕮 F 9), der ein Stück weiter landeinwärts (3 km von Platja d'Aro, 4 km von S'Agaró) liegt und von Platja d'Aro gut mit dem Bus zu erreichen ist. Hier stehen die **Església Santa Maria** aus dem 11. Jh. und die mittelalterliche **Burg** *(castell),* die dem Ort seinen Namen gegeben hat. Die Touristeninformation bietet auch kostenlose geführte Touren an.

SCHLEMMEN, SHOPPEN, SCHLAFEN

In fremden Betten

Am Strand
Els Pins
Hotel mit familiärer Atmosphäre. Freundliche Zimmer mit Klimaanlage, schöne Terrasse, Pool und Cocktailbar.
Nuestra Sra. del Carme 34, T 972 81 72 19, www.hotelelspins.com, Ostern–Anfang Okt., €€

Pool auf der Dachterrasse
Hotel Planamar
Schicke, mediterran gestylte Zimmer mit Balkon an der Strandpromenade, teils mit Meerblick. Und wenn Sie kein Zimmer mit Meerblick gebucht haben, gehen Sie

zum Pool auf der Dachterrasse. Auch auf Behinderte eingestellt. Im Restaurant gibt es auch Vegetarisches und Veganes.
Passeig Marítim 82, T 972 81 71 77, www.planamar.com, Ostern–Mitte Okt., €€

Für gehobene Ansprüche
Silken Park Hotel San Jorge
Oberhalb von wunderschönen Buchten empfängt Sie diese elegante Luxusoase im Grünen mit großem Garten, Terrasse, Innen- und Außenpool sowie Spa. Hier können Sie auch Halbpension und spezielle Familienzimmer buchen.
Av. Andorra 28, T 972 65 23 11, www.hoteles-silken.com, €–€€€

H wie Hollywoodstar
Hostal de La Gavina
▸ Exkurs rechts

H wie Hollywoodstar: Wenn Sie sich den Traum erfüllen möchten, in demselben Haus zu nächtigen, in dem schon Ava Gardner, Frank Sinatra und viele andere Stars zu Gast waren und einst zum Renommee der Küste beigetragen haben, dann gönnen Sie sich ein Wochenende in der wahrhaft filmreifen Hotellegende **Hostal de La Gavina** (Plaça Roserar, S'Agaró, T 972 32 11 00, www.lagavina.com, Ostern–Okt., €€€), die in Sachen Luxus keine Wünsche offen lässt. Mit Parkanlagen, Schwimmbad, Spa, Gourmetrestaurant usw.

Satt & glücklich

Bodenständig
Feliu
Typisch katalanische Küche ohne Schnickschnack, auch gute Paellas zu fairen Preisen. Mit schöner Terrasse zum Draußensitzen.
Av. Reina Fabiola 25, T 972 81 77 38, www.restaurantfeliu.com, Ostern–Ende Sept., tgl. 12–22 Uhr, €–€€

Meeresfrüchte satt
Aradi
Elegantes Traditionslokal an neuem Ort mit Meerblick und Terrasse, das mit exzellenten Fisch- und Fleischgerichten verwöhnt: vom Fisch des Tages bis Hummer, von Schweinsfüßen bis Rinderfilet (wechselnde Karte), außerdem verschiedene Paella-Variationen mit dem echten Ökoreis aus dem nahen Pals.
Hotel Costa Brava, Punta d'en Ramis, T 972 81 70 70, www.hotelcostabrava.com, tgl. 13–15, 20–22 Uhr, €€–€€€

Stöbern & entdecken

Der Ort gleicht einem Einkaufszentrum, sodass dem Shoppen keine Grenzen gesetzt sind. Wer in den Läden nicht fündig wird, sollte sich auf dem großen **Markt** (C. Ginesta, Fr 9–14 Uhr) umschauen.

Wenn die Nacht beginnt

In Platja d'Aro wimmelt es nur so von Klubs und Diskotheken, die sich meist in der Nähe der Strandpromenade und der Avinguda de S'Agaró befinden. Im **Be-Out** (Av. S'Agaró 162, www.beout.cat, Di, Fr/Sa ab 23 Uhr) kommt in zwei Sälen und auf einer Terrasse ein bisschen Ibiza-Feeling auf. Ein kostenloser Bus fährt alle 10 Min. vom Zentrum hierher. An derselben Straße liegt die Disco **Malibu** (Nr. 77, Do–So 0.30–6 Uhr), wo es gute Cocktails gibt. In der Disco **Inox** (Pineda de Mar 20, www.inoxdisco.com, in der Saison tgl. ab 19.30 Uhr) können Nachtschwärmer in der Saison ebenfalls die Nacht zum Tag machen.

Sport & Aktivitäten

Bootstouren
Magic Boats (Passeig Marítim, T 665 27 14 35, www.enguixolscostabrava.com) bietet Mitte Juni–Mitte Sept. 2–3 x tgl.

Wer sich auf den Küstenwanderweg von Platja d'Aro begibt, sollte zwar über etwas Ausdauer verfügen, muss aber keine Sorge haben, auf unwegsame Passagen zu stoßen.

Hin- und Rückfahrten auf der Route Platja d'Aro–Tossa de Mar (▶ S. 91; 28 €, 5–12 Jahre 19 €, 2–4 Jahre 13 €, Fahrrad 5 €)–Sant Feliu de Guíxols (▶ S. 86; Tossa–Sant Feliu: 20/14/8/5 €). Auch Schnorchelexkursionen und Bordpartys.

Wasserspaß

Wasserpark Aquadiver

Gaudi für alle: Wellenbad, verschiedene Riesenrutschen, Wildwasserkanäle etc.

Ctra de Circunvalació, T 972 82 82 83, www.aquadiver.com, Mitte Juni – Mitte Sept. tgl. 10–18/19 Uhr, 37 €, Kinder 0,80–1,20 m und Senioren ab 65 Jahre 21 €, 0,80 m Eintritt frei, auch Familien- und Gruppentickets

INFOS & TERMINE

Infos

Oficina de Turisme: Mossén Jacint Verdaguer 4 E, T 972 81 71 79, www.platjadaro.com, tgl. Sommer tgl. 8–21, Winter 9–13.30, 16–19 Uhr. Infos zu Platja d'Aro, geführte Rundgänge.

Termine

Carnaval: Der Karneval von Platja d'Aro ist einer der größten Spaniens.

Festival Nits de Jazz: Juli/Aug., www.nitsdejazz.com. Schon seit 20 Jahren kostenlose, hochkarätige Konzerte am Meer.

Festival Internacional de Música de S'Agaró: Ende Juni–Sept., www.associaciopaucasals.cat. Konzerte mit klassischer Musik.

Pessebre vivent: Weihnachten–6. Jan., www.pessebrevivent.com. Eine Spezialität von Castell d'Aro sind die sehenswerten Krippenspiele.

Verkehr

Bus: Busverbindungen nach Barcelona von der Plaça dels Estanys, T 972 82 67 87, www.moventis.es.

Sant Feliu de Guíxols F 10

Herrlich unaufgeregt ist Sant Feliu. Dafür, dass es einst als heimliche Hauptstadt der Costa Brava galt, wirkt es hier und da sogar verschlafen. Doch hat es seinen eigenen Charme, vor allem rund um die Platja de Sant Pol mit ihren

verspielten Jugendstilvillen. Neben den Stränden lockt die Stadt im Sommer auch mit einem hochkarätigen Musikfestival.

Das historische Zentrum erkunden

Rund um Strandpromenade und Yachthafen können Sie schöne Jugendstilbauten wie den **Casino dels Nois** (Plaça del Portalet 2; Übrigens, ▶ S. 90) oder die **Casa Patxot** (Passeig de Mar 40/41 / Rambla Portalet 3) entdecken, außerdem die hübsche **Caseta de Salvament de Nàufrags** (›Haus zur Rettung Schiffbrüchiger‹, Passeig Fortim 1), in dem früher Schiffsbrüchige unterkamen (heute Teil des Museu d'Història, ▶ unten, und nur n. V. zugänglich). Gut versteckt über dem Yachthafen bietet sie einen herrlichen Blick auf Meer und Boote. Hinter dem Strand verbergen sich in den Gassen das mittelalterliche **Benediktinerkloster** mit dem Geschichtsmuseum, das kulturelle Zentrum der Stadt, und die alte **Markthalle.**

Kunst, Kultur und Stadtgeschichte im Benediktinerkloster

Hauptsehenswürdigkeit von Sant Feliu ist der **Monestir Benedití** aus romanischer und gotischer Zeit, um den herum die mittelalterliche Stadt entstand. Besonders charakteristisch neben der **Kirche** aus dem 14. Jh. ist die **Porta Ferrada** (›Eiserne Pforte‹) aus dem 10. Jh., nach der auch das sommerliche Musikfestival benannt ist, das zum Teil vor ihr stattfindet. Das Kloster ist heute Hauptsitz des **Museu d'Història** (Plaça Monestir, T 972 82 1575, www.museu.guixols.cat, Di–Sa 10–13, 17–20, So 10–13 Uhr, Eintritt frei). Ausgestellt sind neben Kunstwerken vom Mittelalter bis zum 18. Jh. auch archäologische Funde. Das Thema Meer ergänzt hier die Ausstellung in der Caseta de Salvament de Nàufrags (▶ S. 87). Versäumen Sie nicht, die **Torre del Fum,** den ›Rauchturm‹, zu besteigen: tolle Aussicht auf die Stadt! In einem Teil des Klosters ist der **Espai Carmen Thyssen** (www.espaicarmenthyssen.com, bis 2025 wegen Umbaus geschl.) untergebracht. Hier finden wechselnde Ausstellungen mit Werken aus der Sammlung der Baronin, darunter Arbeiten von van Gogh, Gauguin, Pissarro, Kandinsky oder Vasarely statt.

Spielzeug über Spielzeug

Spaß macht die Sammlung Tomás Pla, die das **Museu d'Història de la Joguina** (La Rambla 50, www.museudelajoguina.cat, bei Redaktionsschluss wegen Umbaus geschl., s. Website) in einem schönen, alten Palast zeigt. 3500 Objekte aus den Jahren 1875–1975, viele aus Blech, erzählen die Geschichte des Spielens.

Beste Aussichten am Ort der Taufe

Die beste Aussicht über Sant Feliu und die zerklüftete Küste bis zum Cap de Begur bietet sich von der **Ermita Sant Elm** (Av. Sant Elm 12) auf dem 100 m hohen Puig Castellar am Südende der Stadt. Hier soll Ferran Agulló 1908 die Küste »Costa Brava« getauft haben.

SCHLEMMEN, SHOPPEN, SCHLAFEN

In fremden Betten

Charmant

Hostal Chic

Das Haus hält, was der Name verspricht: Sechs hübsche Zimmer in zentraler Lage. Dazu ein gutes Restaurant, in dem es auch leckere Tapas, Sandwiches und Hamburger gibt.

Rambla del Portalet 5, T 972 32 87 28, www.hostalchic.com, €

Schöne Jugendstilvilla

Hostal del Sol

Freundliches, etwas altmodisches Drei-Sterne-Hotel, das vor allem mit seinem großem Garten und Schwimmbad besticht. Auch Bett-&-Bike-Betrieb.

Ctra. a Palamós 194, T 972 32 01 93, www.hostaldelsol.cat, Ostern–Mitte Okt.,€–€€

Mediterranes Flair

Can Segura

Sympathisches, kleines Hotel mit neu designten Zimmern und kleinem Innenhof,

Auf dem grünen Weg – Radtour von Girona nach Sant Feliu

Eine gute Idee, die inzwischen auch anderswo Schule macht: In ganz Spanien wurden stillgelegte Bahntrassen in Fahrradwege verwandelt. Eine schöne und leichte Strecke ist die ca. 40 km lange Ruta del Carrilet II, die von Girona nach Sant Feliu de Guíxols führt.

Früher verkehrte hier die Schmalspurbahn zwischen Provinzhauptstadt und Küste, heute dürfen Sie auf breiten, teils asphaltierten Wegen in die Pedale treten. Da es meist leicht bergab geht, eignet sich die **Ruta del Carrilet II** auch für Familien mit Kindern.

Wer sich mehr fordern möchte, kann bereits in den Pyrenäen starten, und von Ripoll nach Olot und von dort auf der ca. 54 km langen Ruta del Carrilet I durch das Vulkangebiet der Garrotxa nach Girona radeln. Höhepunkt ist dann aber natürlich die Etappe zum Meer.

Ein alter Bahnhof nach dem anderen

Ausgangspunkt ist der Carrer d'Emili Grahit im Zentrum von **Girona** 1 nahe dem Onyar-Fluss. Von hier aus geht es zum Viertel Creueta, wo die Route auf einem geraden Bahndamm am Onyar entlangläuft. Über die alte Eisenbahnbrücke führt der Weg durch ein Pinienwäldchen zum alten **Bahnhof von Quart** 2, aus dem eine BTT-Fahrradstation geworden ist. Nach 500 m erreichen Sie eine neue Unterführung, die später wieder zur alten Bahntrasse und kurz danach zum restaurierten Gebäudeensemble am **Bahnhof von Llambilles** 3 führt.

Weiter geht es durch ein Waldstück nach **Cassà de la Selva** 4, wo nach ca. 14 km der mit 130 m höchste Punkt der Strecke erreicht ist. Von nun an geht es meist gemächlich bergab, mal durch Felder, mal über den Verneda-Bach und schließlich zum alten **Bahnhof von Llagostera** 5. Hier führt ein neu angelegter Fahrradweg neben der Landstraße entlang, sodass Sie hin und wieder einen Blick auf die umliegenden Berge riskieren können. Nach der Kreuzung mit der Landstraße C 250 beginnt dann links der schönste Teil der Strecke: Dichte Wälder aus mediterranen Stein- und Korkeichen säumen den ca. 4 km langen Weg bis zum **Bahnhof Bell-Lloc–Font Picant** 6.

Nach ca. 3 km taucht das Städtchen **Santa Cristina d'Aro** 7 auf, mit einer Touristeninformation im Bahnhof. Es folgt ein Stück asphaltierter Radweg und schon sind Sie in **Castell d'Aro** 8 (► S. 84) mit seiner Burg. Schließlich geht es über den Ridaura-Fluss nach **Sant Feliu de Guíxols** 9 (► S. 86). Noch eine kurze Steigung, dann liegt einem die goldene **Platja de Sant Pol** 10 (► S. 90) zu Füßen.

In Spanien herrscht für Radfahrer Helmpflicht. Viele Radler tragen zur Sicherheit auch gut sichtbare Fahrradkleidung.

INFOS/ÖFFNUNGSZEITEN

www.viasverdes.com: diese und weitere Routenbeschreibungen
Oficina de Tourisme: Girona (► S. 79); Sant Feliu (► S. 89)
Fahrradverleih in Girona: ► S. 78.
An der Strecke gibt es mehrere Fahrradstationen mit Reparaturservice.

KULINARISCHES FÜR ZWISCHENDRIN

Gute Grillgerichte, Tapas etc. bietet das **Caffè 1890 La Font Picant** 1 im alten Bahnhof von Bell-Lloc/Font Picant (Urbanización Bell-Lloc I s/n, Santa Cristina de Aro,Santa Cristina d'Aro, T 972 83 33 50, www.fb.com/restaurantlafontpicant, Do–Di 13.30–15, 20.30–23 Uhr, €).

Girona – Sant Feliu de Guíxols

Faltplan: D 7–F 10 | **Cityplan Girona:** ► S. 75

Spielkasinos in Sant Feliu? Fehlanzeige. Beim **Casino dels Nois** (oder La Constància, Ende 19./Anfang 20. Jh.) handelt es sich um den einzig erhaltenen von einst fünf *casinos* – Gebäude von Hilfsvereinen, die sich sozialen Aufgaben widmeten.

das ca. 50 m vom Strand entfernt liegt. Sehr gutes **Restaurant** mit sensationell günstigen Menüs.

Sant Pere 11, T 972 32 10 09, www.cansegurahotel.com, €€, Restaurant tgl. 13–16, 20–23 Uhr

 Satt & glücklich

Authentisch katalanisch

La Pansa

Ob gegrilltes Hühnchen, gefüllte Calamares oder Paella – in dem urigen Traditionslokal kann man sich an marktfrischen Gerichten zu sehr fairen Preisen satt essen. Auch günstige Menüs.

La Lluna 99, T 972 82 06 08, Mo 9–15.30, Di–So 13–15.30, Do–Sa auch 10–22 Uhr, €

Gemütliche Tapas-Adresse

Bar el Corsari

Dem Lokal am Hafen eilt der Ruf voraus, dass es die besten *calamares a la romana* und *patatas bravas* der ganzen Costa Brava serviert. Dazu aber auch allerhand andere Tapas

Cristòfol Colom 1, T 972 32 10 71, tgl. 8–3 Uhr, €€

 Stöbern & entdecken

Einkaufen

Jeden Sonntag (9–14 Uhr) findet auf der Plaça del Mercat vor dem Rathaus der **Wochenmarkt** statt.

 Wenn die Nacht beginnt

Highlife im Eisenbahnschuppen

Espai Museístic El Tinglado Café

Tag und Nacht geht es in dem ehemaligen (Eisenbahn-)Schuppen *(tinglado)* am Yachthafen hoch her. Eine originelle Mischung aus Café, Bar und Restaurant mit museumsreifen Lokomotiven. Dazu gibt es leckere Kroketten und andere Tapas (€–€€).

Club Nàutic, Yachthafen, T 972 82 26 05, So–Do 9–18, Fr/Sa 9–24 Uhr

 Sport & Aktivitäten

Strände und Buchten

Schöner als der **Hauptstrand** am Passeig del Mar sind die **Platja de Sant Pol** (🕮 G 10) und die Buchten südlich und nördlich von Sant Feliu wie die **Cala de sa Conca** (🕮 G 9) bei S'Agaró.

Klettern

Via Ferrata

Jede Menge Adrenalin verspricht Europas einziger, ca. 500 m langer Meeresklettergarten. Mit sowohl horizontalen als auch vertikalen Abschnitten liegt er zwischen dem Zentrum und der Platja de Sant Pol. Unbedingt erforderlich ist die entsprechende Ausrüstung, die Sie u. a. bei Break away (▸ S. 90) ausleihen können.

www.viaferratacaladelmoli.com, Eintritt/1 Tour mit Guide und Anleitung 40 €, auf Anfrage

Wandern

Am Yachthafen beginnen die schönsten Abschnitte des **Camí de Ronda,** des Küstenwanderwegs, der nach Norden am Wasser bis nach Begur und weiter führt. Eine recht bequeme Halbtagestour endet in Palamós (▸ S. 82).

Wassersport und mehr

Sant Feliu ist ein Mekka für Wassersportler mit einem Riesenangebot in den Bereichen Segeln, Surfen, Tauchen, Motorboot- und Kajakfahren. **Break away** (Juli Garreta 9, T 608 88 48 58, www.breakawaysfg.com) verleiht Boote und Räder und veranstaltet Kajak- oder Schnorcheltouren. Der **Club Nàutic** (T 972 32 17 00, www.cnsfg.cat, Yachthafen mit langer Tradition, 450 Liegeplätze) hat eine Segel- und Surfschule, ein Tauchzentrum sowie einen Fahrrad- und Bootsverleih. Alles rund ums Tauchen und Schnorcheln ermöglicht **Piscis Diving** (Escullera de Port, T 617 88 54 54, www.piscisdiving.com). **Kayaking Costa Brava** (Platja de Castell, T 638 95 25 29, https://kayakingcostabrava.com) verleiht Kajaks und bietet organisierte Touren an.

INFOS & TERMINE

Infos

Oficina de Turisme: Plaça del Mercat 28, T 972 82 00 51, www.visitguixols.com, Sommer tgl. 10–20, Winter Mo–Sa 10–18, So 10–14 Uhr. Infos zu Sant Feliu de Guíxols, Stadtrundgänge, Ausflüge nach Romanyà de la Selva (F 9) und S'Agaró (▸ S. 84).

Termine

Festival de la Porta Ferrada: Juli/Aug., www.festivalportaferrada.cat. Weithin bekannt ist die Stadt für ihr Internationales Musikfestival, das rund um Kloster und Yachthafen stattfindet.
Festa Major: 1. Aug.-Woche. Das große Stadtfest von Sant Feliu de Guixols.
Havaneres: Im Sommer erklingen abends immer wieder die melancholischen Melodien am Strand von Sant Pol.

Verkehr

Bus: Verbindungen nach Barcelona und Girona, auch zu den Flughäfen, nach Caldes de Malavella, Figueres, Platja d'Aro, Palamós usw. mit Sarfa oder Teisa von der **Estació d'Autobusos** (Camí dels Enamorats 24, T 972 32 41 93, www.moventis.es bzw. www.teisa-bus.com).

IN DER UMGEBUNG

Wellness in Jugendstil-Thermen

Dass Wellness auf uralte Traditionen zurückgeht, davon können Sie sich in **Caldes de Malavella** (D 9; www.visitcaldes.cat) ca. 22 km nordwestlich überzeugen. Schon die Römer wussten die Thermalquellen zu schätzen, heute tanken Stressgeplagte in den renovierten Kuranlagen neue Lebensenergie. Gemütlicher als der etwas steife **Balneari Vichy Catalán** (Av. Doctor Furest 32, T 972 47 00 00, www.hotelbalnearivichycatalan.cat, €€) ist der **Balneari Prats** (Plaça Sant Esteve 7, T 972 47 00 51, www.balneariprats.com, €€). Auch Tagesgäste sind in den Hotelthermen (tgl. 8–14, 16–20 Uhr, Pauschale 79 €) willkommen.

Tossa de Mar F 11

Kein Wunder, dass Tossa für Marc Chagall ein »blaues Paradies« war. Die von der Stadtmauer eingerahmte Altstadt mit ihren Wachtürmen ist tatsächlich malerisch. Aber das blieb auch nicht den Touristen verborgen, die längst im Hochsommer das Städtchen bevölkern. Dann sollten Sie an die stilleren Buchten ausweichen, die sich wie Perlen an der Schnur nördlich und südlich von Tossa reihen.

Durch die Altstadt bummeln

Nicht umsonst steht die mittelalterliche **Vila Vella** aus dem 13. Jh. unter Denkmalschutz. Sie ist in Spanien einziges Beispiel für eine befestigte Stadt am Meer. Die Gassen und Treppen aus Naturstein führten einst zu einer Burg hinauf. Heute steht dort oben ein **Leuchtturm** 1 und bietet einen tollen Blick auf Tossa und das Meer. Unten hat am Passeig de Vila Vella eine **gotische Kirchenruine** 2 überdauert. Nicht weit entfernt zeigt das **Museu Municipal** 3 (Plaça Roig i Soler 1, T 972 34 07 09, https://visittossa.com, Juni–Sept. tgl. 10–14,1–20, Nov.–Febr. Di–Fr 10–16, Sa 10–14, 16–18, So 10–14 Uhr, 3/2 €) archäologische Fundstücke aus der Villa Romana (▸ S. 92), u. a. Mosaikböden, sowie katalanische und internationale moderne Kunst. Zu den Exponaten gehört u. a. »Der himmlische Violinist« von Marc Chagall.

Das römische Tossa erkunden

Dass die Stadt nicht erst im Mittelalter besiedelt wurde, zeigen die Ausgrabungen einer römischen Siedlung (1. Jh. v. Chr.–5. Jh. n. Chr.). 1914 wurden hier die Reste der **Villa Romana dels Ametllers** 4 (Av. del Pelegrí, frei zugänglich) freigelegt, deren Bewohner sich dem Anbau und Export von Wein widmeten. Noch klar erkennbar sind die Wohnbereiche mit einem Schwimmbad aus Marmor und die industrielle Zone.

SCHLEMMEN, SHOPPEN, SCHLAFEN

In fremden Betten

Für Gaudí-Fans

Hotel Diana 1

Eine kleine Perle an der Strandpromenade: An dem Zwei-Sterne-Hotel im Jugendstil am Strand haben Schüler Antoni Gaudís mitgewirkt. Das Frühstück wird im hübschen Innenhof serviert.

Plaça d'Espanya 6, T 972 34 18 86, www.hotelesdante.com, Ostern.–Okt., €€–€€€

Schöne Strandlage

Golden Mar Menuda 2

Großzügige, auch behindertengerechte Zimmer. Ein weiteres Plus ist die große Gartenterrasse mit beheiztem Pool. Sportangebote, im Sommer abends Livemusik.

Platja Mar Menuda, T 972 34 10 00, www.goldenhotels.com, Mitte April–Mitte Okt., €€ (in der Hochsaison Mindestaufenthalt 1 Woche)

Satt & glücklich

Romantik an der Stadtmauer

Castell Vell 1

Elegantes Restaurant mit schöner Panoramaterrasse, das seit 1969 vorzügliche Fischgerichte serviert. Probieren Sie mal die *fideuà*, eine Art Paella mit Nudeln! Es gibt auch glutenfreie Gerichte.

Plaça Roig i Soler 2, T 972 34 10 30, www.castellvelltossa.com, April–Mitte Okt. Mo 19.30–22.30, Di–So 12.30–15.30, 19.30–22.30 Uhr, €€, günstige Tagesmenüs

Traditionslokal

Bahía 2

Hier können Sie gute Fischgerichte mit Blick auf die Bucht genießen, aber auch Fleischspezialitäten wie hausgemachte Blutwurst oder Frikadellen mit Tintenfisch.

Passeig del Mar 19, T 972 34 03 22, www.restaurantbahiatossa.com, Mai–Sept. tgl. 13–16.30, 19–23, sonst 13–16.30 Uhr, €€, günstige Tagesmenüs

Sterneküche

La Cuina de Can Simón 3

In einem alten Fischerhaus von 1700 behaupten die Brüder Lores-Gelpí seit über 20 Jahren mit ihrer gekonnten Küche ihren Michelin-Stern. Spezialität sind Fisch und Meeresfrüchte, die sie z. B. zu Gerichten wie Goldbrasse mit Algen und Fenchel verarbeiten.

Del Portal, 24, T 972 34 12 69, www.cuinacansimon.com, Di–So 13–15, 20–22 Uhr, €€€

Stöbern & entdecken

Wochenmarkt 1: im Bereich der Straßen Victor Català, Joan Brossa, Gabriela Mistral und Pau Casals, Do 9–14 Uhr.

Wenn die Nacht beginnt

Romantisch ist die Terrasse der **Bar Vila Vella** 1 (Passeig Vila Vella 4, Mai–Juni, Mitte Sept. – Mitte Dez. Fr–So, Juni–Mitte Sept. tgl. 12–2 Uhr) an der Stadtmauer. Gute Livemusik, z. B. mit Gitarre, hören Sie im **Mar i Cel** 2 (Estolt 5, tgl. ab 21 Uhr, Winter zeitweise geschl.). Lange Tradition hat der Nachtklub **Tahiti** 3 (Sant Josep 28, Ostern–Mitte Sept. tgl. 21–5 Uhr), oft Livemusik.

Sport und Aktivitäten

Bootstouren

Von Tossa aus werden verschiedene **Bootsausflüge** 1 angeboten. So veranstaltet **Dofi Jet Boats** (Hauptstrand, T 972 35 20 21, www.dofijetboats.

TOSSA DE MAR

Sehenswert
1 Leuchtturm
2 gotische Kirchenruine
3 Museu Municipal
4 Villa Romana dels Ametllers

In fremden Betten
1 Hotel Diana
2 Golden Mar Menuda

Satt & glücklich
1 Castell Vell
2 Bahía
3 La Cuina de Can Simón

Stöbern & entdecken
1 Wochenmarkt

Wenn die Nacht beginnt
1 Bar Vila Vella
2 Mar i Cel
3 Tahiti

Sport & Aktivitäten
1 Bootsausflüge
2 Jimbo Bikes
3 Club Aire Libre
4 Kayaks Nicolau
5 Andrea's Diving
6 Diving Center Mar Menuda
7 Esqui aquàtic
8 Splash Ocean Adventures

com) Dampferfahrten nach Lloret de Mar, Blanes und entlang der südlichen Küste. **Magic Boats** (Hauptstrand, Infos: ► S. 85) steuert Sant Feliu und Platja d'Aro an, Bordpartys und mehr. Last but not least können Sie mit **Fondo cristal** (Hauptstrand, T 972 34 22 29, www.fondocristal.com, April, Okt. – ausgenommen einige Ruhetage – stdl. 11–16, Mai– 21. Juni stdl. 11–17, 22. Juni–Mitte Sept. alle 30 Min. 9.30–16, 17, 18 Uhr, 20,50/13,50 €) von Glasbodenbooten aus auf dem Weg zur Cala Pola und Cala Giverola die Unterwasserwelt erkunden.

Fahrradfahren, Mountainbiken

Jimbo Bikes 2 (Local 4, Rambla Pau Casals 12, T 972 34 30 44, www.jimbobikes.com, Mo–Fr 10–13.30, 16–18 Uhr) verleiht Mountainbikes und andere Fahrräder, bietet auch einen Reparaturservice und geführte BTT-Touren.

Cala-Hopping – **per Auto von Sant Feliu nach Tossa**

Lust auf Abenteuer? Dann steigen Sie in Sant Feliu ins Auto. Es sind nur gut 20 km, aber die haben es in sich: rundum zerklüftete, von Pinien spärlich bewachsene Felslandschaft, tief unten das aufgewühlte Meer – und einige der schönsten Buchten der ganzen Küste.

Zwei Dinge brauchen Sie für diese Tour: ein Auto und einen Fotoapparat. Vielleicht auch noch Badezeug. Denn hier, an einem der wildesten Abschnitte der Costa Brava, bewegt sich die Landstraße so nah an der Küste, dass Sie das Panorama sozusagen auf dem Silbertablett serviert bekommen. Nach jeder zweiten Kurve stockt einem der Atem. Und zwischendurch laden traumhafte Strände und Buchten zum Sprung ins Wasser ein. Allerdings sollten Sie einigermaßen schwindelfrei sein, um an den markantesten Stellen den Ausblick von den *miradors* – Aussichtspunkten – genießen zu können.

Der Griff zu Smartphone oder Kamera ist unvermeidlich: Zwischen Sant Feliu de Guíxols und Tossa wimmelt es von atemberaubenden Ausblicken.

Auf der GI 682

Die Strecke auf der GI 682 beginnt in **Sant Feliu de Guíxols** 1. Schon nach wenigen Kilometern liegen links der Straße die ersten Strände: die **Platja de Canyet** 2 und die **Platja de Canyerets** 3, die über die Siedlung Rosamar zu erreichen sind, dann folgt die **Platja del Senyor Ramón** 4. Es lohnt, bei entsprechendem Badewetter die etwa 1 km lange, steile Straße bei km 35 zur Küste hinunterzufahren und

UM DIE ECKE

Wer den Strandbesuch mit einer Wanderung verbinden möchte, kann zwischen der Cala Salionç 6 und der Cala Giverola 10 zur paradiesischen **Cala Futadera** 8 hinuntersteigen. Oft hat man den ca. 100 m langen, von Felsen eingerahmten Naturstrand für sich allein. Der Zugang über Treppen zweigt an einem Tor bei km 29 ab. Das Auto sollten Sie vorsichtig an der Straße parken.

die – in der Hochsaison hohen – Parkgebühren zu entrichten. Denn der Nacktbadestand, der vor der Bebauung bewahrt wurde, gehört mit seinem groben, goldgelben Sand zu den schönsten der Costa Brava. Wenig später passiert die Straße die eher steinige **Platja de Vallpresona** 5, die sich in einem tiefen Taleinschnitt versteckt, und die zur gleichnamigen Urbanisation gehörende **Cala Salionç** 6. Statt in die häufig überfüllte Bucht hinunterzufahren, sollten Sie sich vom Aussichtspunkt aus alles von oben ansehen und vielleicht einen Abstecher zur **Ermita de Sant Grau** 7 machen – die neogotische Wallfahrtskirche aus dem 19. Jh. bietet einen schönen Blick aus 360 m Höhe. Hinter dem **Cap Pentiner** 9 erreichen Sie dann bei km 28 die **Cala Giverola** 10, die mehr oder weniger vom Giverola Resort belegt wird. Für Hotelgäste schön, aber in der Saison ist hier nur schwer ein Parkplatz zu finden. Die enge Nachbarbucht, die **Cala Pola** 11, füllt wiederum ein Campingplatz aus, sodass auch hier das Baden nur eingeschränkt möglich ist. Nach der engen Steinbucht **Cala Bona** 12 und einem letzten *mirador* gelangen Sie nach weiteren 3 km schließlich nach **Tossa de Mar** 13.

Wem schnell übel wird, der sollte die vielen Serpentinen besser meiden oder eventuell vorher eine Tablette nehmen. Zudem benötigen Sie in der Hochsaison Zeit und Geduld, wenn sich mitunter der Verkehr staut. Beim Parken keine Wertsachen im Auto lassen!

KULINARISCHES FÜR ZWISCHENDRIN

Wer sich stärken möchte, fährt am besten zum Restaurant **Rosamar** 1 (Urbanització Rosamar, Santa Cristina d'Aro, T 972 82 21 81, www.restaurantrosamar.com, April–Okt. tgl. 9–17, 20–23 Uhr, €€. Auf einer schönen Terrasse am Meer serviert es gute Fischgerichte, Paellas und mehr.

LÄNGER BLEIBEN

Sie haben sich in die Gegend verliebt? Dann mieten Sie sich im **Giverola Resort** 1 (Cala Giverola, Apartado 330, T 972 34 00 00, www.polagiverola.com, Mitte März–Mitte Okt., €€–€€€) ein, das mit gut ausgestatteten Bungalows und Apartments mit traumhaftem Blick auf die Bucht, Pool, Restaurant, Fahrrädern und diversen Sportangeboten lockt.

Die dicken Mauern und Wachtürme täuschen: Die denkmalgeschützte Altstadt von Tossa, Marc Chagalls »blaues Paradies«, steht allen offen, in der Hochsaison vielleicht sogar zu vielen …

Klettern, Biken, Wassersport

Club Aire Libre 3

Sportzentrum mit umfassendem Angebot: Segeln, Windsurfen, Kanu, Kajak, Klettern, Mountainbiken.

Cala Llevadó, 🕮 E 11, Crta. Lloret km 3, T 972 34 16 70, www.clubairelibre.com

Strände

Nach Nordosten setzt sich der Hauptstrand, die **Platja Gran,** mit der **Platja del Reig** und der schönen **Platja Mar Menuda** fort. Im Süden liegt die **Platja d'Es Codolar.** In südlicher Richtung locken ferner traumhafte Buchten wie die **Cala Llevadó,** die **Platja de Llorell, Platja de Porto Pi** oder **Cala Morisca** (alle: 🕮 E 11).

Wandern

Die Tourist-Info gibt Faltblätter mit Wanderrouten aus. In ca. 4 Std. erreichen Sie z. B. auf dem Weitwanderweg GR 92 Lloret de Mar oder Sant Feliu de Guíxols.

Wassersport

Ob Tauchen, Segeln, Surfen oder Kajakfahren – Wassersport spielt rund um Tossa eine große Rolle und es gibt unzählige Anbieter. Dazu zählen auch Klubs wie das **Giverola Resort** (▸ S. 95). **Kajaks** verleiht **Kayaks Nicolau** 4 (Platja Mar Menuda, T 609 02 28 04, www.gabrielnauticmar.cat). Wer **tauchen** möchte, kann sich z. B. an **Andrea's Diving** 5 (Local 3, Av. Sant Raimon de Penyafort 11, T 972 34 20 26, www.andreasdiving.com) oder an das **Diving Center Mar Menuda** 6 (Platja Mar Menuda, T 621 27 94 70, https://tossadivers.com) wenden. Am Hauptstrand von Tossa, der Platja Gran, sind **Wasserski** und **Parasailing** möglich: **Esqui aquàtic** 7 bzw. **Splash Ocean Adventures** 8 (Platja Gran, T 603 77 23 60, www.fb.com/tossabeach).

INFOS & TERMINE

1 Infos

Oficina de Turisme: Edifici La Nau, Av. Pelegrí 25, T 972 34 01 08, https://visittossa.com, März–Mai, Okt. Mo–Sa 9.30–13.30, 16–19, Juni–Sept. Mo–Sa 9–21, So, Fei 10–14, 17–20, Nov.–Febr.

Mo–Sa 9.30–16 Uhr. Infos zu Tossa, Wanderungen, geführte Stadtrundgänge und organisierte Ausflüge.

Termine

El Pelegrí: 20. Jan. Traditionelle Wallfahrt (ca. 33 km) nach Santa Coloma de Farners (C 9). An den Folgetagen ist Stadtfest mit Tanz und Konzerten.
Aplec de la Mare de Déu de Gràcia: 2. So nach Ostern. Fest zu Ehren der Muttergottes der Gnade.
Corpus Christi: Fronleichnam (Mai/Juni). Fronleichnamsprozession, Blumenteppiche schmücken die Stadt.
Festa Major: 28. Juni–1. Juli. Großes Stadtfest mit Tanz und Feuerwerk zu Ehren des Stadtheiligen Sant Pere.
Concurs de Pintura Ràpida: letzter Aug.-So. Profis und Amateure tragen einen Malwettbewerb aus.

Verkehr

Busse: ab **Estació d'Autobusos** (Av. de la Vila de Lloret, T 972 34 09 03, www.moventis.es). Es bestehen Verbindungen nach Barcelona, Girona, den Flughäfen, Lloret de Mar, Sant Feliu de Guíxols usw.).

Lloret de Mar E 11

Definitiv kein Ort für Ruhe suchende Romantiker! Auch wenn es zwischen den vielen Fast-Food-Restaurants, Klubs und Souvenirshops einige hübsche Jugendstilbauten gibt – oft genug werden sie zur Kulisse von ausschweifenden Abifahrten, Junggesellenabschieden und anderen Fiestas. Nachtschwärmer kommen auf ihre Kosten. Tagsüber können diese sich von den Partys an den traumhaften Buchten der Umgebung oder in den Gärten von Santa Clotilde erholen.

WAS TUN IN LLORET DE MAR?

Kontraste erleben

Beim Gang durch das historische Zentrum werden Sie staunen, was für ehrenwerte Gebäude hier die Jahrhunderte überdauert haben. Allen voran die **Església Parroquial** 1, die bombastische Pfarrkirche aus dem 16. Jh. mit ihrer verspielten Jugendstilkuppel. Oder das **Rathaus** 2 an der Plaça de la Vila mit seiner neoklassizistischen Fassade. Von hier aus können Sie über den von Palmen gesäumten Passeig Jacint Verdaguer zum **Museu del Mar** 3 (Passeig Camprodón i Arrieta 1–2, T 972 36 44 54, März–14. Juni, 16. Sept.–Okt. Mo–Fr 9–13, 15–18, Sa bis 19, So 10–13, 16–19, 15. Juni–15. Sept. Mo–Sa 10–13, 16–20, So 10–13, 16–19, Nov.–Febr. Mo–Sa 9–13, 15–18, So 9–14 Uhr, letzter Einlass 45 Min. vor Schließung, 4/2 €, 4/2 €) in der Casa Garriga flanieren. Das Gebäude ist ein schönes Beispiel für die im Kolonialstil errichteten Häuser der Kuba-Seefahrer. Im Museum wird die Geschichte von Seefahrt und Schiffsbau lebendig, die für Lloret in früheren Zeiten eine wichtige Rolle spielten.
Gehen Sie von dort dann an den Strand, um zwei Denkmäler zu besuchen, wie sie nur an der Costa Brava stehen können: im Osten das **Monument a la Sardana** 4, ein dem katalanischen Nationaltanz gewidmetes Denkmal, und im Südwesten grüßt auf einer Mini-Halbinsel die **Dona Marinera** 5, die bronzene Seefahrerfrau, alle, die vom Meer her kommen.

Zur Burg aufsteigen

Ein schöner Panoramaweg führt am südlichen Ende von Lloret zum Hügel mit dem **Castell Sant Joan** 6, dem Wahrzeichen der Stadt. Seine Ursprünge reichen bis ins 11. Jh. zurück. Mehrfach zerstört, hat sich vor allem der Turm mit fantastischem Blick auf die Küste erhalten. Heute sind die Überbleibsel der Festungsanlage ein Museum.
Juli–Sept. tgl. 10–13, 17.30–19.30, sonst Sa/So, Fei 10–13 Uhr, 3/1,50 €

Einen Jugendstilfriedhof besuchen

Da verirrt sich das Partyvolk nicht so schnell hin. Dabei ist der **Cementiri Modernista** 7 ein Muss für Architekturfans. Um 1900 entstanden, als der alte Friedhof zu klein wurde und einige

Familien viel Geld aus Kuba mitgebracht hatten, haben Baumeister aus der Schule Gaudís an stattlichen Gräbern mitgewirkt.
Camí de bon repòs / Ctra. Blanes, www.cementeriesroute.eu, April–Okt. tgl. 8–20, Nov.–März tgl. 8–18 Uhr

Gartenjuwel und Aussicht genießen

Ein Garten im Stil der italiensichen Renaissance, das sind die **Jardins de Santa Clotilde** 8 (► S. 98). Noch ein Stück weiter südlich erhebt sich die 1764 errichtete **Ermita de Santa Cristina** 9 (Juli/Aug. Mo–Fr 17–19 Uhr, Eintritt frei) über dem gleichnamigen Strand, mit schönem Blick über die Küste.

SCHLEMMEN, SHOPPEN, SCHLAFEN

In fremden Betten

Freundliches Traditionshaus
Hotel Delamar 1

Gepflegtes Hotel (nur für Erwachsene) im mediterranen Stil. Mit Schwimmbad, Dachterrasse, Fitnesscenter, netter Bar und gutem Selbstbedienungsrestaurant. Auch Spa-Suiten.
Av. Just Marlés Vilarrodona 21–23, T 972 36 51 88, www.hoteldelamarlloret.com, Ostern–Okt., €–€€

Zentral und günstig
Hotel Marsol 2

Für den Preis bietet das renovierte Vier-Sterne-Hotel viel Komfort. Viele Zimmer haben einen tollen Meerblick. Pool auf der Dachterrasse. Auch Halbpension.
Passeig Jacint Verdaguer 7, T 972 36 57 54, www.marsolhotel.com, €€

Luxus abseits vom Trubel
Hotel Santa Marta 3

Wer Ruhe und großen Komfort sucht, ist am idyllischen Strand von Santa Cristina gut aufgehoben. Neben der Traumlage bietet das Haus einen Pool, Spa und mehrere Restaurants.
Platja Santa Cristina, T 972 36 49 04, https://hotelsantamarta.es, €€€

Satt & glücklich

Authentisch katalanisch
Can Tarrades 1

Immer wieder gut: Sowohl die Paellas und Fischspezialitäten überzeugen als auch das gegrillte Fleisch mit *allioli*

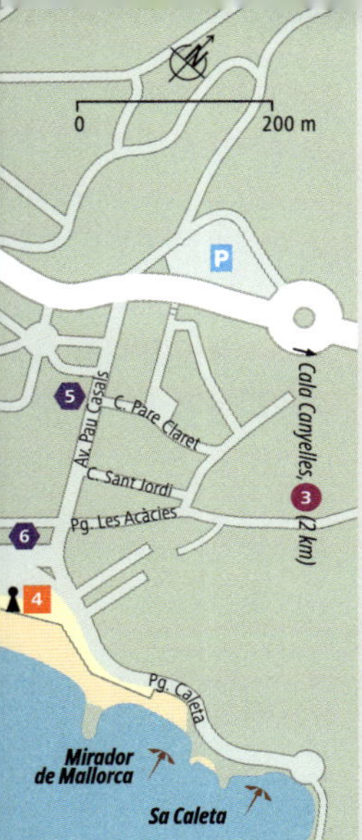

LLORET DE MAR

Sehenswert
1 Església Parroquial
2 Rathaus
3 Museu del Mar
4 Monument a la Sardana
5 Dona Marinera
6 Castell Sant Joan
7 Cementiri Modernista
8 Jardins de Santa Clotilde
9 Ermita de Santa Cristina

In fremden Betten
1 Hotel Delamar
2 Hotel Marsol
3 Hotel Santa Marta

Satt & glücklich
1 Can Tarrades
2 Lido
3 El Trull

Stöbern & entdecken
Wochenmarkt

Wenn die Nacht beginnt
1 Revolution Disco
2 Texas Disco Bar
3 Beach Club
4 Blue Bar
5 Cala Banys
6 Gran Casino Costa Brava

Sport & Aktivitäten
1 Start Bootstouren
2 Water World
3 Kayak Adventure Lloret
4 Water Sports Center
5 Dolphins Diving Center
6 Club Nàutic Lloret de Mar

(Knoblauchmayonnaise). Freundlicher Service.

Plaça d'Espanya 7, T 629 38 42 75, www.restaurantecantarradas.es, Sommer tgl. 13–16, 17–23, sonst Mo, Do–Sa 13–16, 19–23, Di 19–23, So 13–16 Uhr, €–€€

Mit Meerblick

Lido 2

Direkt an der Strandpromenade bietet das Traditionsrestaurant eine große Auswahl an Salaten, Fisch und Meeresfrüchten (einschließlich Languste) zu vernünftigen Preisen.

Passeig de Camprodón i Arieta 13, T 687 95 14 48, www.restaurantlido.com, tgl. 10–16, 19–23 Uhr, im Winter Schließzeiten, €€

An idyllischer Nachbarbucht

El Trull 3

Gehobene katalanische Küche zu fairen Preisen. Ob der Salat mit Feigen, Frischkäse und Nüssen oder Seehecht mit Muscheln in grüner Sauce – alles ist frisch und lecker. Auch vegetarische Gerichte.

Cala Canyelles, T 972 36 49 28, www.eltrull.com, April–Okt. tgl. 11–23, sonst Mi/Do 13–15.15, Fr–So 13–15.15, 19.30–22 Uhr, €€

Stöbern & entdecken

Lloret ähnelt teils einer riesigen Shoppingmall, wo man jede Menge Schnäppchen finden kann. Als Alternative bietet sich der **Wochenmarkt** (Av. Rieral, ab Höhe C. Can Guidet, Di 9–13 Uhr) an.

Wenn die Nacht beginnt

In Sachen Nachtleben haben Sie in Lloret die Qual der Wahl. Viele Bars und Discos sind auf Facebook vertreten.

Abtanzen und Highlife

Rund um die Avinguda de Just Marés Vilarrodona laden jede Menge Klubs, einige davon auch die reifere Jugend, zum Disco-Hopping ein, ob die **Revolution Disco** 1 (Pla de Carbonell 25, tgl. ab 23 Uhr), die **Texas Disco Bar** 2 (Josep Togorés 20, Sommer tgl., Winter Fr/Sa 21–5 Uhr) oder der **Beach Club** 3 (Josep Togorés, Sommer tgl. ab 24 Uhr).

Keine Sorge: Rings um Lloret gibt es auch einsamere Strände – man muss nur ein bisschen laufen!

Entspanntere Atmosphäre

Ruhiger geht es in Bars wie der **Blue Bar** 4 (Passeig de Manel Bernat, So–Do 10–1, Fr/Sa bis Uhr) zu, wo rund um die Uhr gute Cocktails und Musik gemixt werden. Besonders romantisch ist die wunderbare Tages- und Nachtbar **Cala Banys** 5 (Camí Cala Banys, T 972 36 55 15, Sommer tgl. 10–3, Winter So–Do 10–22, Fr/Sa 10–3 Uhr). Über mehrere, palmengesäumte Felsterrassen verteilen sich die Tische und Stühle. Sanfte Musik begleitet hier das Geräusch der Wellen.

Von Bars bis Poker

Gran Casino Costa Brava 6

In dem großen Entertainment-Komplex warten neben einarmigen Banditen und Pokerrunden die üblichen Spieltische, dazu ein Restaurant mit gehobener Küche und Bars.

Av. Vila de Tossa 27–43, T 972 36 11 66, www.gccb.com, tgl. 10 (Spieltische ab 19)–4, Restaurant 18–3 Uhr

Sport & Aktivitäten

Strände und Buchten genießen

Es hat schon seinen Grund, dass Lloret zum größten Touristenmagneten der Küste wurde: Neben dem **Stadtstrand** reihen sich wunderschöne, zum Teil unverbaute Buchten aneinander, eine schöner als die andere. Südlich von Lloret liegen die **Cala Banys,** die **Cala Fenals,** die **Platja de Sa Boadella,** die **Platja de Santa Cristina** (alle: E 11) und die **Platja Treumal** (bei Blanes; D 11) aneinander. Nördlich haben Sie die Wahl zwischen der winzigen **Sa Caleta** unterhalb der Burg, der **Cala d'en Trons, Cala Tortuga, Cala Gran** und der großen **Cala Canyelles** (alle: E 11). Am besten machen Sie sie zum Ziel einer kleineren oder größeren Wanderung. Einige von ihnen werden auch von Ausflugsdampfern angefahren.

Bootsausflüge

Die **Bootstouren** 1 starten am südwestlichen Teil des Hauptstrands. Mit einem Katamaran oder dem Hochgeschwindigkeitsboot Emotion geht es mit **Dofi Jet Boats** (T 972 35 20 21, www.dofijetboats.com, April–Okt.) entlang der Küste nach Tossa, Blanes, Sant Feliu de Guíxols und zu einigen schönen Buchten. Ausflüge per Katamaran, bei denen unterwegs gebadet, getaucht und gegessen wird, bietet **Catamaran Sensation** (T 627

00 33 07, www.catamaranlloret.com, Juni–Sept.) an.

Wasserspaß und mehr

Water World ❷
Geballten Wasserspaß versprechen das Wellenbad, die Riesenrutschen, der Rafting River und die Family Lagoon. Mehrere Restaurants und Snack Bars sowie kostenloser Zubringerbus von Lloret, Tossa und Blanes.
Av. de Vidreres km 1,2, T 630 04 32 29, www.waterworld.es, Mitte Mai–1. Juli-Woche, letzte Aug.-Woche–Mitte/Ende Sept. tgl. 10–17.30, Anf. Juli–Mitte/Ende Aug. tgl. 10–19 Uhr, 37/21 €, Kinder unter 0,80 m Eintritt frei, Familientickets

Wassersport

Entdecken Sie die Buchten rund um Lloret vom Wasser aus. Sowohl am Hauptstrand als auch in den Nachbarbuchten Platja de Fenals und Cala Canyelles gibt es Kajak-Verleihstellen von **Kayak Adventure Lloret** ❸ (Carme 9, T 645 90 79 62, www.kayakadventure.cat, Ende Juni–Mitte Sept.), die auch geführte Touren anbieten. **Wasserski, Skibus, Parasailing** und mehr bietet das **Water Sports Center** ❹ (Platja de Fenals, T 636 25 06 33, www.watersportslloret.com, Ende Juni–Mitte Sept.) an. Alles rund ums Tauchen macht das **Dolphins Diving Center** ❺ (Av. Pau Casals 27, T 667 78 86 48, www.dolphinsdivingcenter.com, möglich, samt professioneller Ausbildung. Auch deutschsprachiges Personal. Der **Club Nàutic Lloret de Mar** ❻ (Passeig Camprodon i Arrieta 40, T 972 36 49 26, www.nauticlloret.com) hat zwar eine Segelschule, aber keinen Yachthafen.

INFOS & TERMINE

Infos

Oficina de Turisme: Av. Alegries 3, am Busbahnhof und im Museu del Mar, T 972 36 57 88, WhatsApp 618 26 38 98, www.lloretdemar.org, Jan.–Mitte Juni, Nov./Dez. Mo–Sa 9–13, 15–18, Mitte Juni–Aug. Mo–Fr 9–20, Sa/So 9–13, 16–19, Mitte Sept.–Okt. Mo–Sa 9–13, 16–19 Uhr. Auch geführte Rundgänge und Infos zu Wanderungen in die Umgebung.

Termine

Festa Major: 24. Juli. Großes Stadtfest zu Ehren der hl. Christina. Über das Wasser begibt man sich zu einer Einsiedelei, feiert dort eine Messe und isst den traditionellen Eintopf. Am Tag darauf bildet der Heiratstanz Les Almorratxes den Abschluss.

Verkehr

Bus: Fernbusse und regionale Verbindungen ins In- und Ausland sowie nach Barcelona, Girona, auch zu den Flughäfen, nach Tossa de Mar, in die Ortsteile Fenals und Canyelles usw. ab **Estació d'autobusos** (Av. Vila de Blanes 45, T 972 36 27 74, www.lloretdemar.org).

Blanes

D 11

Hier wird die Küste erstmalig ›brava‹ – wild. Deshalb beginnt die Costa Brava auch offiziell am Felsklotz Sa Palomera, der das Städtchen in zwei Teile teilt: Das alte Blanes liegt nördlich um den Fischereihafen herum, nach Süden hin breiten sich Hotel- und Apartmentanlagen aus. Beide Teile verbindet der 4 km lange Strand. Außer ihm gehören die fantastischen botanischen Gärten der Umgebung zu den Attraktionen des ziemlich betriebsamen Städtchens.

Fischereihafen und Fischmarkt erleben

Aus dem einstigen kleinen Fischerdorf ist Blanes längst herausgewachsen. Der **Fischereihafen** 1 spielt eine wichtige Rolle. Davon können Sie sich bei den Fischauktionen, die nach Anlandung des Fangs (Anlandung Mo–Fr ab ca. 16 Uhr) in der **Llotja de Peix** 2 (Esplanade del Port) am Hafen stattfinden, überzeugen. Außerdem findet im Ortszentrum ein Fischmarkt, **Portal del Peix** 3 (Plaça

Sehenswert
1 Fischereihafen
2 Lljota de Peix
3 Portal del Peix
4 Häuserfassaden Carrer Ample
5 Häuserfassaden Carrer Raval
6 Església Santa Maria
7 Castell Sant Joan
8 Jardí Botànic Mar i Murtra
9 Jardí Botànic Tropical Pinya de Rosa

In fremden Betten
1 Hotel Horitzó
2 Casa Indiana Hotel Boutique
3 Camping Blanes

Satt & glücklich
1 Cal Tony
2 Cala Bona
3 Es Blanc
4 Sa Lola

Stöbern & entdecken
1 Wochenmarkt

Sport & Aktivitäten
1 Dofi Jet Boats
2 Marineland
3 Wassersport
4 Blanes Sub
5 Club de Vela

dels Dies Feiners, Mo–Fr Mo–Fr 8–13, 17–19.30, Sa 8–13 Uhr) für jedermann statt.

Durch die Altstadt bummeln

Beim Schlendern über die Uferpromenade und durch die Gassen der Altstadt fallen besonders die **Häuserfassaden im Carrer Ample** 4 und **Carrer Raval** 5 auf. Schön ist auch die Fassade der gotischen Pfarrkirche, der **Església Santa Maria** 6 (Plaça Església), aus dem 14. Jh., die ursprünglich zum Palast des Vizegrafen Cabrera gehörte.

Zur Burgruine aufsteigen

Eine Art Wahrzeichen von Blanes sind die Reste des **Castell Sant Joan** 7 (Cardenal Vidal i Barraquer, April–Sept. tgl. 6–23, Okt.–März 8–21 Uhr), das im 13. Jh. als Wachturm hoch über der Stadt errichtet wurde. Tatsächlich hat, wer sich die Mühe macht, die 166 m hinaufzusteigen, noch immer einem fantastischen Blick auf Blanes und Umgebung. Von hier aus können Sie gut zu den **Botanischen Gärten** (► S. 104) weiterlaufen.

Gärten bewundern

Jardí Botànic Mar i Murtra 8, **Jardí Botànic Tropical Pinya de Rosa** 9: ► S. 104.

SCHLEMMEN, SHOPPEN, SCHLAFEN

In fremden Betten

An der Strandpromenade
Hotel Horitzó 1
Freundliches, komfortables Vier-Sterne-Hotel mit einem kleinen Hallenbad, Sauna und Fitnessraum. Viele der Zimmer verfügen über einen Balkon und haben Meerblick. Kostenloser Parkplatz.
Passeig Maritim s'Abanell 11, T 972 33 04 00, www.hotelhoritzo.com, April–Okt., €–€€

Ein Hauch Exotik

Casa Indiana Hotel Boutique 2

30 freundliche, originell gestaltete Komfortzimmer gleich beim Yachthafen. Gutes Restaurant, Parkplatz.

Passeig Cortils i Vieta 11, T 872 20 43 23, www.casaindianahb.com, €€

Unter Pinien

Camping Blanes 3

Blanes ist bei Campern sehr beliebt. Gut ausgestatteter Platz am Strand mit Pool, großer Terrasse, Bar und Kinderspielplatz.

Av. Vila de Madrid 33, T 972 33 15 91, www.campingblanes.com, ganzjährig, €

Satt & glücklich

Schlicht mediterran

Cal Tony 1

Hier an der Strandpromenade schmeckt es vom Frühstück bis zum Abendessen, besonders gut aber sind die Paellas. Höhe Nr. 20, Pg. S'Abanell, T 972 33 56 67, Mi–Mo 10–16.30, 19.30–23 Uhr, €–€€

G wie Gabelfrühstück

Cala Bona 2

Dafür kann man schon mal früher aufstehen und eine kleine Wanderung machen: Sensationell ist das Gabelfrühstück *(esmorzar de forquilla)*, das morgens bis 10 Uhr in der hübschen Bucht Sant Francesc serviert wird – mit Salat, Languste, Wein, Wasser und Kaffee (für 2 Pers. 60 €). Danach findet sich aber auch noch Leckeres für den kleinen und großen Hunger. Und zum Schluss ein Sprung ins frische Wasser!

Cala de Sant Francesc, T 972 33 49 13, www.restaurantcalabona.com, Mi–Mo 8.30–16 Uhr, €–€€

Der Treffpunkt

Es Blanc 3

Ob zum morgendlichen Frühstück, auf ein paar Tapas und Sushi oder einen

Die Blüten von Blanes und Lloret – **drei Botanische Gärten**

Überall nur Pinien? Nein, auch wenn sie das Leitmotiv an der Küste sind – rund um Blanes wachsen auch exotische Bromelien, Aracaurien oder Kakteen, die eigentlich anderswo in der Welt zu Hause sind, sich in liebevoll angelegten Gartenanlagen aber sichtlich wohlfühlen.

Meer und Myrte – Mar i Murtra

Hoch über Blanes – mit schönstem Panoramablick über das Meer – gedeihen exotische Bromelien, Dattelpalmen, Agaven, Eukalyptus, japanische Zierkirschen, Bambus und Sumpfgräser. Wie sie dahin kamen? Der deutsche Hobbybiologe Karl Faust, der als Kaufmann in Barcelona zu Wohlstand gekommen war, versammelte hier 1921 um die 3000 Pflanzenarten aus fünf Kontinenten und begründete damit den einzigartigen **Jardí Botànic Mar i Murtra** 8. Eingeteilt nach Klimazonen erstreckt er sich heute über ein 4 h großes Gelände mit Palmenhain, Araucarien-Wäldchen, kleinen

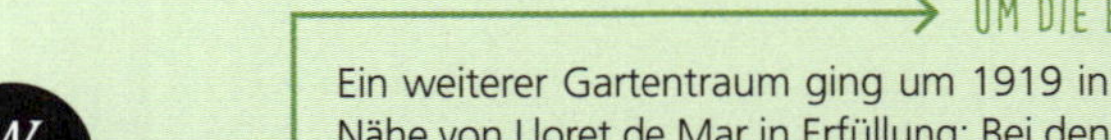

Ein weiterer Gartentraum ging um 1919 in der Nähe von Lloret de Mar in Erfüllung: Bei den **Jardins de Santa Clotilde** (🕮 E 11, ▸ S. 98; Paratge de Santa Clotilde, T 972 37 04 71, Anfahrt mit Bus Botànic ab Lloret de Mar, Febr./März tgl. 10–18, April–Okt. tgl. 10–20, Nov.–Jan. tgl. 10–17 Uhr, 6/3 €) von Nicolau Rubió i Tudurí stand aber nicht das biologische Interesse, sondern die Gartengestaltung nach dem Vorbild italienischer Renaissancevillen im Vordergrund. Die streng geometrische Parkanlage mit gestutzten Hecken und von Zypressen gesäumten Wegen war schließlich als Ergänzung eines Herrenhauses am Meer gedacht. Dazu passen auch die Treppen, Springbrunnen und Marmorstatuen, die der geometrischen Parklandschaft einen hochherrschaftlichen Charakter verleihen.

Die drei Gärten lassen sich perfekt auf einer etwa 2,5-stündigen Wanderung auf dem Weitwanderweg GR 92 erkunden. Unterwegs können Sie an traumhaften Buchten wie der Cala de Sant Francesc pausieren. Zurück geht es mit dem Bus, in der Saison auch mit dem Schiff (Infos in der Oficina de Turisme, ▸ S. 106).

Zwar eine stachelige Angelegenheit, aber doch faszinierend: die Vielfalt an Kakteen und anderen Sukkulenten im Pinya-de-Rosa-Garten

Teichen, Brunnen und einem Rundtempel – ein kleines, blühendes Paradies. Bei Führungen erfahren Sie nicht nur allerlei über vom Aussterben bedrohte Pflanzen, sondern können auch das Wohnhaus von Karl Faust besichtigen, das viel von dessen Idealen erzählt.

Im exotischen Kaktusgarten

Als wäre das nicht schon genug, hat der französische Ingenieur Ferran Rivière de Caralt 1945 in nächster Nähe gleich noch den Kaktusgarten **Jardí Botànic Tropical Pinya de Rosa** 9 angelegt. Unzählige stachelige Gewächse sorgen für ein bizarres Bild. Zu den 7000 Arten gehören allein 600 Opuntien-Sorten, außerdem jede Menge Agaven, Aloe, Yucca oder Sukkulenten mit Namen wie Pereskia, Neobuxbaumia oder Echinocereus. Dabei müssen Sie kein Biologe sein, um am Anblick der streng klassifizierten Beete ihre Freude zu haben – vor allem, wenn die tropischen Gewächse blühen.

INFOS/ÖFFNUNGSZEITEN

Jardí Botànic Mar i Murtra: Passeig Carles Faust 9, T 972 33 08 26, www.marimurtra.cat, Bus Botànic ab Blanes-Zentrum und -Hafen 9.30–18.30 Uhr ca. stdl. (www.busbotanic.com), Jan.–März So–Fr 10–15, Sa 10–17, Ende März–Anf. Juni, Mitte Sept.–Ende Okt. tgl. 10–18, Ende Okt.–Anf. März Mo–Fr 10–15, Sa 10–17 Uhr, letzter Einlass 1 Std. vor Schließung, 8 €.
Jardí Botànic Tropical Pinya de Rosa: GI 682 Blanes–Lloret de Mar, km 4, T 972 35 06 89, www.pinya-de-rosa.es, Bus Botànic (s. o.), tgl. 9.30–17.30 Uhr, Winter eingeschränkte Öffnungszeiten, 5 €

KULINARISCHES FÜR ZWISCHENDRIN

Besuchen Sie doch für eine kleine Stärkung die Bar **Cala Bona** 2 (► S. 103).

Faltplan: D–E 11 | **Cityplan:** Blanes, ► S. 102; Lloret de Mar, ► S. 99

abendlichen Cocktail – die große Terrasse ist der richtige Platz zum Sehen und Gesehenwerden. Wochentags auch gute Mittagsmenüs für 18 €
Mirador de s'Auguer 26/Sant Andreu de sa Palomera 11 (selbe Location), T 972 33 00 49, So–Do 9–1, Fr/Sa bis 3 Uhr, €€

Kreative Tapas
Sa Lola 4
Trotz Wolfsbarschen oder gegrillter Miesmuscheln, in der originellen Fusionküche kommen auch Fleischgerichte und Vegetarisches nicht zu kurz. Neben den eigenwilligen Interpretationen von Hot Dogs oder Ferrero Rocher sollten Sie auch die köstlichen Desserts probieren!
Passeig Pau Casals 59, T 972 35 52 19, www.salolagastronomic.com, Sommer tgl. 13–16, 20–23, Winter Mi/Do 20–23, Fr–Mo 13–16, 20–23 Uhr, €€

Auch von oben ganz hübsch: Blanes

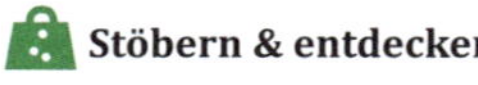

Stöbern & entdecken

Wochenmarkt 1 (Mo 9–14 Uhr) findet am Passeig Marina statt.

Sport & Aktivitäten

Südlich des Felsens Sa Palomera, der ins Meer hineinragt, schließt sich der **längste Strand** von Blanes mit der entsprechenden touristischen Infrastruktur an. Besonders schön sind die kleineren **Buchten/Strände von Sant Francesc, Santa Cristina** und **Sa Boadella** (FKK; die beiden letzteren: 🕮 E 11) im Norden, die auch von Ausflugsschiffen angefahren werden bzw. mit dem Auto oder zu Fuß nach einer kleinen Wanderung zu erreichen sind. Entsprechende Flyer gibt es in der Touristeninformation.

Bootsausflüge
Dofi Jet Boats 1
Mit Katamaranen geht's nach Tossa und Lloret de Mar, Santa Susana sowie zu verschiedenen Stränden.
Anlegestellen am Passeig de S'Abanell und Passeig Pau Casals, T 972 35 20 21, www.dofijetboats.com, Ostern–Okt.

Wasserspaß
Marineland 2
Mit Delfinen spielen, Riesenrutschen runtersausen, im Mini-Zoo und Tropenhaus über exotische Tiere und Pflanzen staunen – alles das ermöglicht die 60 000 m² große Badelandschaft mit schiffbarem See und vielen anderen Attraktionen.
Ctra. Malgrat–Palafolls, T 937 65 48 02, www.marineland.es, tgl. Ende Mai/Juni, Sept. 10.30–17.30, Juli/Aug. 10–18.30 Uhr, 33 €, 5–10 Jahre/ab 65 Jahre 23 €, 3/4 Jahre 13 €, online 29/20/11 €, Familienticket (2+2) 96 €

Wassersport
Am Strand gibt es diverse **Wassersportangebote** 3: Parasailing und Wasserski, Jetski; es werden sogenannte Skibusse eingesetzt. Alles rund ums **Tauchen** bietet **Blanes Sub** 4 (Esplanada del Port, T 646 96 20 56, www.blanes-sub.com). Der **Club de Vela** 5 (Esplanada del Port, T 972 33 05 52, www.cvblanes.cat) unterhält einen Yachthafen (309 Liegeplätze), eine Segelschule und ein Spa.

Infos & Termine

Infos
Oficina de Turisme: Passeig Catalunya 2, T 972 33 03 48, www.visitblanes.com, April, Okt. tgl. 10–15, Ostern–Mai tgl. 10–13, 15–18, Juni–Sept. tgl. 10–14, 17–20, Nov.–Ostern Mo–Fr 10–13.30 Uhr. Infos zu Blanes, den Botanischen Gärten, Führungen.

Termine
Concurs Internacional de Focs d'Aritifici: 1 Woche Ende Juli. Feuerwerk-

Wettbewerb zu Ehren der hl. Anna. Die Raketen mit den originellsten Formen und Farben werden mit dem Preis der Stadt Blanes ausgezeichnet.
Festa Major Petita: um den 21. Aug., dem Tag des hl. Bonós und der hl. Maximià. Kleineres Stadtfest mit Umzügen von Großköpfen, Tanz und Sardinen.

Verkehr
Bahn: Bahnverbindungen nach Barcelona Girona, Figueres usw. ab **Estació de Blanes** (Passeig Carles Faust, www.renfe.es), die vom Zentrum aus mit Stadtbussen zu erreichen ist.
Bus: Verbindungen nach Lloret, Tossa de Mar, Santa Susana, Palafolls, zu den Botanischen Gärten und einigen Buchten ab **Estació d'autobusos** (Lluís Companys 32, T 972 33 78 42) mit Transpujol (www.transpujol.com).

Ausflug nach Barcelona

Karte 2

Auch wenn die Schöne am Mittelmeer von Touristen nur so überquillt – für Viele ist eine Stippvisite in der katalanischen Metropole auf dem Hin- oder Rückweg von der Küste einfach ein Muss. Durch die Altstadt flanieren oder im Eixample auf den Spuren Gaudís und anderer Jugendstilarchitekten wandeln – das können Sie wunderbar mit Restaurantbesuchen und ein paar Einkäufen verbinden. Und zwischendurch lassen Sie sich am Hafen noch ein bisschen Meerwind um die Nase wehen.

WAS TUN IN BARCELONA?

Rund um die Rambles

Das Herz Barcelona schlägt rund um die **Plaça de Catalunya** (F 5), von der aus sich die Rambles zum Hafen hinunterziehen. Zwischen den Kiosken, unzähligen Bars, Cafés und Fast-Food-Restaurants behauptet sich hier das altehrwürdige Opernhaus, das **Gran Teatre del Liceu** (F 6; Rambles 51–59, www.liceubarcelona.cat). Dahinter hat sich der ehemals schmuddelige, verwahrloste **Raval** zu einem neuen Szeneviertel gemausert. Mittendrin sticht das schneeweiße, radikal zeitgenössische **Museu d'Art Contemporani de Barcelona** (E–F 5; Plaça dels Àngels 1, www.macba.cat, Mo, Mi–Fr 11–19.30, Sa/So 10–20 Uhr, 10,20–12/9,60 €, Eintritt frei: u. a. unter 14 Jahren in Begleitung Erw., über 65 Jahre) heraus, das Gegenwartskunst in wechselnden Ausstellungen präsentiert. Auf der anderen Seite der Rambles lockt das **Gotische Viertel** in seine verwinkelten Gassen, die sich um die **Catedral de Barcelona** (F 6; La Seu) aus dem 14./15. Jh. herum schlängeln. Hell wird es an der **Plaça Sant Jaume** (F 6), wo sich zwei mittelalterliche Paläste – das **Rathaus** (Ayuntament) und die **Landesregierung von Katalonien** (Palau de la Generalitat) – gegenüberstehen.

Vom Musikpalast zu Picasso

Jenseits der Via Layetana wartet mit dem **Palau de la Música** (G 5; Sant Pere mes alt, www.palaumusica.cat, auch engl. Führungen, Zeiten/Buchung s. Website, 18/14,50 €) eine wahre Perle des Jugendstils – nicht nur auf Konzertbesucher. Von hier sind es nur ein paar Schritte zum originellen **Mercat de Santa Caterina** (G 5–6; Av. de Francesc Cambó 16, Sommer Mo–Sa 7.30–15,30, Fr bis 20, sonst Mo, Mi, Sa 7.30–15.30, Di, Do/Fr 7.30–20.30 Uhr), wo Sie gut eine kleine Tapas-Pause unter dem farbigen geschwungenen Dach der Markthalle einlegen können. Vorbei am **Museu Picasso** (G 6; Montcada 15–23, www.museupicasso.bcn.cat, Di–So 10–19 Uhr, 15/7,50€, unter 18 Jahren Eintritt frei, Do ab 17 Uhr, 1. So im Monat Eintritt frei), in dem Frühwerke des Künstlers und wechselnde Ausstellungen zu sehen sind, gelangen Sie weiter ins **Born-Viertel**. Neben der schlicht-schönen gotischen **Basílica Santa Maria del Mar** (G 6; Plaça de Santa Maria, www.santamaria delmarbarcelona.org) können Sie im **Antic Mercat del Born** (🕮 G 6, Plaça Comercial 12, http://elbornculturaime moria.barcelona.cat, März–Okt. Di–So, Fei 10–20, Nov.–Febr. Di–Sa 10–19, So, Fei 10–20 Uhr, Eintritt frei, Dauerausstellung 4/2,80 €, unter 8 Jahren Eintritt frei), heute ein Kulturzentrum, in die freigelegten Fundamente der Stadt aus dem 18. Jh. blicken.

Gaudí im Eixample-Viertel

Die emblematischen Werke Gaudís sind im **Eixample-Viertel** zu finden: Wahrzeichen der Stadt ist die unvollendete **Sagrada Família** (🕮 J 3; Mallorca 401, www.sagradafamilia.org, tgl. März–Okt. Mo–Fr 9–19, Sa 9–18, So 10.30–19, April–Sept. Mo–Fr 9–20, Sa 9–18, So 10.30–20, Nov.–Febr. Mo–Sa 9–18So 10.30–18 Uhr, 29/21–24 €, unter 11 Jahren Eintritt frei), von deren Turm sich eine tolle Aussicht über das Viertel bietet. Bekanntestes Haus ist die 1905–10 entstandene **Casa Milà (La Pedrera)** (🕮 F/G 3; Passeig de Gràcia 92, www.lapedrera.com, Ende März–Nov.tgl. 9–20.30, 21–23, sonst 9–18.30, 19–23 Uhr, letzter Einlass 30 Min. vor Schließung, 38/32 €, 7–17 Jahre 22 €, online 3 € günstiger, unter 7 Jahren Eintritt frei) mit ihrer beeindruckenden Dachlandschaft. Schräg gegenüber erinnert die Fassade der von Gaudí entworfenen **Casa Batlló** (🕮 F 3; Passeig de Gràcia 43, www.casabatllo.es, tgl. 9–20, letzter Einlass 19.15 Uhr, ab 29 €, bis 12 Jahre Eintritt frei, weitere Preise und Ermäßigungen s. Website) an einen Wasserfall. Werke des katalanischen Gegenwartskünstlers Antoni Tàpies sind unweit davon in der **Fundació Antoni Tàpies** (🕮 F 3; Aragó 255, www.fundaciotapies.org, Di–Sa 10–19, So 10–15 Uhr, 8/6,40 €, unter 16 Jahren Eintritt frei) in einem Jugendstilgebäude von Domènech i Montaner zu sehen. Weiter oben in der Stadt können Sie im **Park Güell** (🕮 außerhalb F 3; www.parkguell.cat) noch mal ganz in die Fantasiewelt Gaudís eintauchen und auf verschlungenen Spazierwegen die unvollendete **Krypta** und die **Casa-Museu Antoni Gaudí** (Ctra. Del Carmel, www.parkguell.cat, Sommer 9/9.30–19.30, Winter 9–17.30 Uhr,10/7 €, unter 7 Jahren Eintritt frei) entdecken.

Der **Museumspass Artticket BCN** (www.articketbcn.org, 38 €) deckt den Besuch folgender Museen ab: die hier vorgestellten Häuser Museu Picasso, Fundació Tàpies, Fundació Joan Miró, Museu Nacional d'Art de Catalunya sowie das Museu d'Art Contemporani de Barcelona und das Centre de Cultura Contemprània de Barcelona.

Für Barça-Fans

Wer auf Messis Spuren in Barcelona wandelt, darf auf keinen Fall versäumen, das Fußballstadion **Camp Nou** (🕮 außerhalb G 3; Aristides Maillol, www.fcbarcelona.com, April–Mitte Okt. tgl. 9.30–19, sonst Mo–Sa 10–18, So 10–15 Uhr, ab 28/21 €) mit dem **Museum des FC Barcelona** zu besuchen, wo Pokale, Fotos und Dokumente des Vereins zu sehen, aber auch Trikots zu erstehen sind.

Hafen und Strand

Vor der Altstadt liegt der **Port Vell,** der rundum von Lokalen gesäumte Alte Hafen. Hauptattraktion ist **L'Aquàrium** (🕮 F 7; www.aquariumbcn.com, Kernzeiten tgl. 10–19 Uhr, 25 €, 5–10 Jahre 18 €, 3–4 Jahre 10 €, Familienticket 75 €) mit unterirdischem Ozeantunnel und 11 000 Meerestieren. Etwas weiter nördlich schließen sich der **Port Olímpic** (🕮 J 8) und Strände wie die **Platja de la Mar Bella** an. Eine schöne grüne Oase ist der nahe gelegene **Parc de la Ciutadella** (🕮 H 6–7) mit Spielplätzen, einem See und Gewächshäusern mit exotischen Pflanzen. Hauptattraktion ist der große **Zoo** (🕮 H 7, www.zoobarcelona.cat, tgl. Jan.–Mitte März, Nov./Dez. 10–17.30, Mitte März–Mitte

Baden, schlendern, Fahrrad fahren: Am Strand der Barceloneta geht es zu wie im Freizeitpark.

Mai, Mitte Mai–Mitte Sept. 10–20 Uhr, 21,40 €, 3–12 Jahre 12,95 €, über 65 Jahre 10,50 €).

Sport und Kunst am Montjuïc-Berg

Vom Hausberg **Montjuïc** (🕮 C 6–7) haben Sie nicht nur einen tollen Blick auf die Stadt. Oben liegen inmitten von Parkanlagen auch das **Olympiastadion** (Estadi Olímpic, 🕮 außerhalb C 6; Passeig Olímpic 15–17, www.estadiolimpic.barcelona) und andere Sportstätten. Ein Muss für Kunstfreunde ist das Museum **Fundació Joan Miró** (🕮 C 6; Parc de Montjuïc, www.fmirobcn.org, Di–Sa 10–20, So 10–18 Uhr, letzter Einlass 30 Min. vor Schließung, 15 €/7 €, unter 15, über 65 Jahre Eintritt frei). In dem schönen weißen Gebäude werden über 300 Werke des Künstlers sowie wechselnde Ausstellungen gezeigt. Wesentlich konventioneller ist die Architektur des **Museu Nacional d'Art de Catalunya** (🕮 außerhalb C 6; Palau Nacional, Parc de Montjuïc, www.museunacional.cat, Mai–Sept. Di–Sa 10–20, So, Fei 10–15, Okt.–April Di–Sa 10–18, So, Fei 10–15 Uhr, 12 €), das weiter unten steht. Immerhin hat seine Sammlung romanischer und gotischer Kunst Weltrang. 700 m entfernt ist aus einer ehemaligen Zigarrenfabrik im Jugendstil das **CaixaForum** (🕮 außerhalb C 5; Av. Ferrer i Guàrdia 6–8, www.caixaforum.es/barcelona, tgl. 10–20 Uhr, 6 €), ein interessantes Kultur- und Ausstellungszentrum, geworden.

SCHLEMMEN, SHOPPEN, SCHLAFEN

In fremden Betten

Superlage
Casa Gracia ⌂ außerhalb F 3
Unkonventionelles Haus mit Bibliothek, Küche, Dachterrasse und schönen Gemeinschaftschaftsräumen. Auch Mehrbettzimmer.
Passeig de Gràcia 116 bis, T 659 31 42 03, www.casagraciabcn.com, €–€€€

Preiswertes Refugium
Hostal Poblenou Bed & Breakfast
⌂ außerhalb J 7
Weitab vom Trubel der Altstadt können Sie sich hier erholen. Liebevoll eingerichtete Zimmer mit Klimaanlage und Wasserkocher. Hübsche Hofterrasse.

Taulat 30, T 932 21 26 01, www.hostalpob lenou.com, €€

Mit toller Skybar

Grand Hotel Central  G 6
Elegantes Haus in der Altstadt mit schnörkellosen komfortablen Zimmern, außerdem bietet es Wellness-Suiten. Das Schönste ist der spektakuläre Infinity-Pool auf der Dachterrasse. Auch Yoga-Angebote.
Via Laietana 30, T 932 95 79 00, www.grand hotelcentral.com, €€€

Satt & glücklich

Vegetarisch und vegan

Biocenter E/F 5
Nichts für einen romantischen Abend, aber ein gutes Selfservice-Restaurant mit einer großen Auswahl an frischen, auch veganen und glutenfreien Gerichten.
Pintor Fortuny 25, T 933 01 45 83, www.restau rantebiocenter.es, tgl. 13–23 Uhr, €

In der Markthalle

Cuines Santa Caterina G 6
Schön dekorierter Raum in der Markthalle, in dem Tapas und originelle Fusion-Gerichte serviert werden. Von katalanisch bis asiatisch. So gibt es beispielsweise Moussaka oder auch Thai-Curry-Hühnchen.
Mercat de Santa Caterina, Av. de Francesc Cambó 16, T 932 68 99 18, tgl. 10–24 Uhr, €

Wenn Sie sich irgendwo mit jemanden verabreden wollen und nicht wissen wo: Nehmen Sie das **Café Zurich** (F 5; Placa Catalunya 1, T 933 17 91 53, tgl. 8–23 Uhr und länger). Diese Institution kennt jeder! Die Terrasse des Cafés ist der richtige Ort zum Sehen und Gesehenwerden.

Klassisch

Restaurante Ponsa E 3
Das Traditionslokal im Eixample-Viertel überzeugt mit solider katalanischer Küche. Hier gibt es Lammbraten, Stockfisch aus dem Ofen, Pilzragout und leckere Desserts. Auch günstige Tagesgerichte.
Enric Granados 99, T 934 53 10 37, www. restauranteponsa.com, Mo–Sa 13–16, 20–23, So 13–16 Uhr, €–€€

Mit Wintergarten

Mordisco F 3
Der ›Happen‹ steht für eine Fusion-Küche in lockerem Ambiente. Von guten Tapas über Reisgerichte bis hin zu Ceviche.
Passatge de la Concepció 10, T 934 87 96 56, www.mordisco.com, tgl. 12.3–240 Uhr, €€

Andalusisches Flair

Taverna del Suculent E 6
Andalusisch angehauchtes Lokal im Szeneviertel Raval. Auf die Kreationen von Küchenchef Toni Romero wie Shrimps-Ceviche mit Mais und Avocado ist inzwischen auch Michelin aufmerksam geworden.
Rambla del Raval 39, T 934 43 65 79, www. suculent.com, Mo–Fr 13–-16, 20–23 Uhr, €€

Für den süßen Gaumen

La Pallaresa F 5
Ein Klassiker für typisch katalanisches Gebäck und Süßspeisen wie *crema catalana.* Außerdem tunken die Anwohner hier im Winter gern *churros* in die heiße, dickflüssige Schokolade.
Petritxol 11, T 933 02 20 36, tgl. 9–13, 16–21 Uhr

Stöbern & entdecken

Die halbe Altstadt ist ein Einkaufszentrum, es wimmelt nur so von kleinen Läden, aber auch Ablegern der großen Ketten, die Sie vor allem rund um das Kaufhaus **El Corte Inglés** (F 5; Plaça Catalunya 14, www.elcortein gles.es, Mo–Sa 9.30–21 Uhr), die Straßen **Portal de l'Àngel** (F 5), **Portaferrissa** (F 5) sowie im **Born-Viertel** (G 6) finden. Kulinarische

Mitbringsel können Sie im **Mercat de La Boqueria** (F 5/6; Rambla 91, Mo–Sa 8–20.30 Uhr) sowie im **Mercat de Santa Caterina** (G 5/6, ▸ S. 107) erstehen.

Wenn die Nacht beginnt

Romantisch

Bar del Convent G 6

Im gotischen Kreuzgang des Klosters Sant Agustí versteckt sich diese Oase, wo Sie bis in die Abendstunden Tee, Kaffee oder auch ein Glas Cava und Kleinigkeiten zu essen zu sich nehmen können.

Comerç 36, Mo 16–21.30, Di–Sa 10–21 Uhr, Aug. geschl.

Am lebhaften Platz

Café del Sol außerhalb F 3

Dieses Café ist einer der Treffpunkte im Szeneviertel Gràcia. Zu Bier oder Mojito gibt es Kleinigkeiten wie Hamburger.

Plaça del Sol 16, tgl. 11–2.30 Uhr

Jazz und mehr

Jamboree F 6

Einer der besten Läden an der Plaça Reial. Hier wird gute Livemusik geboten, später am Abend wird der Laden zur Disco. Wem es zu ruhig ist, der kann sich nebenan im **Karma** austoben.

Jamboree: Plaça Reial 17, tgl. ab 20 Uhr; **Karma:** Nr. 10, www.karmadisco.com, Bar-Terrasse 11.30–3, Disco 24–5.30 Uhr

Klassiker

Míramelindo G 6

Cocktailbar am quirligen Born. Gemütliches Ambiente, gute Drinks.

Passeig del Born 15, www.barmiramelindobcn.com, Mo–Sa ab 20 Uhr

Infos & Termine

Infos

Oficina de Turisme: Plaça Catalunya 17-S (unterirdisch). T 932 85 38 34, www.barcelonaturisme.com, tgl. 8.30–20.30 Uhr. Auch Ticketverkauf, Barcelona Card, Stadtführungen usw.

Wenn Sie möglichst viel in kurzer Zeit sehen wollen, steigen Sie in den **Bus turístic,** der drei Routen durch die Stadt fährt, an ca. 44 Stationen hält, via Audioguide (auch auf Deutsch) informiert und bei dem Sie beliebig oft ein- und aussteigen können (z. B. ab Plaça Catalunya, F 5; www.busturistic.com, tgl. 9/9.30–19, Sommer bis 20 Uhr, alle 5–25 Min., 1 Tag 29,70/16,20 €, 2 Tage 39,60/20,70 €).

Termine

Sant Joan: 23./24. Juni. Die Johannisnacht wird mit Partys, teils auch kleinen Feuern gefeiert.
Festival Grec: Juli, http://lameva.barcelona.cat/grec. Sommerfestival im griechischen Theater mit Tanz, Theater, Konzerten usw.
Festa Major de Gràcia: 15.–21. Aug. Hoch her geht es beim Stadtteilfest in Gràcia.
Mercè: 4–5 Tage um den 24. Sept., http://lameva.barcelona.cat/merce. Zu Ehren der Schutzpatronin von Barcelona finden Aktivitäten wie Feuerläufe, Konzerte, Feuerwerk usw. statt.

Verkehr

Flug: ▸ S. 112
Fernbus: Zur Costa Brava fahren vor allem Sarfa-Busse, ab Nordbahnhof Estació del Nord, www.moventis.es.
Metro: Do–So 5–24, Fr und vor Fei bis 2 Uhr, Sa die ganze Nacht. Tickets (2,40 €, Zehnerkarte 11,35 €, Tageskarte 10,50 € etc.) am Automaten und an Schalter.
Busse: tgl. 6–22.30 Uhr, Nachtbuslinien (Nitbús) tgl. 23–4 Uhr. Preise wie Metro.
Taxis: Grundpreis 2,55 €, 1,23 €/km.
Selbst fahren: Auf das Autofahren sollten Sie wegen der relativ hohen Parkgebühren und eingeschränkten Parkmöglichkeiten verzichten.

Hin & weg

ANREISE

... mit Bahn oder Bus
Die Anreise mit der **Bahn** ist relativ umständlich und vergleichsweise teuer. Außerdem haben nur Girona, Figueres, Portbou, Blanes, Llançà und Colera einen Bahnhof. Neben den **Fernbussen,** die Girona und Barcelona ansteuern, bieten einige Reiseveranstalter **Bus-Pauschalreisen** an, wobei man 1–2 Tage unterwegs ist.

... mit dem Auto
Wer mit eigenen Pkw anreist, ist vor Ort mobil. Dafür müssen Sie für Hin- und Rückfahrt jeweils 1–2 Tage Fahrtzeit und neben den Benzinkosten die relativ hohen Gebühren für die französische und spanische Autobahn in Kauf nehmen (die Maut kann mit Kreditkarte bezahlt werden). Die Küstenorte liegen jeweils ca. 30 km von der A7 entfernt. In den Orten sind zumindest in der Hochsaison die Parkplätze knapp und zum Teil gebührenpflichtig.

... mit dem Flugzeug
Vom **Flughafen Barcelona-Prat de Llobregat** (www.barcelona-airport.com) fahren **Regionalzüge** (ab Terminal 2) sowie der schnellere **Aerobús** (A 1 ab Terminal 1, A 2 ab Terminal 2, tgl. 5.30–1 Uhr, 5,90 €) ins Stadtzentrum. Gute Busverbindungen an die Costa Brava (z. B. einfache Fahrt nach Roses ca. 25 €). Eine **Taxi** nach Barcelona-Zentrum kostet ca. 30 €. Zahlreiche **Mietwagenfirmen** sind am Flughafen vertreten. Den relativ kleinen **Aeroport Girona-Costa Brava** (Infos zum Flughafen und zu Busverbindungen: T 902 40 47 04, www.aena.es) fliegen nur wenige Fluggesellschaften an. **Busse** (T 902 103 014) fahren ins Stadtzentrum von Girona, nach Barcelona und an die Costa Brava, allerdings mit stark eingeschränkten Fahrzeiten. Auch hier bieten diverse **Mietwagenfirmen** ihre Dienste an.

Einreisebestimmungen
Schweizer, Deutsche und Österreicher benötigen für die Einreise einen gültigen Personalausweis oder Reisepass. Kinder brauchen ein eigenes Ausweisdokument. Schweizer können ohne Visum bis zu drei Monate im Land bleiben, Besucher aus EU-Ländern unbegrenzt. Für EU-Bürger ist die Ein- und Ausfuhr von Waren zum persönlichen Bedarf unbegrenzt möglich. Für Nicht-EU-Bürger gelten die Zollbestimmungen. Danach sind die Mengen begrenzt, z. B. 1 l Spirituosen, 2 l Wein oder sowie 200 Zigaretten aus dem Duty-free-Shop oder dem Flugzeug.

INFORMATIONSQUELLEN

Katalonien Tourismus: 60325 Frankfurt a. M., Palmengartenstraße 6, T 069 74 22 48 73, www.katalonien-tourismus.de
Spanische Fremdenverkehrsämter: Lichtensteinallee 1, 10787 Berlin, T 030 882 65 43, berlin@tourspain.es.
Myliusstraße 14, 60323 Frankfurt a. M., T 069 72 50 38, frankfurt@tourspain.es.
80051 München, Postfach 15 19 40, T 089 530 74 611 -12, munich@tourspain.es.
Walfischgasse 8, 1010 Wien, T 01 512 95 80 10, viena@tourspain.es.
Seefeldstraße 19, 8008 Zürich, T 044 253 60 50, zurich@tourspain.es.

... im Internet
Landeskennungen: Katalonien: cat, Spanien: es
www.katalonien-tourismus.de: Website von Katalonien Tourismus auf Deutsch. Allgemeine Infos über Katalonien und das touristische Angebot, Online-Bestellung von Prospekten.
www.costabrava.org: Website des Fremdenverkehrsamts der Costa-Brava. Viele Infos zum Sport-, Veranstaltungs- und touristischen Angebot auf Deutsch.
www.barcelonaturisme.com: offizielle Seite des Fremdenverkehrsamts von

Barcelona. Umfangreiche Infos zum touristischen Angebot, auch auf Englisch.
www.barcelona.de: Infos zu Barcelona auf Deutsch.
www.spain.info/de: offizielle Seite des Spanischen Fremdenverkehrsamts. Umfangreiche Infos auf Deutsch, Online-Bestellung von Prospekten.
www.visitpirineus.com: offizielle Seite der Pyrenäen mit interessanten touristischen Infos, nicht auf Deutsch.

KLIMA UND REISEZEIT

An der Costa Brava herrscht ein angenehmes Klima mit warmen Sommern, mäßig regenreichen Übergangszeiten und milden Wintern. Im Juli liegen die Durchschnittstemperaturen bei ca. 28 °C, im Januar bei 12,7 °C. Im Frühjahr kann es sehr wechselhaft sein, sodass die Badesaison – vor allem im Norden – erst im Mai oder Juni beginnt und im Oktober endet. Charakteristisch für die Küste ist die Tramuntana, ein rauer Nordwind, der eisige Luft und strahlenden Sonnenschein bringt. Im Winter wirken einige Küstenorte verwaist, viele Hotels bleiben geschlossen. Voll wird es Ostern sowie im Juli und August. Für diese Zeit sollten Sie frühzeitig buchen, wobei mit den Temperaturen auch die Preise klettern.

REISEN MIT HANDICAP

www.cocemfe.es

SICHERHEIT UND NOTFÄLLE

Zwar ist die Costa Brava nicht gefährlicher als andere Regionen. Vorsichtshalber sollten Sie aber keine Wertgegenstände im Auto liegen lassen, Geld, Schmuck und Dokumente lieber im Hotelsafe aufbewahren und am Strand Ihre Sachen nicht unbeaufsichtigt lassen. Wenig belebte Gegenden sollten Sie nachts ebenso meiden wie Parkplätze an den Autobahnen. In Barcelona sind leider zahlreiche Straßenräuber unterwegs, hier ist besondere Vorsicht geboten. Wenn möglich, verzichten Sie auf Handtaschen und stecken das nötige Geld oder sonstige Wertgegenstände in die Innentaschen der Kleidung.

Notrufnummern

Allgemeiner Notruf: 112
Feuerwehr: 080
Krankenwagen/Arztnotruf: 061
Polizei: 091 oder 092
Polizeistelle für deutsch- und englischsprachige Touristen: Via Laietana 43, Barcelona, T 932 90 30 00
Feuerwehr: 080
Kreditkarten-Verlust: Sperrnotruf 0049 116 116 (tgl. 24 Std. erreichbar, gebührenpflichtig), 0049 30 40 50 40 50
ADAC: T 935 08 28 28 (Barcelona), T 089 22 22 22 www.adac.de

Diplomatische Vertretungen

Deutschland: Generalkonsulat Barcelona, T 932 92 10 00, Mo–Do 8–16.30, Fr 8–13.30 Uhr, www.spanien.diplo.de. Notrufnummer außerhalb der Bürozeten: T 661 61 11 04
Österreich: Generalkonsulat Barcelona, T 933 68 60 03, www.botschaft-konsulat.com/at, Mo, Mi, Fr 10–12 Uhr
Schweiz: Generalkonsulat Barcelona, T 934 09 06 50, www.eda.admin.ch, Mo–Do 9–12, 14–16, Fr 9–12 Uhr

SPORT UND AKTIVITÄTEN

Radfahren

Der Radsport ist in Spanien sehr beliebt. Viele Hotels, Campingplätze usw. bieten inzwischen Leihräder an. Allerdings müssen Sie an der Costa Brava große Steigungen, holperige Wege und viel befahrene Landstraßen in Kauf nehmen. Außerdem besteht für Radfahrer in Spanien **Helmpflicht.** Ideal für alle, die große Steigungen scheuen, sind die **Vías Verdes,** die ›grünen Wege‹ auf ehemaligen Eisenbahnstrecken (www.viasverdes.com). **Weitere Infos** zu Radrouten unter www.costabrava.org und www.cicloturisme.com.

Wandern

Die Costa Brava und die benachbarten Pyrenäen eignen sich hervorragend zum Wandern. Ein Wegenetz von etwa 5000 km führt durch Katalonien, eingeteilt in **Fernwanderwege** (GR, rot-weiße Markierung) und **Kurzwanderwege** (PR, gelb-weiße Markierung). In vielen Orten wurden in den letzten Jahren die sogenannten **Camins de Ronda,** Rundwege, wieder hergestellt, die am Wasser entlangführen. Nahezu die gesamte Küste können Sie auf dem **Europäischen Fernwanderweg GR 92** zwischen Portbou und Blanes ablaufen. Weitere Infos finden Sie in Faltblättern der Fremdenverkehrsämter *(oficina de turisme)* vor Ort mit Angaben zu lokalen Wanderrouten und www.costabrava.org und www.catalunya.com).

Wassersport

Die Küste eignet sich ideal zum **Segeln** und **Motorbootfahren.** Sie verfügt über **17 gut ausgerüstete Yachthäfen** (*ports esportius,* www.costabravaports.com). Die besten Bedingungen zum **Windsurfen** bieten der weite Golf von Roses (bei Sant Pere Pescador) und der Golf von Pals, außerdem das nach Norden hin gelegene El Port de la Selva. In vielen Orten haben sich Surfverleihstellen und -schulen etabliert.
Im Übrigen ist die Costa Brava ein einzigartiges **Tauchgebiet,** vor allem rund um das Cap de Creus und die Illes Medes. Insgesamt gibt es 34 Tauchzentren, die Material verleihen, Kurse und Tauchgänge organisieren. **Informationen zu den 16 Tauchzentren:** www.submarinismocostabrava.com.

DIE SCHÖNSTEN STRÄNDE

Llançà 🗺 F–G 2, ► S. 16
Relativ einsame Buchten, z. B. **Cap Ras,** gibt es zwischen Portbou und Llançà. Leichter zu erreichen ist der kleine Sandstrand **Platja Grifeu** (beide: G 1) am nördlichen Ortsausgang.

Roses 🗺 G 3, ► S. 38
Auf kurvenreicher Straße sind die **Cala Montjoi** (🗺 H 3) und weitere, noch einsamere Buchten zu erreichen.

Sant Pere Pescador 🗺 F 4, ► S. 43
Ideal zum Buddeln und Windsurfen sind die kilometerlangen Sandstrände, die sich am südlichen Golf von Roses erstrecken.

Empúries 🗺 G 5
Vor den antiken Ausgrabungen bei **L'Escala** (🗺 G 5, ► S. 47) laden einige wunderschöne, unverbaute Buchten mit Schatten spendenden Pinien zum Baden und Entspannen ein.

Begur 🗺 H 7, ► S. 62
Rund um den Ort liegen die schönsten Buchten der Küste – **Cala sa Riera, Sa Tuna, Aiguafreda** und **Aiguablava** – mit türkisblauem Wasser, Pinien und Felsen. Stark frequentiert in der Hochsaison.

Zwischen Calella de Palafrugell 🗺 H 8, ► S. 70 **und Tossa de Mar** 🗺 F 11, ► S. 91
Bei **Palamós** (🗺 G 9, ► S. 82) liegt die unverbaute **Platja del Castell.** Sie können aber auch zu der noch einsameren **Cala Estreta** (🗺 H 8, ► S. 70, S. 82) in Richtung Calella wandern. Von der Landstraße nach **Tossa de Mar,** km 35, erreichen Sie außerdem den naturbelassenen FKK-Strand **Platja del Senyor Ramón** (🗺 F 10, ► S. 94).

Lloret de Mar 🗺 E 11, ► S. 97
Traumhaft sind die **Cala Canyelles** und die **Platja de Sa Boadella** nördlich vom Ort, die zeitweise auch mit Dampfern zu erreichen sind.

ÜBERNACHTEN

Neben Mallorca ist die Costa Brava spanienweit das Gebiet mit den meisten Übernachtungskapazitäten. Es gibt ca. 200 000 offizielle **Ferienwohnungen und -häuser** sowie eine riesige Auswahl an Hotels und Campingplätzen, guter **Überblick** auf www.costabrava.org. Neben einem modernen **Parador** in Aiguablava (www.parador.es) gibt es einige **Jugendherbergen/Hostels** (www.xanascat.cat) in Girona, L'Escala, Tossa de Mar oder Barcelona. Außerdem ist die Küste ein beliebtes **Campinggebiet** (www.campingsingirona.com) mit teils hervorragenden Plätzen. Einige vermieten auch komplett eingerichtete Bungalows.

Urlaub auf dem Land

Ferien auf Bauernhöfen *(turisme rural)* werden in der Provinz Girona immer beliebter. Bauernhöfe *(cases de pagès)* bieten Übernachtungen mit Frühstück oder weiteren Mahlzeiten an. Es werden auch ganze, teils sehr luxuriöse, **Landhäuser,** vermietet. In vielen Dörfern sind charmante **Landhotels,** die historische Gebäude mit neuem Leben füllen, entstanden. **Infos:** www.turismeruralgirona.org.

ÜBERNACHTUNGSPREISE

€	unter 80 Euro
€€	80 bis 160 Euro
€€€	über 160 Euro

Doppelzimmer mit Frühstück

Die Preise können je nach Jahreszeit oder Saison stark schwanken. Für die Hochsaison frühzeitig buchen! Frühstück ist oft nicht inbegriffen.

VERKEHRSMITTEL

Bahn

Mit klimatisierten Nahverkehrs- oder Fernzügen können Sie Blanes, Girona, Figueres, Llançà, Colera und Portbou erreichen. **Infos und Kartenverkauf** an den Bahnhofsschaltern und unter T 912 32 03 20, www.renfe.es. Zug- sind meist deutlich günstiger als Busfahrten.

Wie in ganz Spanien ist auch an der Wilden Küste Wasser ein knappes, kostbares Gut. Also: sparsam damit umgehen, auch bei Hotelhandtüchern daran denken.

Boot/Schiff

Viele Küstenorte sind auch per **Schiff** oder **Ausflugsdampfer** zu erreichen (Infos bei den jeweiligen Orten). Außerdem können Sie die **Yachthäfen** (www.acpet.es/ge/costa-brava.php) mit dem eigenen oder gemieteten Boot ansteuern. Vor der Einfahrt in den Hafen müssen Sie sich beim Hafenmeister anmelden. Im Hochsommer können die Plätze in den Yachthäfen auch schon mal belegt sein.

Bus

Die Busverbindungen zwischen Barcelona, Girona, ihren Flughäfen und den Küstenorten sind recht gut, zwischen den Orten weniger. **Infos** je nach Unternehmen unter T 900 36 00 00, www.moventis.es (Sarfa), T 902 13 00 14, www.sagales.com (Sagalés), T 935 80 67 00, www.moventis.es, (Sarbus) oder T 972 20 48 68, www.teisa-bus.com (Teisa).

Autofahren

Höchstgeschwindigkeit: in Ortschaften 50 km/h, auf Landstraßen 90 km/h, auf Fernstraßen 100 km/h, auf Autobahnen 120 km/h. Es besteht Gurtpflicht. **Promillegrenze:** für Führerscheinneulinge 0,3, sonst 0,5 Promille. Gelbe Markierungen am Straßenrand: Parkverbot! Falschparker werden oft schnell abgeschleppt!
Verkehrsinformation: T 932 28 50 00, 902 20 03 20, http://mobilitat.gencat.cat, https://transit.gencat.cat.

O-Ton Costa Brava

A
Aiguablava 69, 114
Aiguafreda 114
Aiguamolls 44
Aktivitäten 113
Anreise/Ankommen 112
Autofahren 115
Autotour–Sant Feliu–Tossa 94

B
Bahn 115
Banyuls-sur-Mer 18, 19
Barcelona 107
Bauernhofferien 115
Begur 62, 68, 114
Behinderte 113
Besalú 38
Blanes 101
Boot 115
Bus 115

C
Cadaqués 22, 25
Cala Almadraba 41
Cala Banys 100
Cala Bona 95
Cala Canyelles 100, 114
Cala Canyelles Petites 41
Cala d'Aiguablava 67, 69
Cala d'Aiguafreda 67
Cala d'en Trons 100
Cala de sa Conca 84, 90
Cala de Sant Francesc 104, 106
Cala Estreta 70, 82, 114
Cala Fenals 100
Cala Ferriol 49, 58
Cala Fornells 67
Cala Futadera 94
Cala Giverola 95
Cala Gran (Lloret de Mar) 100
Cala Jóncols 41
Cala La Fosca 82
Cala la Pelosa 40
Cala Llevadó 96
Cala Montgó 47, 48, 49, 52
Cala Montjoi 41, 114
Cala Morisca 96
Cala Pedrosa 58, 70
Cala Pola 95
Cala S'Alguer 82
Cala Salionç 95
Cala sa Riera 114
Cala Sa Riera 67
Cala Tamariua 25
Cala Tavallera 25
Cala Tortuga 100
Cala Viuda 49
Caldes de Malavella 91
Calella de Palafrugell 70, 114
Camí/Camins de Ronda 4, 16, 33, 68, 70, 82, 84, 90, 114
Camí Walter Benjamin 18
Camping 115
Canapost 64
Cap de Begur 68
Cap de Creus 26, 28, 30
Capmany 22
Cap Pentiner 95
Cap Ras 16, 114
Castell d'Aro 84, 89
Castell de Montgrí 58
Castell Gala Dalí 36
Castelló d'Empúries 42
Colera 22

D
Dalí, Salvador 25, 33, 36
Diplom. Vertretgn. 113

E
Einreisebestimmgn, 112
elBulli1846 39
El Port de la Selva 20
Empordà 21
Empuriabrava 42
Empúries (Emporion/Empurion) 47, 53, 114
Ermita de Sant Grau 95
Es Portitxol 48

F
Far de Cala Nans 28
Far de Sant Sebastià 70
Ferienwhg./-häuser 115
Fernwanderwege 114
Figueres 33, 36
Fornells 69

G
Girona 74, 88
Golf von Roses 114
Grand Tour von Katalonien 5

I
Illes Medes (Medes-Inseln) 49, 60
Informationsquellen 112

J
Jardí Botànic Cap Roig 70
Jardí Botànic Mar i Murtra 104
Jardí Botànic Tropical Pinya de Rosa 105
Jardins de Santa Clotilde 104
JHs/Hostels 115

K
Kellereien 21
Kim-Grotten 49
Klima 113
Konsulate 113

L
La Borna 68
Landhäuser 115
Landhotels 115
L'Escala 47, 114
Les Muscleres 48
L'Estartit 58
Llafranc 70
Llançà 16, 114
Lloret de Mar 97, 104, 114

M
Meda Gran 60
Medes-Inseln (Illes Medes) 49, 60
Mollet de Peralada 22
Moll Grec 48
Monestir de Sant Quirze de Colera 20
Motorbootfahren 114

N
Notfälle 113
Notrufnummern 113

P
Palafrugell 70
Palamós 82, 114
Palau-sator 64
Pals 63
Parador 115
Paratge Natural d'Interès Nac. de l'Albera 20
Parc Natural de Cap de Creus 30
Parc Natural de la Zona Volcànica de la Garrotxa 38
Parc Natural dels Aiguamolls de l'Empordà 44
Peralada 22, 38
Peratallada 64
Platja d'Aro 84
Platja de Canyerets 94
Platja de Canyet 94
Platja de Garbet 16
Platja del Castell 82, 114
Platja del Cau del Llop 16
Platja de l'Illa Roja 59, 67
Platja de Llorell 96
Platja del Matà 45
Platja del Senyor Ramón 94, 114
Platja de Pals 59
Platja de Porto Pi 96
Platja de Sa Boadella 100, 106, 114
Platja de Santa Cristina 100, 106
Platja de Santa Margarida 41
Platja de Sant Pol 86, 89, 90
Platja d'Es Codolar 96
Platja de Vallpresona 95
Platja Fonda 69
Platja Grifeu 16, 114
Platja La Farella 16
Platja Sa Sabolla 28
Platja Ses Torretes 84
Platja Treumal 100
Portbou 18
Portlligat 25, 31
Preiskategorien Restaurants 11
Preiskategorien Übernachten 115
Púbol-la-Pera 36
Pyrenäen 18

Q
Quart 88

R
Rabós d'Empordà 20
Radfahren 113
Radtour Girona–Sant Feliu 78, 88
Reisezeit 113
Roses 38, 114
Ruïnes d'Empúries 55
Ruta del Carrilet 88

S
S'Agaró 84
Santa Cristina d'Aro 89
Sant Climent de Sesc. 22
Sant Feliu de Boada 64
Sant Feliu de Guíxols 86, 89, 94
Sant Martí d'Empúries 52, 55
Sant Pere de Rodes 26
Sant Pere Pescador 43, 114
Sa Tuna 68, 114
Schiff 115
Segeln 114
Selva de Mar 20, 22
Sicherheit 113
Sport 113
Sterneküche 17, 42

T
Tamariu 71
Tauchen 114
Torrent 64
Torroella de Montgrí 58
Tossa de Mar 91, 95, 114
Turisme rural 115

U
Übernachten 115
Ullastret 64
Umwelt 115

V
Verkehrsmittel 115
Verkehrsregeln 115
Via Ferrata 90
Vilabertran 38
Vilamaniscle 20
Vulpellac 64

W
Walter-Benjamin-Route 18
Wandern 114
Wasser 115
Wassersport 114
Weintour 21
Windsurfen 114
Winzer 21

Y
Yachthäfen 114, 115

Abbildungsnachweis
Fotolia, New York (USA): S. 45 (Gerard); 22 (powell83)
Getty Images, München: S. 7, 60 (Artur Debat); 82 (John Greim); 21 (Morsa Images); 29 (Raquel Maria Carbonell Pagola)
iStock.com, Calgary (NL): S. 24 (Alija); 80/81, 100 (ezypix); 11 (imv); 26 (J_renArt); 96 (KavalenkavaVolha); 31 (lmv); 109 (piola666); 38 (ToniFlap); 68, 88 (xavier-arnau)
laif, Köln: Umschlagklappe vorn, 51 (Bernd Jonkmanns); 120/1 (contrasto/Gianfranco Tripodo); Umschlag, Faltplan (Frank Heuer); 17 (Katja Hoffmann); 79 (Miquel Gonzalez); 37 (Monica Gumm); 50 (Redux/VWPics/Lucas Vallecillos); 63 (Redux/VWPics/Mikel Bilbao)
Lookphotos, München: S. 42 (Jan Greune)
Mauritius-Images, Mittenwald: S. 53, 54 (age fotostock/Gonzalo Azumendi); 43 (Alamy/Howard Sayer); 77 (Alamy/Jean Dominique Dallet); 86 (Alamy/Paul Shaddick); 18 (Alamy/Ruslan Bustamante)
picture-alliance, Frankfurt a. M.: S. 120/2 (Andreu Dalmau); 120/7 (dpa/London Express); 120/4 (dpa/Sputnik/Jordy Boixareu); 120/8 (Effigie/Leemage); 120/6 (NurPhoto/Oscar Gonzalez); 120/5 (ullstein bild/Archiv Gerstenberg)
Shutterstock.com, Amsterdam (NL): S. 40, 66 (Alberto Zamorano); 32 (AnnaForlenza); 52 (Cristian Ionut Zaharia); 61 (Damsea); 4 o., 36 (dmitro2009); 10 (etorres); 94 (fischers); 56/57 (funkyfrogstock); Umschlagklappe hinten (Ivonne Wierink); 64 (J Gonzalez); 4 u. (Juan Novakosky); 71 (Kite_rin); 105 (Neja Hrovat); 14/15 (Nejron Photo); 8/9, 47, 59 (Pabkov); 106 (S-F)
Ulrike Wiebrecht, Berlin: S. 44
Wikimedia Commons: S. 120/9 (CC-BY_SA 3.0/Fundació Josep Pla); 120/3 (CC-PD)
Zeichnung: S. 5 (Antonia Selzer, St. Peter); 3 (Gerald Konopik, Mammendorf)

© Salvador Dalí, Fundació Gala-Salvador Dalí/VG Bild-Kunst, Bonn 2023: S. 36 Skulptur Dalí Museum Figueres; S. 37 Gemälde Dalí Museum Figueres

Kartografie
© KOMPASS-Karten GmbH, A-6020 Innsbruck; DuMont Reiseverlag, D-73751 Ostfildern

Umschlagfotos
Titelbild: An der Steilküste der Cala Maset bei Sant Feliu de Guíxols
Umschlagklappe hinten: Nichts kann einen ›Seemann‹ erschüttern

Hinweis: Autorin und Verlag haben alle Informationen mit größtmöglicher Sorgfalt geprüft. Gleichwohl sind Fehler nicht vollständig auszuschließen. Alle Angaben erfolgen ohne Gewähr. Bitte schreiben Sie uns! Über Ihre Rückmeldung zum Buch und Verbesserungsvorschläge freuen sich Autorin und Verlag:
DuMont Reiseverlag, Postfach 3151, 73751 Ostfildern,
info@dumontreise.de, www.dumontreise.de

2., aktualisierte Auflage 2024

Autorin: Ulrike Wiebrecht
Redaktion/Lektorat: Britta Rath
Bildredaktion: Nadja Gebhardt
Grafisches Konzept: Eggers+Diaper, Potsdam
Printed in Poland

Kennen Sie die?

9 von 365 000 Bewohnern der Costa Brava

Ferran Adrià

Als Koch sorgte er dafür, dass das Restaurant El Bulli in Roses fünfmal zum weltbesten Restaurant gekürt wurde. Jetzt ist das Restaurant als Museum zu besichtigen.

Carme Mateu Quintana

Als Schlossherrin des Castell de Perelada war sie nicht nur Mitinhaberin der Weinkellerei und des Kasinos von Peralada (Perelada), sie war auch für das internationale Musikfestival des Ortes verantwortlich.

Walter Benjamin

Der deutsche Philosoph mit jüdischen Wurzeln floh 1940 vor der Gestapo über die Pyrenäen nach Portbou, wo er sich wegen seiner verzweifelten Lage das Leben nahm.

Carles Puigdemont

Der frühere Bürgermeister von Girona ist über die Grenzen von Katalonien hinaus bekannt, seitdem er das Referendum über die Unabhängigkeit des Landes vorangetrieben hat.

Marc Chagall

Der französische Künstler weißrussischer Herkunft hat sich in den 1930er-Jahren in Tossa de Mar aufgehalten und die befestige Stadt zu seinem »blauen Paradies« erkoren.

Carmen Thyssen

Die in Katalonien geborene Witwe des Barons Hans-Heinrich Thyssen, genannt Tita, hat in Sant Feliu de Guíxols ein Museum gegründet, in dem ein Teil ihrer umfangreichen Kunstsammlung zu sehen ist.

Gala

Durch ihren Ehemann Paul Éluard gelangte sie nach Cadaqués, lernte Dalí kennen und blieb fortan seine Muse und beste PR-Beraterin.

Roberto Bolaño

Bevor der chilenische Schriftsteller 2003 in Barcelona starb, hat er viele Jahre in Blanes gelebt und sich dort u. a. zu seinem letzten Epos »2666« inspirieren lassen.

Josep Pla

1897 in Palafrugell geboren, hat sich der katalanische Journalist und Schriftsteller besonders Landschaft, Menschen und Küche seiner Heimat gewidmet.

8 Himmel für Hipster – **Glockenbach und Gärtnerplatz** S. 49

9 Inselhopping – **rund ums Deutsche Museum** S. 53

10 Auf der anderen (Isar-)Seite – **Haidhausen und Au** S. 57

11 Szenenwechsel im Süden – **Giesing und Schlachthof** S. 61

12 Acht Kilometer Stadtstrand – **die Isar** S. 65

13 Der vergessene Stadtteil – **Schwanthalerhöhe** S. 69

14 Spazieren und Flanieren – **Schloss Nymphenburg** S. 72

15 Avantgardistischer Alpenersatz – **der Olympiapark** S. 75

Münchner Museumslandschaft S. 78

Der kollektive Rausch S. 81

Pause. Einfach mal abschalten S. 84

In fremden Betten S. 86

Satt & glücklich S. 90

Stöbern & entdecken S. 98

Wenn die Nacht beginnt S. 104

Hin & weg S. 110

O-Ton München S. 114

Register S. 115

Abbildungsnachweis/Impressum S. 119

Kennen Sie die? S. 120

Das Beste zu Beginn

Für tiefsinnige Gespräche oder einträchtiges Schweigen
Auf Höhe der Praterinsel am westlichen Isarufer schlängelt sich der gemütlichste Ast Münchens über ein paar Meter ins Wasser. Fast immer besetzt. Wenn nicht, Abend gerettet!

Im Winter
Besonders gemütlich ist eine Einkehr in den beheizten originalen Retro-Skigondeln der Zugspitzbahn vor dem Milchhäusl, einem seit 1896 bestehenden Imbiss im Englischen Garten. Vor allem wenn die Scheiben vom Bio-Glühwein beschlagen. Es gibt sogar eine Knutsch-Gondel mit Vorhängen …

Letzte Hilfe
In München gibt es nur einen echten ›Späti‹, der hier ›Standl‹ heißt: Der Reichenbachkiosk an der gleichnamigen Brücke hat wirklich alles, von Gummigetier über Champagner und Hygieneartikel bis zu 115 Biersorten – und ist als einziger Kiosk 23 Stunden geöffnet.

Kunst im Untergrund
Das Maximiliansforum ist eigentlich ein Überbleibsel der Verkehrsplanung aus den späten Sechzigern, ein achteckiger Abstellraum unter der Kreuzung von Maximilianstraße und Altstadtring. Was von oben wie ein U-Bahn-Schacht wirkt, überrascht unten mit Kunst! Der Abstecher in den Untergrund ist gut zu kombinieren mit einem Besuch im Museum Fünf Kontinente, dem oft zu Unrecht übersehenen Völkerkundemuseum.

Bierboazn-Tour
Der Begriff ›Boazn‹ bezeichnet – grob gesagt – im Bayerischen kleinere Bierlokale und Eckkneipen. Zur Kneipentour der anderen Art – der ungeschminkten nämlich – verführen die liebevoll gestalteten Bildbände »Munich Boazn« von Maximilian Bildhauer (Volkverlag). Der erste Band »Giesing« empfiehlt sich der Authentizität halber besonders.

Glücksnase
Im Vorbeigehen die Löwennase vor der Residenz rubbeln – bringt wirklich Glück!

Schausteller-Nostalgie:
Die Wiesn und ihr Massengelage ist Geschmackssache, nicht streiten lässt sich über die Schönheit der nostalgischen Fahrgeschäfte wie Teufelsrad und Toboggan. Zugucken macht beinahe mehr Spaß, als sich selbst zum ›Deppen‹ zu machen. Wer die Wiesn erleben will wie vor hundert Jahren – als sie noch ein beschauliches Volksfest war –, der muss auf die ›Oide Wiesn‹ hinter dem Riesenrad.

Die perfekte Welle
Den Eisbachsurfern zuzugucken ist noch interessanter, wenn man sich vorher die Doku »Keep Surfing« zu Gemüte geführt hat: sehr launiger Einblick in die eingeschworene Gemeinschaft des coolsten Biotops der Stadt. (Regie: Björn Richie Lob, 2010)

Einen Munich Mule bestellen
Ganz einig sind sich Barkeeper nicht, aber in den meisten und besten Rezepten findet sich The Duke (Gin aus München), Minze und/oder Gurke, Ginger Beer und etwas Limettensaft.

Red' kein Blech!
Der stimmigste Soundtrack (keine Sorge: ohne Dialekt) zu einem München-Trip kommt von Moop Mama: Als Urban Brass beschreibt die zehnköpfige Band ihren Stil. Bekannt geworden sind die Blechbläser um den Rapper mit dem Megaphon durch ihre spontanen Guerilla-Konzerte im öffentlichen Raum – dessen Rückeroberung ist ihre Agenda. Also Augen und Ohren aufhalten, oder sich auf dem Roten Album den Song »Stadt, die immer schläft« anhören. Stimmt natürlich nicht.

Als geborene Münchnerin spreche ich eigentlich kein Bayerisch, aber sobald Nordlichter in Hörweite sind, schleichen sich plötzlich viele ›mei‹, ›fei‹ und ›bisserl‹ in meine Sätze.

Fragen? Erfahrungen? Ideen?

Ich freue mich auf Post.

Mein Postfach bei DuMont:
a.fazekas@dumontreise.de

Das ist München

Machen wir uns nichts vor, München spaltet die Gemüter wie keine andere Stadt: Ist es der scheinbare Überfluss, die Selbstzufriedenheit oder das polternd zur Schau gestellte Bajuwarentum?

Ruf und Realität

Irgendwas scheint der Rest der Republik regelmäßig in den falschen Hals zu bekommen. Auf der anderen Seite gilt München weltweit als eine der Städte mit der höchsten Lebensqualität. Sogar die New York Times behauptet, München würde gerade aus seiner Zugeknöpftheit ausbrechen... Sie merken vielleicht schon, dies wird eine Verteidigungsrede!
Klar gibt's an einem Ende des Spektrums die Bussi-Bussi-Gesellschaft, den FC Bayern, das P1, die Maximilianstraße, die Porschefahrer – und am anderen: kauzige Bräuche, grantige Bedienungen und schnauzbärtige Trachtler, die scheinbar mit der Bierbank verwachsen sind. Umso spannender sind die Randgebiete, in denen Hochherrschaftliches auf Subkultur trifft, Tradition auf Innovation, Glamour auf Naturburschigkeit. Denn München besteht eben nicht aus Nischen wie Berlin. Raum für Wildwuchs gibt es kaum. Dafür entwickeln sich die Mauerblümchen nicht selten zu exaltierten Orchideen.

Gemütlichkeit: Das München-Gefühl

Keine Angst also, ein München-Besuch macht nicht automatisch spießig, geldgeil oder schicki-micki – aber er kann durchaus abfärben. Und zwar vor allem eins: Gemütlichkeit. Kein Wunder, dass sich die Amis das Wort als ›Beergarden-Feeling‹ erklären. Es ist das Münchner Lebensgefühl, auf das sich alle einigen können: An zernarbten Tischen sitzen, im Schatten uralter Kastanienbäume. Nirgendwo schaltet man schneller auf die Betriebsgeschwindigkeit der Einheimischen herunter. – Diese sollte man allerdings nicht mit Langeweile verwechseln. Wirklich konservativ ist München nämlich nur in seinen Traditionen, oder besser: Ritualen. Denn manchmal hat es schon etwas Archaisches, was da ›ums Verrecken‹ verteidigt wird. Ob das nun die Weißwurst ist, die gezutzelt werden soll, oder die Rolltreppe, auf der man rechts steht, links geht, wie gern von hinten geblafft wird.
Bitte nicht eingeschnappt sein: Eigentlich ist das nur bitter ernst genommener Humor. Ganz in der Tradition von Satiriker Karl Valentin: »Ich bin kein direkter Rüpel, aber die Brennnessel unter den Liebesblumen.«

›Passt scho!‹

Und so streng die Münchner mit Zuagroasten sind, wenn es sich um die korrekte Bestellung beim Bäcker (Semmeln! Brezn!) handelt, so herzlich wiederum haben sich viele bei der Aufnahme von Flüchtlingen gezeigt. Überhaupt wird alles, was einmal die äußerste Schicht dieses Gewirks aus Trachtenloden und Edelzwirn durchdrungen hat, ohne Kommentar eingeflochten und dann treu und auf ewig verteidigt. Seit der tiefbraunen Vergangenheit, als Hitler sich München erfolgreich als Brutstätte der NSDAP erkoren hatte, gilt die Stadt immerhin verlässlich als rote Insel im politisch schwarzen Bayern.

Sobald die Temperaturen es erlauben, versammelt sich halb München an der Isar.

Man muss den Münchnern einfach ein paar Vorschusslorbeeren entgegenbringen, um zu merken, dass ein mürrisch gemurmeltes ›Passt scho‹ eine durchaus freundlich gemeinte Einladung ist.

Im Geheimen ganz locker

Gleichzeitig wird gerade von den Jüngeren viel für die interkulturelle Kommunikation getan. Sei es das Ein-Hipstern der bayerischen Tracht oder die Verwandlung von Umtatata in tanzbare Brassbeats. Auch neue kulinarische Gattungen werden im Dienste der Völkerverständigung erfunden: Schweinebraten to go in der Nudelbox zum Beispiel.

Die Dauer-Mission, dem Rest der Welt erklären zu müssen, dass München gar nicht so lahm ist, erklärt auch den Stolz auf die Burschen und Mädels, die sogar im Winter barfuß die Tram-Bahn volltropfen, oder – Surfbrett unterm Arm – durch Schwabing radeln. Wenn der Stadt wieder mal jede Lässigkeit, Weltgewandtheit und alternative Szene abgesprochen wird, verweist der Münchner – der natürlich weiß, dass man im Geheimen ganz schön locker drauf ist – aufs Aushängeschild Eisbachsurfer. Das verstehen sogar die Norddeutschen. Zudem steht die Isarwelle für die Liebe zur Natur, zum Draußensein, zum Sporteln. Funktionsklamotten werden hier schließlich sogar von den Juristen in spe beim Lernen in der Bayerischen Staatsbibliothek zu rosa Hemd oder Perlenohrringen getragen.

Vom optisch manchmal recht ländlichen Charakter abgesehen, kann München auf den meisten Ebenen durchaus mit anderen Weltstädten mithalten. Die Klub-Szene muss sich nicht mehr schämen und das Kulturangebot war sowieso schon immer attraktiv: Mit über 50 Kunstsammlungen ist München deutscher Rekordhalter gleich nach Berlin. Dazu kommen Oper, Theater, Kabaretts und Kleinbühnen. Da werden wir doch fast wieder ein bisserl arrogant und sagen: Ja mei, dass »München leuchtet«, hat Thomas Mann schon 1902 gewusst!

München in Zahlen

6,25

Stunden täglich scheint die Sonne über München – länger als in jeder anderen deutschen Großstadt.

12

Klassikstücke laufen in den U-Bahn-Stationen Goetheplatz und Odeonsplatz in einer 300-Minuten-Schleife.

107

Liter Bier werden pro Münchner Kopf im Jahr getrunken.

291

Meter hoch ist der Olympiaturm und damit höchstes Bauwerk von München. Im Stadtkern allerdings bildet die Frauenkirche mit ihren knapp hundert Metern das Limit – gesetzlich festgeschrieben.

375

Hektar misst der Englische Garten. Somit ist er größer als der Londoner Hyde Park (142 Hektar) und der Central Park in New York (315 Hektar).

878

Meter messen die Stehplätze an den Pissoirs auf der Wiesn. Dazu gibt es 964 ›Sitzplätze‹ für Männer und Frauen.

1200

Kilometer umfasst das Münchner Radlnetz.

1300

Münchner Haushalte könnte man ein Jahr lang mit dem Strom versorgen, der während der Wiesn verbraucht wird.

30 000

Hunde gibt es in der Stadt (und damit täglich sechs Tonnen Hundekot).

5 700 000

Millionen Oktoberfestgäste schütteten 2022 in knapp drei Wochen 5,6 Millionen Liter Bier hinunter.

10 500 000

Euro nimmt die Stadt München jährlich durch Falschparker ein.

Was ist wo?

Nicht umsonst nennt man München ein Millionendorf: Die Stadt ist groß genug, um anspruchsvollen Kosmopoliten etwas zu bieten und die Einheimischen immer wieder zu überraschen, auf der anderen Seite aber so übersichtlich, dass man sich schnell daheim fühlt, immer wieder dieselben Haken schlägt. Und dabei denselben Menschen begegnet.

Im Herzen der Stadt

Wie in vielen mittelalterlichen Städten fällt die Orientierung leicht, weil sich alles um das alte Zentrum der Stadt, den **Marienplatz** (D 6), organisiert. Dieser Stadtkern wird vom **Altstadtring** (C–F 5–7) umschlossen, markiert durch die Überbleibsel der Stadtmauer in Form von Karlstor, Sendlinger Tor und Isartor. Der **Mittlere Ring** (Karte 5) wiederum, eine mehrspurige Straße, fasst die angrenzenden Viertel ein: Das ist die Innenstadt im weiteren Sinne. Alles, was außen vor liegt, ist eher Wohn- oder Industriegebiet und wird hier nicht erwähnt. Wenn Sie nur einen Tag Zeit haben und wenigstens das liebliche **Postkarten-München** kennenlernen wollen, sollten Sie im Herzen der Stadt beginnen. Sich einmal durch die Flut der Fußgänger vom Marienplatz über die Frauenkirche, zurück zu Residenz und Asamkirche schwemmen lassen, am St. Jakobsplatz ins Stadtmuseum hüpfen und auf dem Viktualienmarkt ein Schmankerl in der Sonne genießen. Neben den wichtigsten historischen Sehenswürdigkeiten sind Sendlinger, Neuhauser und Kaufingerstraße dicht besetzt mit den üblichen Konsumtempeln.

The Place to be

Vom Zentrum ist es ein Katzensprung ins **Glockenbachviertel** (C–E 7/8): So nennen Münchner die Isarvorstadt, beziehungsweise auch das Gärtnerplatzviertel. Südlich des Viktualienmarkts landet man im bunten Straßenstern rund um den **Gärtnerplatz** (D 7), der sich bis hinunter zu Isar und Südfriedhof erstreckt. Boutiquen, Hipster-Lokale, Fetisch-Shops, nette Bars und Cafés, exotische Restaurants – und natürlich das Blumenbeet vor dem Gärtnerplatz-Theater, das abends zum Laufsteg wird. Alle schimpfen über die Gentrifikation und die brutal angezogenen Meterpreise im ehemals Kleinbürger-, dann Schwulen-, dann Party-Viertel – sind aber trotzdem immer auf Wohnungsjagd in der angesagtesten Nachbarschaft. Kein Wunder, immerhin sind der Reichenbachkiosk am nahen Isarstrand und der kultige Bergwolf die einzigen verlässlichen Kalorienquellen nach Sperrstunde.

Münchens prominentestes Viertel

Rund um **Leopold- und Ludwigstraße** (E/F 1–5) scheint alles herrschaftlicher, weitläufiger, schicker zu sein. Und auch ein bisschen langweiliger. Trotzdem ist Münchens nördliches Zentrum immer noch Heimat der Studenten und der Kunst. **Schwabing** heißt im Volksmund alles, was sich nördlich des Odeonsplatzes am Englischen Garten entlang bis hinter die Münchner Freiheit zieht. Offiziell handelt es sich um **Maxvorstadt** und **Altschwabing.** Typisch München, lässt sich auch Schwabing nicht so leicht in die Schublade stecken. Schickimicki-Schein kann sich eine Straßenecke weiter in Studentencharme wandeln und umgekehrt. Hier trinkt man Aperol Sprizz im Nobelschuppen genauso selbstverständlich wie das Herrengedeck in der dunklen Kaschemme. Die entspannte Stimmung, die aus dem Englischen Garten schwappt, kann nur ein gewonnenes Bayernspiel aus der Ruhe bringen. Dann rollen aufgemotzte BMWs und tiefergelegte Golf Cabrios hupend über die Leopoldstraße.

Am Rande des Zentrums

Die andere, östliche Isarseite war lange Zeit verpönt als Arbeiter- und Kleine-Leute-Gegend. Ja, als Glasscherbenviertel. Während **Haidhausen** (🗺 F–H 6–8) sich zwar seinen dörflichen Charme bewahrt hat, und auch den alternativen Spirit der Achtziger, braucht man heute doch etwas Geld, um sich hier niederzulassen. Ähnlich sieht es in der **Au** (🗺 D–F 8/9) aus: Die Hochwassergefahr ist im Griff, die Isar wunderschön renaturiert, wer wollte nicht hier leben, so nah am Zentrum und doch so idyllisch? **Giesing** (🗺 Karte 5) kann nicht viel gegen sein raues Äußeres unternehmen, aber gerade die günstigeren Mieten und das weniger Gelackte zieht die Jungen an.

Und auch die Viertel im Süden und Westen Münchens blinken plötzlich vielversprechend auf dem Stadtplan, nachdem sie vor ein paar Jahren von Münchnern wie Touristen noch mit dem Hintern angeschaut wurden. **Sendling** (🗺 A/B 9/10) punktet mit Schlachthof-Charme und Graffito auf Backsteinfassaden, sowie dem heimeligen Mix aus bayerischer Bodenständigkeit und längst integriertem Orient. Die **Schwanthalerhöhe** (🗺 A 6), Münchens einziges echtes Multikulti-Viertel, dagegen schafft es, die Balance zwischen alter Identität und kreativer Aufbruchstimmung zu halten. Hier kann man noch Geheimtipps entdecken, bevor sie in der Stadtzeitung stehen.

Das eigentlich recht nahe **Neuhausen** (🗺 Karte 5) ist für Innenstädter immer noch irgendwie obskure Vorstadt. In den letzten Jahren aber färbt der Glanz von Nymphenburgs bonzigen Villen immer mehr ab aufs Nachbarviertel. Lebte man hier einst recht günstig in Genossenschaftswohnungen, steigt die Infrastruktur an netten Läden parallel zu den Mietpreisen. Wer in **Nymphenburg** (🗺 Karte 3) und dem benachbarten Stadtteil **Gern** (🗺 Karte 5) Villen gucken war, findet das Interieur für die eigene Bude danach in Neuhausens Schöner-Wohnen-Boutiquen.

Augenblicke

Perfekte Welle

Wenn Newcomer an die Eisbachwelle kommen, müssen sie sich ganz schön was gefallen lassen – einmal von der Welle selbst, die auch erfahrene Surfer bei den ersten Versuchen abwirft. Zweitens vom Eisbach: Nicht nur ist das Wasser frostig, auch die Strömung ist tückisch. Kein Wunder, dass sich die Surfer von einem Monster erzählen, das unter der Welle haust. Wer nicht surft, lässt sich treiben: Damit erklären sich die Pfützen in der Tramlinie 16 – besonders Gewitzte nehmen in der Badehose die zwei Stationen vom Ausstieg an der Tivolistraße zurück zum Startpunkt an der Welle.

Sommernachtstraum

Wenn jedes Eckchen Gras besetzt ist zwischen den Blumenbeeten vor dem Gärtnerplatz-Theater, wirkt es beinahe wie ein Sit-In. Aber wer sich dazugesellt, merkt bald: Das einzige, wofür hier demonstriert wird, ist ein endloser Sommer. Der Platz bildet das Herzstück von Münchens beliebtestem Ausgehviertel. Aber oft bleibt man einfach hocken bis spät in die Nacht: Schließlich gibt's sogar Bier im Beet. Dass die Verkäufer einem das halbvolle Leergut gern voreilig aus der Hand reißen, gehört zum Charme der Gärtnerplatz-Nächte wie die schaulaufenden Hipster.

Nostalgie-Rausch

Während die einen sich auf das größte Gelage der Welt freuen, machen die anderen einen großen Bogen um die Theresienwiese. Bierleichen in der U-Bahn, seltsame Musik, Menschenmassen – das erträgt man nüchtern kaum. Dabei vergisst man manchmal den Charme des ehemaligen Volksfests: Uralte Schausteller-Betriebe, die sich zwischen nervös blinkenden Fahrgeschäften und mächtigen Bierzelten verstecken. Schlichte Wurfbuden, aber eben auch der Kettenflieger, der sich seit 1919 nicht verändert hat, oder das Toboggan: eine Holzrutsche, über die man auf Sackleinen rutscht.

Ihr München-Kompass

WOMIT FANGE ICH AN?

#1
Unten Kaufrausch, oben die Spieluhr – **am Marienplatz**

Marktplatz der Eitelkeiten

#2
Sagenhaft – **im Schatten der Frauenkirche**

Auf Teufels SPUREN oder die Suche nach dem Wolpertinger

#3
Sinn und Sinnlichkeit – **vom Viktualienmarkt zum Jakobsplatz**

»Mei, is des guàd!«

#15
Avantgardistischer Alpenersatz – **der Olympiapark**

GROSSE IDEEN AUS DEN SECHZIGERN

#14
Spazieren und Flanieren – **Schloss Nymphenburg**

Slowdown auf Königinnenart

#13
Der vergessene Stadtteil – **Schwanthalerhöhe**

VIERTEL MIT SEELE

#12
Acht Kilometer Stadtstrand – **die Isar**

Wo sich München RENATURIERT und REGENERIERT

4
Rom? Florenz? Monaco! – **rund um den Odeonsplatz**
5
Kulturschock – **im Kunstareal**
ITALIENISCHER ALS DIE ITALIENER
GEBALLTE KUNST
6
Kontrastprogramm – **in Schwabing**
Was ist von Münchens PROMINENTESTEM VIERTEL zu halten?
4
5
6
7
8
9
10
11
7
Münchner Freiheit – **der Englische Garten**
SLACKLINES UND PICKNICKS
Hier wird das Leben gefeiert
8
Himmel für Hipster – **Glockenbach und Gärtnerplatz**
EINMAL INS SCHWITZEN KOMMEN?
9
Inselhopping – **rund ums Deutsche Museum**
URBANE NISCHENSUCHER HIER LANG
Puppenstube? Von wegen!
11
Szenenwechsel im Süden – **Giesing und Schlachthof**
10
Auf der anderen (Isar-)Seite – **Haidhausen und Au**

Unten Kaufrausch, oben die Spieluhr – **am Marienplatz**

Bereits zu Zeiten Heinrich des Löwen war der Marienplatz Schnittpunkt einer Weinhandelsstraße und der Salzstraße, die durchs Isartor in die Stadt führte. Ein klassischer Marktplatz ist er zwar längst nicht mehr, aber immer noch bildet er das Herzstück der Altstadt. Und: Wer für oder gegen etwas ist, tut das hier kund – mal mit mehr, mal mit weniger Gefolge.

Gar nicht so alt, wie es aussieht – das Neue Rathaus am Marienplatz wurde erst 1909 fertiggestellt.

Mindestens zwei der Punkte, die das Zentrum einer Stadt definieren, treffen eindeutig auf den Marienplatz zu: Einerseits ballen sich rund ums **Neue Rathaus** 1 alle bekannten Mode-Ketten und Luxuskaufhäuser. Und zum Zweiten verknotet sich hier unterirdisch das Netz von U-Bahn und S-Bahn. Hat man sich aus den Untergeschossen ans Tageslicht gearbeitet, findet man sich in einer Hektik wieder, die man von München sonst nicht kennt. Als ob das Leben dran hinge, in kürzester Zeit möglichst viel Geld auszugeben.

Vielleicht hat es deswegen etwas so angenehm Rückwärtsgewandtes, wenn um elf und zwölf Uhr, im Sommer auch um 17 Uhr das Glockenspiel erklingt, die Menschen in der Bewegung einfrieren und die Köpfe sich nach oben wenden. Alle Köpfe? Nein, das echte Münchner Kindl nutzt die folgenden zwölf Minuten, um sich den Weg durch die erstarrte Masse zu bahnen. Währenddessen folgen die Augen der weniger Abgebrühten dem mittelalterlichen Schauspiel im offenen Erker des Neuen Rathauses:

Der blaue Ritter holt Anlauf, angeheizt durch die Narreteien der Gaukler und die Hörner der Herolde. Hebt die Lanze – und stößt. Der rote Ritter kippt im Sattel nach hinten. Es tanzen die Schäffler, der Hanswurst gibt den Takt, der Hahn kräht dreimal.

Und dann – aber das sieht man von unten nicht – beugt sich ein Mann durch die Luke, etwa 30 Meter über dem Marienplatz, packt den getroffenen Ritter am Rumpf und richtet ihn wieder auf. Im Winter kann er sich das oft sparen, weil er im Sattel festgefroren ist.

Um 21 Uhr setzt sich die Mechanik im Rathausturm erneut in Gang – und ein Nachtwächter mit seinem Hund dreht die letzte Runde des Tages.

Wie zentral der **Alte Peter** für die Identität der Münchner ist, zeigt die **Stadthymne:** »Solang der Alte Peter am Petersbergl steht, solang die grüne Isar, durch d'Münchner Stadt no geht, solang da drunt am Platzl, no steht das Hofbräuhaus, solang stirbt die Gemütlichkeit in München niemals aus.« 1948 machte der Bayerische Rundfunk die Takte der ersten Zeile zum Pausenzeichen. Die letzte Silbe ließ man weg, solange die Peterskirche in Trümmern lag. Erst nach der Rekonstruktion 1951 wurde sie hinzugefügt.

Eine Sache des Blickwinkels

Die luftige Bühne ist dem Herrn der Glocken aka Hausmeister vorbehalten. Dafür kann man die Aussichtsgalerie weiter oben ganz einfach mit dem Lift erreichen – das lohnt sich nicht nur zum Durchschnaufen. Sondern auch, um sich einen Moment vorzustellen, wie unten am Platz einmal Getreide gehandelt wurde, statt mit Plastiktüten geschubst: An die Marktstände erinnern die roten Platten im grauen Pflaster.

Die pompöse **Mariensäule** 2 ist von hier oben lächerlich klein, dabei spielt sie eine wichtige Rolle in der Geschichte der Stadt. Sie wurde von Kurfürst Maximilian zum Dank dafür errichtet, dass München im Dreißigjährigen Krieg verschont blieb. Mit der Säule kam er wesentlich günstiger weg, als mit

#1 Marienplatz

Nicht nur Kinder beobachten gespannt die Vorstellung des größten Glockenspiels Deutschlands. Im Jahr 1909 wurde es erstmals der Münchner Öffentlichkeit präsentiert. Nach gut 100 Jahren musste das Glockenspiel restauriert werden, da ihm Luftverschmutzung und Korrosion über die Jahrzehnte stark zugesetzt hatten. Weil das dazu nötige Geld im Stadtsäckel fehlte, wurde eine Spendenaktion ins Leben gerufen. Den Spenden der Münchner Bürgerschaft von rund 660 000 Euro ist es zu verdanken, dass die Sanierung der Glocken rechtzeitig zum 850. Stadtgeburtstag (am 16. November 2007) abgeschlossen wurde.

einer ganzen Kirche. Sie gilt als Nullpunkt der Kilometerzählung und ist damit geometrischer Stadtmittelpunkt.

Der verzierte Sockel erinnert an alle Übel des Mittelalters: Ketzerei (Schlange), Krieg (Löwe), Hunger (Drache) – und die Pest (Basilisk). Von letzterer war München besonders arg heimgesucht: Deswegen kriecht am südwestlichen Ende des Rathauses ein riesiger Lindwurm die Fassade hoch. Ein solcher soll hier mit seinem Atem die Pest gebracht haben. Auch die tanzenden Schäffler im Glockenspiel erklären sich durch die Epidemie. Als sich niemand mehr auf die Straße traute, begannen die Fassmacher die Städter mit guter Laune nach draußen zu locken.

INFOS/ÖFFNUNGSZEITEN

Rathausturm 1: Marienplatz 8, T 089 233 00, Mo–Sa 10–20, So/Fei 10–18.30 Uhr, 6,50 €

Spielzeugmuseum im Alten Rathaus 5: Marienplatz 15, T 089 29 40 01, tgl. 10–17.30 Uhr, 6 €, Kinder 2 €

Alter Peter 6: Rindermarkt 1, https://alterpeter.de/turmbesteigung-alter-peter, tgl. 9–18.30/19.30 Uhr, 5 €

KULINARISCHES FÜR ZWISCHENDRIN

Café Glockenspiel 1: Marienplatz 28, T 089 26 42 56, www.cafe-glockenspiel.de, Mo–Sa 9–23, So 10–18.30 Uhr, €

Hofbräuhaus 2: Platzl 9, T 089 290 13 61 00, www.hofbraeuhaus.de, tgl. 11–24 Uhr, €

Wer nur schnell was auf die Hand möchte: Münchens Traditionsbäcker **Rischart 3** bietet von der Butterbrezn über den Zwetschgendatschi bis zur Leberkäs-Semmel typische Schmankerln zum Mitnehmen (Marienplatz 18, Mo–Sa 8–20, So 8–18 Uhr, €)

Cityplan: Karte 2, D/E 6 | **S-/U-Bahn** Marienplatz, **Tram** 17, 19, 38, N19

Der **Fischbrunnen** 3 daneben ist die älteste Wasserstelle der Stadt – ihm werden spirituelle Kräfte nachgesagt: Wer am Aschermittwoch den leeren Geldbeutel darin wäscht, wird das ganze Jahr über keine finanziellen Sorgen haben.

Wer sich die Rathausfassade samt Ritterturnier in Ruhe angucken will, setzt sich am Besten ins **Café Glockenspiel** 1 im fünften Stock des Gebäudes gegenüber. Das Neue Rathaus wirkt mit seiner neugotischen Prunkfassade zwar wie das älteste Gebäude am Platz, wurde aber erst zwischen 1867 und 1909 erbaut. Die 400 Jahre zuvor wurde München vom **Alten Rathaus** 4 aus regiert, das an der Ostseite des Marienplatzes sitzt. In dessen Turm befindet sich heute das **Spielzeugmuseum** 5 – ein Zuckerstückchen für Nostalgiker mit alten Modelleisenbahnen, Plüschtieren, Puppenstuben und Blechautos.

Die beste Aussicht aber bietet der **Alte Peter** 6. So nennen die Münchner den Kirchturm im Süden des Platzes. Bis ins 12. Jh. geht die Geschichte der Kirche zurück. Seitdem hat sie allerdings zahlreiche Stilveränderungen mitmachen müssen und wurde im Zweiten Weltkrieg bis auf einen Turmstumpf zerstört. Dass die Uhr acht Zifferblätter hat, erklärt sich nach Lokalhumorist Karl Valentin von selbst: Sonst könnten ja nicht acht Leute gleichzeitig gucken. Wer schwindelfrei ist und sich 306 Stufen antut, hat einen unvergleichlichen 360-Grad-Blick: Von den nahen Türmen der Frauenkirche bis zu den fernen Alpen – falls der Föhn sie mal wieder unwirklich herangezoomt hat.

Nachdem man dem Himmel gerade so nah war, hält man vielleicht ein bisschen barockes ›Mememto Mori‹ aus. In der Kirche St. Peter sind die Reliquien der heiligen Munditia gewöhnungsbedürftig offen ausgestellt. Ihr Skelett liegt mit Gold und Juwelen überhäuft in einem gläsernen Sarg. Ein Geschenk aus Rom. Wer eine Kerze lockermachen will: Sie gilt als Patronin der alleinlebenden Frauen.

UM DIE ECKE

Wer es partout sehen will: Das **Hofbräuhaus** 2 am Platz gilt als DIE München-Attraktion. Hier stand einmal die königliche Brauerei. Heute ist es die Gaststätte mit der höchsten Touri-Dichte der Stadt. Überhaupt lässt sich der Platz gut ignorieren: Wer will schon ins Hard Rock Café Munich?

Das Klischee vom ständigen Biergartenwetter mit weiß-blauem Himmel hat tatsächlich seine Berechtigung: Die Zahl der Sonnenstunden ist in München höher als anderswo im Land. Dafür ist auch der berühmte **Föhn** mitverantwortlich. Das ist diese seltsame Höhen-Wetterlage, die die Alpen am Horizont greifbar scharf wirken lässt. Und die Euphorie bis Kopfschmerzen hervorrufen kann. Die Idee, die U-Bahn bis zum Gardasee zu verlängern, ist sicher auch an einem Föhntag entstanden.

Sagenhaft – **im Schatten der Frauenkirche**

Zwischen Marienplatz und Stachus kann man sich weiterhin prächtig anrempeln lassen (17 000 Passanten pro Stunde) und Geld ausgeben – nicht umsonst heißt die Fußgängerzone hier Kaufingerstraße. Doch bewegt man sich zu nah an den Fassaden der Geschäfte, verpasst man ihn fast: Den roten Backsteinbau der Frauenkirche.

Turm ist nicht gleich Turm: Mit 98,57 Metern ist der Nordturm der Frauenkirche zwölf Zentimeter höher.

Eigentlich auf Fernwirkung konstruiert, klemmt er heute so eng zwischen den Gebäuden, dass man schon ein paar Meter Abstand braucht, um seine Türme zu entdecken.

Offiziell heißt die **Frauenkirche** 1 »Dom zu Unserer Lieben Frau«, aber die Münchner haben gerne eigene Namen für ihre Sehenswürdigkeiten. Der Stachus heißt schließlich auch offiziell **Karlsplatz** 2. Man erinnert sich hier aber offensichtlich lieber an die Wirtschaft von Eustachius Föderl als an den volksfernen Kurfürsten …

Zwischen Grundsteinlegung 1468 und Weihe lagen nur 20 Jahre, Rekordzeit für einen Dom. Das Kirchenschiff ist immerhin 109 Meter lang, 40 Meter breit und 37 Meter hoch und bietet 20 000 Menschen Platz – zu Baubeginn hatte München gerade einmal 13 000 Einwohner. Die berühmten ›Welschen Hauben‹ wurden erst 1525 aufgesetzt, weil noch einige Jahre zuvor Kanonen auf den Türmen standen. Die Form der Hauben geht wahrscheinlich auf den Felsendom in Jerusalem zurück, den man lange für den antiken Tempel Salomos hielt. Damals waren gerade die ersten Holzschnitte von Jerusalem bekannt geworden. Vielleicht stellten sie aber einfach nur eine kostengünstige provisorische Abdeckung dar.

Hier geht's mit dem Teufel zu

Befinden Sie sich gerade am Eingang zum Dom und spüren Sie einen seltsamen Windhauch? Eine ordentliche Brise gar? Da ist der Teufel dran schuld! Beziehungsweise der Zeitdruck.

Der Baumeister Jörg von Halspach, auch Ganghofer genannt, hatte angeblich den Sparifankerl ins Team geholt, um die Frauenkirche zügig fertigzustellen. Lohn sollte die Seele der ersten Person sein, die durchs Kirchenportal tritt. Als der Teufel eines Tages anrauschte, um seinen Preis zu fordern, wies Ganghofer ihn mit der Begründung ab, er sei ein schlechter Mitarbeiter gewesen: Denn wo seien die Fenster?

Der Teufel blickte sich um, sah nur Wand, stampfte vor lauter Wut auf und verwandelte sich in einen stürmischen Wind, der bis heute um die Kirche braust. Der handfeste ›Beweis‹ ist ein schwarzer Fußabdruck mit einem Sporn an der Ferse. Von diesem Standpunkt aus verdeckten ihm Säulen den Blick auf die Fenster.

Man kann sich vorstellen, dass die Münchner damals dachten, es muss beim Bau mit dem Teufel zugegangen sein. Außerdem ist die Sage ein Verweis auf die geschickte Architektur: Trotz seiner Größe wirkt der Innenraum nämlich keineswegs erdrückend. Er ist durch zweireihig ange-

► INFOS

Wer wissen möchte, wo sich der bayerische Märchenkönig, ›Kini‹ Ludwig der II., zu seinen Bauphantasien inspirieren ließ, ist mit dem Zug schnell in den zauberhaften Landschaften rund um den Starnberger See. Ein Wanderweg folgt seinen Spuren: https://www.bergwelten.com/lp/koenig-ludwig-weg-auf-den-spuren-des-maerchenkoenigs

1. FOTO

Die Frauenkirche war das **erste deutsche Fotomotiv.** Monate bevor die französische ›Daguerreotypie‹ 1839 in Paris dem Fachpublikum vorgestellt wurde, schossen zwei Münchner Wissenschaftler das erste deutsche Foto. Gerade einmal vier Zentimeter misst das heute noch erhaltene Negativ des Fotos, das im Deutschen Museum zu bestaunen ist.

Auch wenn der Teufel sie nicht sah – selbstverständlich gibt es Fenster in der Münchner Frauenkirche. Noch dazu sehr schöne!

ordnete Pfeiler gegliedert, die vom Hauptportal aus wie lichte Wände erscheinen.

Ein weiterer Auswuchs der Münchner Lust am Fabulieren findet sich ums Eck, im **Jagd- und Fischereimuseum** 3. Klingt erst mal nicht nach

INFOS/ÖFFNUNGSZEITEN

Frauenkirche 1: Frauenplatz 12, www.muenchner-dom.de, tgl. 8–20 Uhr
Jagd- und Fischereimuseum 3: Neuhauser Str. 2, www.jagd-fischerei-museum.de, Do–So 9.30–17 Uhr, 7, erm. 5 €
Michaelskirche 5: Neuhauser Str. 6, Mo 8–20.15, Mo–Sa 7.30–19, So 7.30–20 Uhr

Falk's Bar 1: Promenadeplatz 2–6, T 089 212 09 56, Mo–Mi 16–24, Do–Sa 16–1 Uhr

KULINARISCHES FÜR ZWISCHENDRIN

Im **Kismet** 1 gibt's oben eine Bar mit guten DJs – und unten werden vegetarische orientalische Gerichte serviert (Löwengrube 10, www.kismet.cc, Di–Sa 18–24, Bar Do–Sa 20–2 Uhr, €).

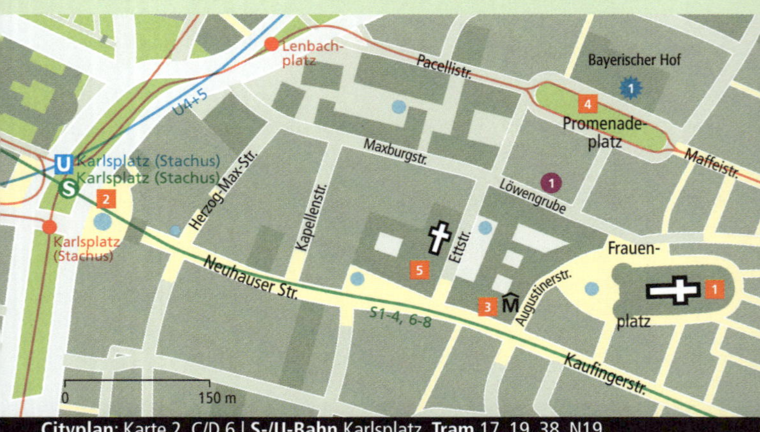

Cityplan: Karte 2, C/D 6 | **S-/U-Bahn** Karlsplatz, **Tram** 17, 19, 38, N19

einer Adresse für den Citytrip, schon gar nicht für Tierfreunde, aber unter tausend Präparaten befinden sich auch mehrere Exemplare einer exklusiv bajuwarischen Spezies: Der Wolpertinger, auch als Hirschbockbirkfuchsauergams bekannt. Allgemein sehr scheu, Zugereisten gegenüber jedoch manchmal angriffslustig. Aber keine Sorge, sein natürlicher Lebensraum sind der Bayerische Wald und die Alpen. In München gibt es ihn nur ausgestopft: So kann man sich in Ruhe die wilden Kreuzungen aus bis zu acht heimischen Tieren angucken.

Der Kini und der King of Pop

Noch nicht schräg genug? Auch am Promenadenplatz vor dem Bayerischen Hof wird einer sagenhaften Gestalt gehuldigt. Das berühmte Grandhotel hat schon Sissi und Sigmund Freud beherbergt, aber auch der ›King of Pop‹ stieg hier regelmäßig ab. Noch am Todestag von Michael Jackson 2009 haben Fans hier eine **Gedenkstätte** 4 errichtet bzw. einfach das 150 Jahre alte Standbild des Komponisten Orlando di Lasso mit Fotos, Briefen und Blumen umgewidmet. Immer wieder gibt es Streit unter den Fan-Gruppen. Kürzlich wurde das Denkmal sogar heimlich leergeräumt, allerdings schnell wieder in Besitz genommen.

Ein anderer Märchenkönig gibt sich da wesentlich ruhiger in seiner letzten Ruhe, wenn auch weniger bescheiden, was die Platzwahl angeht. König Ludwig II., Erbauer des Schloss Neuschwanstein und anderer grandioser Verrücktheiten, liegt in der Fürstengruft ein paar Häuser weiter begraben: in **St. Michael** 5. Die Jesuitenkirche besitzt nach dem Petersdom in Rom das zweitgrößte freitragende Tonnengewölbe der Welt und ist die größte Renaissance-Kirche nördlich der Alpen.

UM DIE ECKE

Eine Nacht wird bei den meisten nicht drin sein, aber ein Drink an der **Falk's Bar** 1 im gediegenen Bayerischen Hof ist bereits eine lohnende Investition: Im Spiegelsaal von 1839, dem einzigen Raum des Bayerischen Hofs, der den Zweiten Weltkrieg unversehrt überstand. Ein paar Millionen hat der Umbau 2002 gekostet. Entsprechend dekadent sind Atmosphäre und Publikum.

Wolpertinger jagen: Die niedlichen Tierchen sind als Trophäe so beliebt, weil ihre Spucke den Schnauzerwuchs anregt und das Geweih ein Garant für Glück in der Liebe ist. Allerdings ist das Unterfangen nicht leicht: Die Jagd muss bei Vollmond stattfinden. Genau 15 Tage vor starken Gewittern zeigen sie sich besonders häufig. Allerdings nur jungen, gut aussehenden Frauen. Diese müssen sich dabei der Begleitung eines zünftigen Mannsbilds anvertrauen, das die richtigen Stellen kennt. Fangen kann man das Tierchen entweder, indem man ihm Salz auf den Schwanz streut, oder eine Kerze vor einen Sack stellt. Die interessanteste Methode: Da der Wolpertinger rechts und links unterschiedlich lange Beine hat, kann er nur auf Hügelflanken und in festgelegter Richtung laufen. Wenn es gelingt, ihn so zu erschrecken, dass er eine Kehrtwende macht, fällt er zwangsläufig um.

Sinn und Sinnlichkeit – **vom Viktualienmarkt zum Jakobsplatz**

Dass das edle Altstadt-Pflaster südlich vom Alten Peter von Markständen ›verschwendet‹ wird, spricht für die Genusssucht der Münchner. Allerdings handelt es sich beileibe nicht um einen günstigen Bauernmarkt. Im Gegenteil, nirgendwo stopft man den eigenen Ranzen oder das Gemüsenetz exquisiter.

An den 130 Ständen des Viktualienmarkts türmen sich erlesene Leckereien.

Als König Max I. Joseph den Markt vom Marienplatz hierher verlegen ließ, mussten für die damalige Zeit außergewöhnliche karitative Einrichtungen weichen: zwei Spitäler, ein Frauenheim und ein Waisenhaus – betrieben von Augustinermönchen. Der König reagierte mit dem unschönen Zug auf das heftige Chaos, in dem der benachbarte Marienplatz täglich versank: Bauern aus dem Umland kamen mit Feldfrüchten und allerlei Getier in die Stadt. Auch Exotisches fand seinen Weg über die immer besser ausgebauten Handelsstraßen. Dieses Bauernfest im Zentrum der florierenden Residenzstadt missfiel dem König.

Wie zu erwarten war, ging es auf dem neuen **Viktualienmarkt** 1 jedoch bald genauso zu – die latinisierte Bezeichnung für Lebensmittel *(victus)* galt damals als schick im Bildungsbürgertum.

Vom rustikalen Charme der Prinzregentenzeit ist heute wenig geblieben, und selbst die derben Sprüche der Marktleute klingen eher nach Volkstheater. Trotzdem ist der Viktualienmarkt ein einzigartiges Fleckchen, an dem die Sinne zelebriert werden, als ob es kein Morgen gäbe. Und selbst wer hier nichts kauft, gewinnt doch einen tiefen Einblick in die Vielfalt der Stadt, ob das nun ihre Menschen oder ihre Kartoffelsorten angeht.

Auf 130 Standln türmen sich barock anmutende Stillleben von Bio-Gemüse, exotischem Obst, Käse, Meeresfrüchten, Backwaren, Pralinen und Blumen. Von Aal bis Falafel, von Grüntee bis Schweinebratensemmel, vom Schnaps bis zur Schmalznudel im **Café Frischhut** 1, wo sich Nachtschichtler oder Feierwütige, die früh morgens aus dem Club stolpern, eine süße Anti-Kater-Grundlage holen.

Außerdem stromern Sterneköche, Hausfrauen, Halb-, Voll- und Schon-lang-nicht-mehr-Promis herum. Und im Biergarten um den 37 Meter hohen Maibaum wird im Wechsel das Bier von den sechs Stammbrauereien ausgeschenkt.

Dass es hier lustig zugehen darf, beteuern auch die Statuen an den sechs Brunnen, die Volkssänger und Komiker wie Karl Valentin ehren. Besonders am Faschingsdienstag, wenn die Marktweiber tanzen. Einzige Reminiszenz an den karitativen Charakter, den die Mönche dem Platz einst gaben, ist heute das Promi-Wiegen. Seit 1974 setzen die Händler am ersten Donnerstag nach dem Oktoberfest einen Münchner Prominenten auf die Waagschale und legen sein Gewicht in Lebensmitteln zusammen. Der Erlös wird gespendet.

Ein Original war die Bäckerliesl im Süden des Viktualienmarktes. Als älteste Standlfrau hat Elisabeth Forstner 2020 ihren 95. Geburtstag gefeiert, seit 1950 betrieb sie einen Backwarenverkauf. Leider ist sie nun gestorben, aber ihre Großnichte übernimmt. Geheimtipp: Bauernkruste.

Die **Brunnen** auf dem Viktualienmarkt erinnern daran, welch markante Rolle das Wasser hier einmal gespielt hat. Früher flossen sieben Rinnsale in ungeordnetem Muster über den Markt. Ja, in ganz München verzweigten sich einmal etwa neunzig Seitenarme des Isarkanals. An einem der Bäche auf dem heutigen Viktualienmarkt befand sich bis 1810 die Bäckerschnelle, in der zum Hohn untergetaucht wurde, wer beim Brot am Korn gespart hatte.

Am 9. November 2006 wurde die neue Münchner Hauptsynagoge Ohel Jakob (hebräisch: Zelt Jakobs) feierlich eröffnet. Nachdem die Torarollen aus der alten Synagoge in der Reichenbachstraße in einem feierlichen Umzug in das Jüdische Zentrum Jakobsplatz getragen worden waren, übergab Oberbürgermeister Christian Ude Frau Charlotte Knobloch als Präsidentin der Israelitischen Kultusgemeinde München die Schlüssel zur Hauptsynagoge.

Jüdisches Zentrum

Der Jakobsplatz ein paar Schritte westlich vom Viktualienmarkt dagegen hat sich andersherum entwickelt über die Jahrhunderte: vom frivol-derben Zentrum des mittelalterlichen Lebens zum kulturell-spirituellen Herzstück der Jüdischen Gemeinde. Inmitten des Handwerkerviertels gelegen, bestimmten den Platz ursprünglich das Henkershaus und das Bordell. (Wobei der Henker gleichzeitig der offizielle Verwalter des Freudenhauses war.)

Nach den Bombennächten im Zweiten Weltkrieg galt der Jakobsplatz lange Zeit als innerstädtische Brache. Bis vor zehn Jahren. 68 Jahre nach der Reichspogromnacht sollte die heute mit etwa

INFOS/ÖFFNUNGSZEITEN

Jüdisches Museum 2: Sankt-Jakobs-Platz 16, www.juedisches-museum-muenchen.de, Di–So 10–18 Uhr, 3 €
Münchner Stadtmuseum 3: Sankt-Jakobs-Platz 1, www.muenchner-stadtmuseum.de, Di–So 10–18 Uhr, 7 €
Asamkirche 4: Sendlinger Str. 32, Mo–Do/So 8–17.30, Sa 12–17.30 Uhr
Valentin Karlstadt Musäum 5: Tal 50, www.valentin-musaeum.de, Mo/Di u. Do–Sa 11–18, So 10–18 Uhr

KULINARISCHES FÜR ZWISCHENDRIN

Schmalznudel Café Frischhut 1: Prälat-Zistl-Str. 8, Di–Fr 9–18, Sa bis 17.30 Uhr

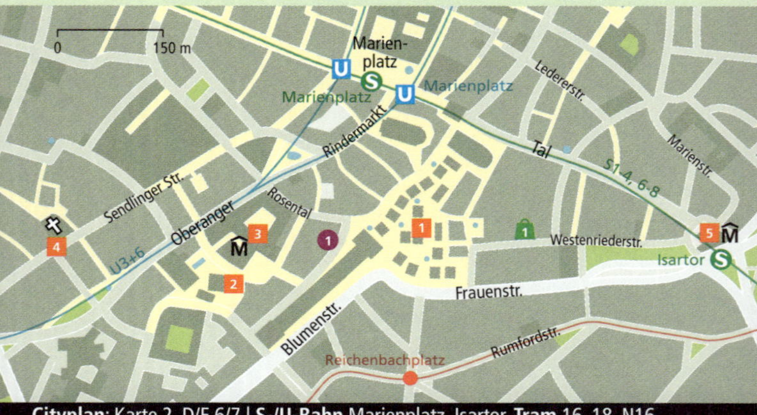

Cityplan: Karte 2, D/E 6/7 | **S-/U-Bahn** Marienplatz, Isartor, **Tram** 16, 18, N16

9500 Mitgliedern zweitgrößte jüdische Gemeinde Deutschlands endlich wieder ein würdiges Domizil bekommen. 57 Millionen Euro ließen sich Staat, Stadt, Gemeinde und Spender das modern und sehr edel gestaltete Ohel Jakob kosten.

Das Zentrum der Israelitischen Kultusgemeinde umfasst neben der Synagoge ein Gemeindehaus und das neue **Jüdische Museum** 2. Eine Dauerausstellung gibt eine Idee vom einstigen jüdischen Leben in München – und natürlich wird an die Opfer des Nationalsozialismus erinnert. Dass der Bau rund um die Uhr von ehemaligen Elitesoldaten der Israelischen Armee bewacht wird, ist leider nicht übertrieben: Zur Grundsteinlegung hatten Neonazis einen Bombenanschlag auf das Gelände geplant, den die Polizei glücklicherweise vereitelte.

Um mehr über die dunkle Vergangenheit Münchens als Gründungsort der NSDAP und »Hauptstadt der Bewegung« zu erfahren, muss man nur einmal über den Platz ins ehemalige Zeughaus laufen. Denn dort befindet sich heute das **Münchner Stadtmuseum** 3. Es zeigt aber auch Vergnüglicheres wie die Ausstellung »Typisch München« zur Kulturgeschichte der Stadt. Außerdem gibt es neben temporären Foto- und Kunstaustellungen eine beeindruckende Puppen- und Musiksammlung, sowie das überregional bekannte Filmmuseum.

Auf engstem Raum zwischen zwei Häuser gebaut wurde die **Asamkirche** 4 in der Sendlinger Straße: Ein Meisterstück späten Barocks, von den Architektenbrüdern Asam eigentlich für ihren Privatgebrauch gestaltet. Weil sie keinem Auftraggeber verpflichtet waren, konnten sie ihrer Phantasie freien Lauf lassen. Einer der Brüder baute sich sogar ein Guckloch vom Nachbarhaus ein. Erst später wurden sie gezwungen ihr Schmuckstück allen Bürgern zu öffnen.

UM DIE ECKE

Ist das Kunst, oder schmeckt das auch? Beides! Wilhelmine Raabe von **Sama Sama** fertigt in ihrem Winzladen Skulptürchen aus Zuckerwerk, die man am liebsten zu Hause in die Vitrine stellen würde (Westenriederstr. 21, https://sama-sama-pralinen.de, Mo–Sa 10–18 Uhr).

Wer vom Viktualienmarkt ins Tal hinunter wandert, trifft auf das Isartor. Auch hier nimmt man alles nicht ganz so ernst: Eine der Uhren hat ein verdrehtes Ziffernblatt und im Turm befindet sich das **Valentin Karlstadt Musäum** 5. Zur Weihnachtszeit wird unter dem Tor die größte Feuerzangenbowle der Welt aufgebaut.

Die Künstlerin Michaela Melián hat 300 Tonspuren zu Orten des Nationalsozialismus gesammelt. Karte und Geschichten können per App (iOS, kostenlos) oder über die Website aufgerufen werden. Der Rundgang wurde mit dem Grimme Award ausgezeichnet (www.memoryloops.net).

Schon seit 1953 steht der Karl Valentin-Brunnen auf dem Münchner Viktualienmarkt. Am stets aufgefrischten Blumenschmuck wird deutlich, dass Karl Valentin einen ganz besonderen Ehrenplatz im Herzen der Münchner innehat.

Rom? Florenz? Monaco! – **rund um den Odeonsplatz**

Die Szene, die sich bei ersten Sonnenstrahlen vor dem Tambosi abspielt, ist genau das, was Berliner unsexy an München finden – und die Bussi-Bussi-Gesellschaft in höchstem Maße lebenswert. Vor Münchens ältestem Kaffeehaus – über 200 Jahre ist es schon alt – schausonnen sich dann Perlohrdamen mit Sonnenbrillen von mailändischen Ausmaßen. Man muss verzeihen, dass sie sich für italienischer als die Italiener halten.

Immerhin blickt man vom **Tambosi** 1 auf den **Odeonsplatz** 1 und damit auf eine Kirche im italienischen Spätbarock und die Feldherrnhalle nach Vorbild einer florentinischen Loggia. Auffällig ist die hellgelbe Außenfassade der **Theatinerkirche** 2, die mit zwei Türmen und einer mächtigen Kuppel schon von Weitem zu sehen ist. Der strahlend wei-

Mehr Italien geht eigentlich nicht: Der Münchner Odeonsplatz mit Feldherrnhalle und Theatinerkirche.

ße Innenraum hält das Versprechen, so reich ist er mit Stuck dekoriert. Der Prunk hatte einen guten Grund: Die Kirche war die Revanche von Prinzessin Henriette Adelheid von Savoyen an ihren Ehemann Ferdinand Maria von Bayern zum Thronfolger Max Emanuel. Er hatte ihr zu diesem Anlass immerhin ein Schlösschen geschenkt: Nymphenburg.

Gegenüber geht es nicht minder pompös zu. Denn hier liegt Deutschlands größtes Innenstadtschloss: die **Residenz** 3. Heute sieht man ihr kaum an, dass nach den Bomben des Zweiten Weltkriegs Regen und Schutt in den Räumen schwammen, in denen einst Kurfürsten und Könige residierten. Die vier berühmten Bronze-Löwen am Eingang lagen damals zum Schutz im Brunnenhof vergraben.

Inoffizieller Treffpunkt der Münchner Tanz-Szene bei schönem Wetter ist der Hofgarten der Residenz. Dort findet sich ein kleines Tempelchen mit dem Namen »Diana-Tempel«, das regelmäßig von Tänzern und Musikern in Beschlag genommen wird: Salsa, Tango und Swing. Diese Treffen werden von der Schlösser- und Seenverwaltung offiziell geduldet.

Durch Zeit und Raum

Längst kann man die Nasen der Glücksbringer (zwei werden gerade restauriert) wieder streicheln und sich danach einen Crashkurs in Kunstgeschichte zu Gemüte führen: Hundert opulente Zimmer, Wohnungen und Ballsäle bilden das »Raumkunstmuseum« der Residenz und führen durch alle wichtigen europäischen Stilepochen: von Gotik zu Renaissance, Barock zu Rokoko und Klassizismus. Aufwändige Dekore, Gemälde und Möbel, Seide an den Wänden und viel Gold geben eine Ahnung davon, wie das Selbstverständnis der bayerischen Herrscher aussah.

Ein besonderes Kleinod ist ein Anbau von 1753: Das **Cuvilliés-Theater** 4. Schon allein, weil dafür tausend Bäume abgeholzt wurden, schuldet man dem schönsten Rokoko-Theater Deutschlands einen Besuch. In den Rängen spiegelt sich die höfische Gesellschaftsordnung des 18. Jh. wider. Die größte Loge bekam natürlich der Kurfürst. Weil der Hofstaat für die Zuschauer viel interessanter war als die Bühne, brannten im Zuschauerraum 1341 Wachskerzen. Eine davon machte damals etwa einen Arbeiter-Wochenlohn aus. Hier werden heute noch Konzerte und kleinere Opern aufgeführt.

Einen Schlosspark gibt's natürlich auch. Der **Hofgarten** 5 ist zwar streng symmetrisch angelegt, ansonsten geht es aber recht locker zu. Hinter dem Tor legt sich die Ruhe wie ein Wattebausch aufs Gemüt, meist hört man nur das lethargische Tocken der Boule-Kugeln.

Siegestor

INFOS/ÖFFNUNGSZEITEN

Theatinerkirche 2: Salvatorplatz 2a, www.theatinerkirche.de, Mo–Do 8–12.30 und 13.30–17, Fr 9–13, Sa 9–13 Uhr

Residenzmuseum 3: Residenzstr. 1, www.residenz-muenchen.de, tgl. Sommer 9–18, Winter 10–17 Uhr, Kombikarte mit Schatzkammer und Cuvilliés-Theater 14 €
Hofgarten 5: Hofgartenstr. 1, durchgehend geöffnet
Bayerisches Nationaltheater 1: Max-Joseph-Platz 2, www.staatsoper.de

KULINARISCHES FÜR ZWISCHENDRIN

Tambosi 1: Odeonsplatz 18, www.tambosi-odeonsplatz.de, So–Do 8–1, Fr/Sa 8–3 Uhr. Das Café wurde umfassend saniert und wird nun vom Münchner Promi-Wirt Ugo Crocamo und seinem Bruder Pino weitergeführt. Wiederauferstanden samt Kunst und Kultur ist das **Café Luitpold** 2, Brienner Str. 11 (Mo 8–20, Di–Sa 8-22, So 9–20 Uhr, www.cafe-luitpold.de). Schon 1988 ein Kaffeehaus von Welt und Treffpunkt der Dichter, Denker und Künstler. Dazu spielten die berühmtesten Tanzorchester Europas auf.

Cityplan: D/E 5/6 | **U-Bahn** Odeonsplatz, **Tram** 17, 19, 38, N19

Hitler nutzte die imposante Architektur der **Feldherrnhalle** 7 für seine Propaganda. 1933 errichtete er dort eine Gedenkstätte. Jeder, der sie passierte, musste der Ehrenwache der SS den Hitlergruß erweisen. Wer dem entgehen wollte, nahm die **Viscardigasse** 8, seitdem auch als ›Drückebergergasse‹ bekannt. An diesen zivilen Widerstand erinnert heute symbolisch ein geschwungener Pfad aus Bronze-Blöcken im Kopfsteinpflaster.

Diese Oase zwischen Fußgängerzone und dem Schwabinger Autogehupe erinnert daran, dass die Stadt hier einmal zu Ende war. Verantwortlich für den Odeonsplatz und die angeschlossene

Mit dem Siegestor endet Ludwigs Prachtstraße.

Prachtstraße Richtung Norden ist Ludwig der Erste. Als Kronprinz wollte er eigentlich nur weg aus München, so sehr langweilte ihn die Stadt. Zur Zerstreuung ließ ihn sein Vater, Max der Erste, die Maxvorstadt gestalten.

König Ludwigs Visionen

Mit der **Ludwigstraße** 6 wollte er endlich eine repräsentative Straße zur Residenz schaffen, im Stil eines römischen Corsos oder einer florentinischen Monumentalstraße. Die Wirkung der Fassaden war ihm dabei weit wichtiger als die Funktion der Gebäude dahinter. Diese Kulissenstadt machte es allerdings schwer Mieter und Bauherren zu finden.

Ausgerechnet sein verhasster Schwager Eugène de Beauharnais war einer der ersten, die Interesse zeigten. Ludwig warnte seinen Achitekten Leo von Klenze. »Ich will und will und will nicht, dass sich der Franzose hier niederlässt und wenn es doch geschieht, so haben Sie es mit mir auf ewig verschüttet.« Als de Beauharnais 1816 trotzdem als erster eine Baustelle bekam für seinen Leuchtenberg-Palast (heute das Finanzministerium) – nach Vorbild des Palazzo Farnese in Rom – überwarf sich Ludwig mit Klenze und ließ den Konkurrenten Friedrich von Gärtner weiterbauen.

Ludwigs Untertanen schüttelten den Kopf über diese Straße, die vom Odeonsplatz aus genau tausend Meter ins Nirgendwo führte. Das ferne Dorf Schwabing im Norden interessierte wenig und Heinrich Heine spöttelte: »München ist ein Dorf, in dem Paläste stehen.« Keiner außer Ludwig konnte sich vorstellen, dass sich die Stadt in absehbarer Zeit um eine solche Strecke ausdehnen würde.

UM DIE ECKE

Nachdem Max der Zweite die **Maximilianstraße** 9 hatte bauen lassen, soll sein Vater geschimpft haben: »Ekelhaft, ekelhaft, ekelhaft!« Ironischerweise gilt die Straße heute als Luxus-Shoppingmeile und ist vor allem bei den Touristinnen aus Saudi-Arabien und Russland beliebt. An ihrem Ursprung befindet sich der Max-Joseph-Platz mit dem **Nationaltheater** 1, Spielort der **Bayerischen Staatsoper.** Die Münchner sind dermaßen selbstbewusste Operngäste, dass sie sich sogar trauen lautstark zu buhen, wenn es nicht gefällt (www.staatsoper.de).

Besonders die Studenten machten sich lustig über Ludwigs Allüren und seine exzentrische Geliebte, die Tänzerin Lola Montez. Stinkewütend ließ der Monarch die Universität schließen. Als Protest heftete ein junger Student eine Schmähschrift an die Pforte der Residenz. Daraufhin setzte der König eine Belohnung aus. Als der Student vorgeführt wurde, begnadigte der Monarch ihn aber nicht nur, sondern ließ ihm auch noch die Belohnung auszahlen. Völlig fertig taumelte der junge Mann ins Freie, stützte sich an einer **Löwenschnauze** ab, in der Hand den Sack mit Geld. Seitdem glauben die Münchner: Wer die Schnauze streichelt, den wird das Leben belohnen.

Kulturschock – im Kunstareal

Die gute Nachricht: Münchens wichtigste Kunstsammlungen befinden sich in Laufweite zueinander, nämlich rund um den Königsplatz. Die schlechte Nachricht: Perfektionisten müssen sich von dem Gedanken verabschieden ›Alles‹ sehen zu wollen.

Zwar lassen sich nirgendwo sonst 5000 Jahre Kulturgeschichte in solch unmittelbarer Nähe erleben. Aber es sind immerhin 18 Museen, 40 Galerien, Auktionshäuser, Buchhandlungen und Hochschulen, die das Kunstareal bilden. Für den architektonischen Zeitraffer muss man nicht mal Eintritt zahlen: Ein kleiner Spaziergang führt vom **Königsplatz** 1 vorbei an klassizistischen Bauten und Fassaden der Neorenaissance zu den modernsten Gebäuden, die München zu bieten hat.

Monumentaler Kinosaal: An warmen Sommerabenden gehört der Königsplatz den Münchner Filmfans.

Das klingt anstrengend, aber weil Kultur und Genuss so gut zusammenpassen, ist der erste Eindruck vor allem in lauen Sommernächten ein extrem entspannter. Im Gras und auf den sonnenwarmen Stufen vor der **Glyptothek** 2 sitzen Cliquen mit

Weinflaschen, wenn der Rest der Stadt schon im Schatten liegt.

Schwer vorzustellen ist es an solchen Abenden, dass der Königsplatz schon ganz andere Zeiten gesehen hat: So sehr er heute für Münchens Hochkultur steht, zeigte sich hier einmal, wie der Stadt jede Kultur verloren gegangen war.

Propagandaplatz

Hitler hatte den Platz früh im Fokus, ihn faszinierte die klassizistische Architektur – nebenan in der **Brienner Straße** 3 befand sich bereits vor der Machtergreifung die Parteizentrale der NSDAP. Im Mai 1933 loderte auf dem Königsplatz ein Scheiterhaufen, Flammen züngelten um die Bücher von Autoren wie Erich Kästner oder Kurt Tucholsky. Später verlegten die Nazis hier Granitplatten für ihre Aufmärsche. In der nahen Arcisstraße wurde 1937 der ›Führerbau‹ eröffnet – heute befindet sich darin die Hochschule für Musik und Theater.

Nach Kriegsende wurde die zerbombte Fläche als Parkplatz genutzt. Erst gegen Ende der Achtziger begann man, den Königsplatz wieder in die Erscheinungsform des 19. Jh. zu bringen.

Schon damals wollte München sich als Kunsthauptstadt profilieren, beziehungsweise König Ludwig sich als Mann von Geschmack. Während die Ludwigstraße Rom und Florenz zum Vorbild hatte, stand ihm hier die Akropolis von Athen Modell. Als der Preußenkönig mit dem heutigen Alten Museum in Berlin einen Geniestreich landete, musste Ludwig nachziehen. 1836 eröffnete er die **Alte Pinakothek** 4 nach Plänen von Leo von Klenze. Damit war ein Wettstreit um den Titel als führende Museumsstadt auf deutschem Boden eingeläutet, der bis heute anhält.

Mit der Zeit gehen

Wer es gut gebaut und klassisch mag, der findet in der Glyptothek alt-griechische und römische Statuen. Passend dazu gibt es gegenüber in der **Staatlichen Antikensammlung** 5 Schmuck und Vasen.

Spannender aber ist das **Lenbachhaus** 6 um die Ecke. Lenbach galt Ende des 19. Jh. als König der Maler und als solcher wollte er sich einen Palast erlauben, der alle anderen aussticht. Lange gehörte der Bau den Meisterwerken der Künstlergruppe »Blauer Reiter«. Seit der Erweiterung mit einem

Am 10. Mai 1933 gingen bei strömendem Regen am Königsplatz kurz vor Mitternacht die Bücher der besten deutschen Dichter und Schriftsteller in Flammen auf. Darunter Werke von Bertolt Brecht, Lion Feuchtwanger, Erich Kästner, Anna Seghers, Kurt Tucholsky. Ausgerechnet **Oskar Maria Graf** aber hatten die Nazis übersehen oder als harmlosen Heimatdichter abgetan. Empört verlangte der aufrechte Linke in einem Aufruf: »Verbrennt mich! (...) Nach meinem ganzen Leben und nach meinem ganzen Schreiben habe ich das Recht, zu verlangen, dass meine Bücher (...) nicht in die blutigen Hände und die verdorbenen Hirne der braunen Mordbande gelangen...« Erst ein Jahr später wurden seine Bücher nachträglich verbrannt und in Deutschland verboten.

► LESESTOFF

Endlich hat sich mal jemand die Mühe gemacht, die geballte Fülle an Kunst und Architektur zwischen Buchdeckel zu packen. Der Titel **Kunstareal München** kommt sogar mit Pausen-Programm. Kaija Voss: Kunstareal München, München Verlag, 19,99 €.

goldenen Kubus ist Platz für mehr: bekannte Lichtkünstler, Installationen von Joseph Beuys und andere herausragende Kunst des 20. Jh.

Übereifrige könnten jetzt in der **Sammlung Ägyptischer Kunst** 7 nebenan in eine Welt zwischen Tempeln und Königsgräbern abtauchen. Aber wir springen schon zwischen den Epochen wie ein Flipperball, da müssen es nicht noch Kontinente sein:

An der Technischen Universität vorbei geht es zu Rembrandt und Co. hinter den dicken Mauern der Alten Pinakothek. Mit mehr als 700 Werken aus der europäischen Malerei des 14. bis 19. Jh., gehört sie zu den bedeutendsten Gemäldegalerien weltweit. In der Südfassade sind die Wunden des Krieges noch deutlich erkennbar.

Wie der Name vermuten lässt, geht es in der **Neuen Pinakothek** 8 gegenüber weiter mit Gemälden und Skulpturen aus der Zeit der Aufklärung bis zum Anbruch der Moderne. Cézanne, Goya, Gauguin, van Gogh, Rodin... Ihnen ist ein wenig schwindlig? Das könnte am Input liegen, oder an der smarten Innengestaltung: Der Besucher folgt einer natürlichen Spiralbewegung durch die Epochen. Wenn man wieder ausgespuckt wird, ist man eine Acht auf unterschiedlichen Niveaus quer durchs Gebäude gelaufen.

Einen weiteren Zeitsprung, aber auch architektonisch eine Erfrischung bietet schließlich die **Pinakothek der Moderne** 9. Sie vereint gleich vier Museen unter einem Dach. Graphik, Architektur, Moderne Kunst und – besonders sehenswert für Menschen, die gern in der Ästhetik des Alltags schwelgen: das internationale Design-Museum mit Turnschuhen, Schmuck, Stühlen, Karosserien und anderen zeitlosen Schönheiten. Untergebracht ist das Ganze in einem hochmodernen Komplex, dessen Herzstück die Rotunde mit ihrer imposanten Lichtkuppel bildet.

Apropos. Normalerweise besucht man ein Museum ja vor allem wegen seiner Innereien. Im Falle des **Museum Brandhorst** 10 nicht unbedingt. Der Bau sticht mit seiner faszinierenden Fassade selbst Banausen sofort ins Auge. Aus 36 000 Keramikstäben in 23 Farben setzt sich die Verschalung zusammen und wirkt dabei selbst wie ein abstraktes Gemälde. Wobei sich der Farbton mit jedem Schritt zu ändern scheint und sich schließlich in seine Komponenten auflöst. Je nach Blickwinkel

Die Pinakothek der Moderne vereint vier eigenständige Museen unter ihrem Dach und ist eines der weltweit größten Museen für die bildenden Künste des 20. und 21. Jh.

Wie alle staatlichen Museen verlangt auch die **Pinakothek der Moderne** an Sonntagen einen ermäßigten Eintrittspreis von nur **1 €.** Am Sonntag kann es deshalb vor allem am Nachmittag sehr voll werden, wogegen man an Werktagen die Räume beinahe ganz für sich hat.

INFOS/ÖFFNUNGSZEITEN

Glyptothek 2: Königsplatz 3, www.antike-am-koenigsplatz.mwn.de, Di–Mi u. Fr–So 10–17, Do 10–20 Uhr
Alte Pinakothek 4: Barer Str. 27, www.pinakothek.de, Do–So 10–18, Di/Mi 10–20.30 Uhr
Staatliche Antikensammlung 5: Königsplatz 1, www.antike-am-koenigsplatz.mwn.de, Di u. Do–So 10–17, Mi 10–20 Uhr
Lenbachhaus 6: Luisenstr. 33, Di–So 10–18, Do 10–20 Uhr
Ägyptisches Museum 7: Gabelsbergerstr. 35, Di 10–20, Mi–So 10–18 Uhr
Neue Pinakothek 8: Barer Str. 29, die Galerie wird saniert. Eine Auswahl ist derweil in der Alten Pinakothek sowie in der Sammlung Schack zu sehen.
Pinakothek der Moderne 9: Barer Str. 40, Di–So 10–18, Do 10–20 Uhr
Museum Brandhorst 10: Theresienstr. 35a, www.museum-brandhorst.de, Di–So 10–18, Do 10–20 Uhr

KULINARISCHES FÜR ZWISCHENDRIN

Café Klenze 1: Barer Str. 27, www.victorianhouse.de/cafe-klenze, Do–Sa 11–17, So 10–17 Uhr
Die Waldmeister München 3: Barer Str. 74, Mo–Fr 8–20, Sa 9–16 Uhr, €

Cityplan: C/D 3–5 | **U-Bahn** Königsplatz, Theresienstraße, **Tram** 27, 28, N27

wirkt der Kastenbau dadurch mal massiv, mal beinahe fragil. Drinnen geht's abwechslungsreich weiter mit Andy Warhol, Damien Hirst, Pablo Picasso oder Cy Twombly.

Nicht nur die Augen schmausen im Kunstareal. Das schicke **Café Klenze** 1 in der Alten Pinakothek bietet sich für eine Teepause an – mit 80 Sorten und englischem Gebäck wie Scones. Bei **Die Waldmeister München** 3 dagegen kommen in rustikalem Ambiente alle auf ihre Kosten: die einen bei der Weißwurst, die anderen mit veganem Matcha-Teekuchen.

Durch die spezielle Konstruktion der Außenfassade gelangt ein Maximum an Tageslicht ins Innere des Museums Brandhorst.

UM DIE ECKE

Das angeblich beste Eis der Stadt gibt es in der **Eisdiele Ballabeni** 2 (www.ballabeni.de) an der Ecke Türkenstraße/ Theresienstraße.
Um die Erinnerung wachzuhalten, wurde 2015 am Königsplatz das **NS-Dokumentationszentrum** 11 eröffnet – ein Lernort zur NS-Geschichte und ihren Nachwirkungen in München (www.ns-dokuzentrum-muenchen.de).

Kontrastprogramm – **in Schwabing**

Schwabing, das klingt heute wie ein Mythos, wie ein unerhörtes Gerücht, das über die breite Leopoldstraße wabert. Was Schwabing nicht schon alles versprochen hat! Königlichen Größenwahn, Freigeist, Kultur, Widerstand, Revolte, Disko – Schickimicki. Kein Wunder, dass heute viele nicht wissen, was von Münchens prominentestem Viertel zu halten ist.

War es einmal, oder ist es gerade wieder ein Künstlerquartier – oder gar Szene-Kiez? Aber was machen dann die Jura-Mädchen mit den rosa Blüschen hier – oder die Porsche-Fahrer? Trotz alledem, Schwabing bleibt das Epizentrum der Studenten, an Kneipen und Cafés mangelt es nicht, und an vielen Ecken begegnet einem die unkonventionelle Aura vergangener Zeiten noch.

Der Elisabethmarkt ist sozusagen die kleine, familiäre Schwester des touristischen ›Aushängeschilds‹ Viktualienmarkt.

Um zu verstehen, was den Stadtteil einmal ausgemacht hat, muss man bis zum Ende des 19. Jh. zurückspulen, als die **Akademie der Bildenden Künste** 1 in die Maxvorstadt zog. So heißt das Viertel eigentlich – der Volksmund legte es irgendwann mit dem nördlich gelegenen Dorf zusammen. Den Studenten folgten bald die Dichter, Philosophen, Bohemians, Huren, Künstler, Gangster und jede Menge Spinner.

Der liberalste Ort Deutschlands

Einer der Hotspots war der **Alte Simpl** ❶ in der Türkenstraße. Heute eine brave Kneipe, führten hier damals Kabarettisten wie Valentin und Ringelnatz ihre Mätzchen auf, trafen sich die Autoren der Zeitschrift Simplicissmus, um mit beißendem Witz das Establishment zu kritisieren, stellten Wortkünstler neue Texte vor.

Auch die Kulturzeitschrift Jugend hatte ihren Ursprung in Schwabing und gab der deutschen Variante des Art Nouveau, dem Jugendstil, seinen Namen. Dessen üppig dekorierte Paläste tupfen immer noch die Leopoldstraße, sind aber auch in ihren Seitenstraßen zu finden: In der Georgenstraße 10 steht beispielsweise das **Bissing-Palais** 2.

Mit den beiden Zeitschriften galt München als der liberalste Ort Deutschlands. Vor allem im Vergleich zum damals ultrakonservativen Berlin. Ja, richtig gehört! In Schwabing, dem Montmartre Münchens, erfand Kandinsky die abstrakte Kunst, schockte Franz Marc mit blauen Pferden, schrieb Thomas Mann seine Novellen. »Eine geistige Insel in der großen Welt«, nannte Kandinsky das Viertel.

Nationalsozialismus und Widerstand

Mit dem Ersten Weltkrieg fand die Schwabinger Bohème jedoch ein abruptes Ende. Bayern versank in übersteigertem Nationalismus und schließlich ernannte ein Amateurmaler München zur »Stadt der Deutschen Kunst«. Einige Akademieprofessoren unterstützten seine alles andere als inspirierte Sichtweise, nicht zuletzt mit der diffamierenden NS-Ausstellung »Entartete Kunst«.

Immerhin ein paar Studenten wollten sich die Zensur von Kunst und Gedanken nicht gefallen lassen. Vor dem Hauptgebäude der Ludwig-Maximilian-Universität, am **Geschwis-**

Eine der ersten »Skandalnudeln« Schwabings war **Lola Montez,** die Geliebte von König Ludwig. Auch ihre Tanzkünste überzeugten das Publikum nicht. Von Känguru-artigen Sprüngen und Striptease-Einlagen wird berichtet und Architekt Klenze mokierte sich boshaft über den Zigarettengenuss der Montez. Wahrscheinlich überforderte vor allem ihr selbstbestimmtes Auftreten die damalige Männerwelt. Ihr Palais an der Barer Straße 19 wurde schließlich vom wütenden Mob gestürmt. (Ihr letzter Zigarettenstummel wird im Stadtmuseum ausgestellt.)

Elizabeth Rosanna Gilbert, bekannt als Lola Montez, wurde 1821 als Tochter eines schottischen Offiziers und einer irischen Landadeligen geboren.

Ja, in Schwabing gibt's nicht nur eine Kneip'n …

ter-Scholl-Platz 3 erinnern bronzene Flugblätter im Pflaster an den Widerstand der Studentengruppe Weiße Rose.

Ganz allein waren sie nicht, zuvor hatte der Schwabinger Kunstschreiner Georg Elser versucht, dem Nationalsozialismus ein Ende zu setzen: Er lebte in der Türkenstraße, als er versuchte Hitler im Haidhausener Bürgerbräukeller auszubomben. Die Münchner Freiheit in Altschwabing wiederum ist nach einer Widerstandsgruppe benannt, die in den letzten Kriegstagen dazu aufrief, endlich Schluss zu machen mit dem Blutvergießen.

Während des Wiederaufbaus waren sogar die Schwabinger zu erschöpft, um sich zu echauffieren. Bei der europaweiten Jugendrevolte in den Sechzigern jedoch, die sich gegen all das wirtschaftswunderliche Geprotze richtete, waren Schwabings Studenten ganz früh mit dabei.

Auch kulturell zeigte sich wieder Lust an der Gesellschaftskritik. Die »Münchner Lach- und Schießgesellschaft« gehörte zu den berühmtesten Kabaretts der Zeit nach dem Zweiten Weltkrieg und hat sich bis heute im Kneipenviertel um dem Wedekindplatz gehalten, wie die gesamte alteingesessene Privattheater-Garde:

Das **Rationaltheater** 1, heute auch eine Plattform für unkonventionelle Filme, DJs oder Poetry

Slams. Münchner Urgestein Gerhard Polt inszeniert sich im **TamS** 2, das die Süddeutsche Zeitung mal ein »Welthinterhoftheater« nannte. Mehr Comedy gibt's im **Lustspielhaus** 3 – und schließlich ist im alten ›Drugstore‹ noch das **Heppel & Ettlich** 4 eingezogen, auf dessen Bühne schon Ex-Oberbürgermeister Ude gastierte.

Disco, Disco!

Ach ja, das Drugstore. Manche behaupten, damit begann Schwabings zweite wilde Hochphase. 1967 öffnete der Laden mit dem Flower-Power-Logo und einem Mix aus Brasserie, Club und Boutique dahinter und läutete eine neue Ära ein: Schwabing wurde Hippie-Hochburg und – kaum zu glauben – heißes Disco-Pflaster! Im Drugstore konnte man Mick Jagger, Liza Minnelli und Romy Schneider treffen.

Fairerweise muss man auch das **P1** 5 erwähnen, wenn man von Münchens Nachtleben spricht: Immerhin ist es der älteste Club Münchens. Im Ostflügel jenes Museums, das einmal Hitlers »Haus der Deutschen Kunst« war, richteten US-Soldaten 1948 ein Offizierscasino ein, in seinen Anfängen Treffpunkt der Jazzszene. Später Promi-Schwemme. Heute Geschmackssache.

INFOS/ÖFFNUNGSZEITEN

Rationaltheater 1: Hesseloherstr. 18, www.rationaltheater.de
TamS-Theater 2: Haimhauserstr. 13, www.tamstheater.de
Münchner Lustspielhaus 3: Occamstr. 8, www.lustspielhaus.de
Heppel & Ettlich 4: Feilitzschstr. 12, www.heppel-ettlich.de
SchauBurg 6: Franz-Joseph-Str. 47, www.schauburg.net

KULINARISCHES FÜR ZWISCHENDRIN

Alter Simpl 1: Türkenstr. 57, www.altersimpl.de, Mo–Do 17–0, Fr/Sa 11–1, So 11–24 Uhr, €
Schwabinger 7 2: Feilitzschstr. 15, www.schwabinger7.de, Mo–Do 20–4, Fr/Sa 20–5, So 20–2 Uhr, €
Im **Alles Wurscht** 3 gibt es nach eigenen Angaben »die beste Currywurscht südlich des Weißwurschtäquators«, mit Sicherheit aber bietet der bunte Mini-Biergarten die niedlichste Imbiss-Atmosphäre der Stadt (Nikolaiplatz 3, www.alles-wurscht.com, im Sommer jeweils Di–Fr 11–20, im Winter 11–15 Uhr, bei schönem Wetter auch länger, €). Der Biergarten ist eine richtige Großstadtoase.

Cityplan: D–F 1–4 | **U-Bahn** Universität, Giselastraße, Münchner Freiheit, **Tram** 27, 28

Aber auch die Musicland Studios lockten allerhand Stars in die Stadt: die Rolling Stones, Led Zeppelin, Queen oder Deep Purple. Produzent Giorgio Moroder, der mit Nummern wie »What a Feeling« Filmmusikgeschichte schrieb, hatte es eingerichtet, und das Studio galt als das professionellste in ganz Europa. Apropos Film. Die Filmhochschul-Studenten gaben sich damals schon besonders lässig und trafen sich nachts im In-Klub »Die Klappe«.

Zu schwarzer Live-Musik tanzte man im Big Apple, wo Jimi Hendrix das erste Mal seine Gitarre zerdepperte. Landesweit berühmt war das Yellow Submarine, eine Disco auf drei Etagen und umgeben von 650 000 Liter Meerwasser mit Haien und Riesenschildkröten. Oder das Blow Up am Elisabethplatz, die erste deutsche Großraumdisko. Berüchtigt für Drogengeschichten und Farbeimer-Schlachten. Heute geht's hier ganz brav zu: mit der **SchauBurg** 6, einem renommierten Kinder- und Jugendtheater.

Die unausweichliche Nebenwirkung: Während Gastronomen erfolgreich auf die Nostalgiewelle setzten, das alte Schwabing verklärten und zugleich ausschlachteten, wandelte sich die Nachbarschaft zum Modeviertel für die Schickeria, was die Mietpreise in horrende Höhen trieb.

Ein letztes Aufbäumen gegen die Gentrifikation markierte 2011 der Protest gegen den Abriss der Kultkneipe **Schwabinger 7** 2. Das Lokal wurde nach dem Abbruch mit Teilen vom Mobiliar in der Feilitzschstraße 15 nebenan neu eröffnet.

Im Jahrestakt werden seitdem neue Stadtviertel als Szenetreff ausgerufen. Das einst berüchtigte Schwabing aber gilt nun eher als historischer Forschungsgegenstand.

Ü
ÜBRIGENS

Schwabing wurde 782 unter dem Namen »Suuapinga« erstmals erwähnt, ist also sogar fast 400 Jahre älter als München. Im Schatten der mächtigen Residenzstadt blieb Schwabing bis ins 18. Jahrhundert ein kleines Dorf von Fischern und Milchbauern. Erst als es 1890 eingemeindet wurde, kam es zum großen Bauboom der Gründerzeit und damit zu den heute so heißbegehrten Altbauwohnungen.

UM DIE ECKE

Die gemütliche Miniversion des Viktualienmarkts findet man am **Elisabethplatz** 1.
Wer's gern licht mag: Lampenkünstler **Ingo Maurer** hat nicht nur seinen **Showroom** 2 in der Kaiserstraße 47, sondern auch die kobaltblaue Wandbeleuchtung in der U-Bahn-Station Münchner Freiheit gestaltet.
Bergsteigen kann man hier auch: Der 37-Meter-Hügel im **Luitpoldpark** 1 in Nordschwabing bietet einen tollen Blick (Brunner Str. 2).

Münchner Freiheit – **der Englische Garten**

Der Englische Garten hat zwei Gesichter – und beide haben ihren Reiz. Der Südteil ist eher was für Philanthropen: Großstädter plus gewaltige Grünfläche? Das ergibt: Jam Sessions, Slacklines, Ultimate Frisbee, Geburtstagspartys, Capoeira, erste Dates, Picknicks und so weiter! Im Sommer meint man, hier hat der Münchner Ali Mitgutsch die Inspiration für seine Wimmelbilderbücher her …

An heißen Tagen erinnern die Uferbänder des Schwabinger Bachs im südlichen Teil des Englischen Gartens beinahe an Rimini. Der Nordteil dagegen ist verträumt mit wilden Wiesen – und ein Ausflug fühlt sich an wie eine echte Landpartie. Vor allem wenn man auf die Schafherde trifft. Vom Geräuschteppich im Süden, dem Getrommel, den Gitarrenspielern und der Blasmusik vom Biergarten am Chinesischen Turm ist hier nichts mehr zu hören. Die Ruhe zieht stattdessen Yogis und Meditierende an.

Im Südteil – in etwa das Areal von der Prinzregentenstraße bis zum Mittleren Ring – pulsiert das urbane Freizeit-Leben.

Wie so viele Bauwerke in München stammt auch der Monopteros aus der Feder Leo von Klenzes, auf Geheiß von König Ludwig I. Im Jahr seiner Fertigstellung, 1836, konnten weder Klenze noch Ludwig erahnen, dass rund 140 Jahre später auf der zwischen Monopteros und Japanischem Teehaus gelegenen Schönfeldwiese regelmäßig Anhänger der Freikörperkultur ihre Freizeit genießen würden.

Was den Englischen Garten so erfrischend macht, ist nicht nur der Eisbach, sondern vor allem der Eindruck, dass es hier keine Benimmregeln gibt. Selbst die Polizisten, die zur Streife auf ihren Pferden umherspazieren, wirken, als ob sie nur vergessen haben, nach Feierabend die Uniform auszuziehen.

Und dann die berühmt-berüchtigten Nackedeis! Soo viele gibt's davon zwar gar nicht, aber der Ruf der exhibitionistischen Münchner echot in jedem Sommerloch wieder durch die internationale Presse.

Im Winter dagegen liegt der ganze Park romantisch ruhig. Dann ziehen sich durch den Nordteil Langlaufloipen und der Hügel, auf dem der **Monopteros** 1 steht, verwandelt sich in einen Schlittenberg für die Kleinsten.

Zeitkapsel

Egal, von welcher Seite man sich dem Englischen Garten nähert, für ein paar Stunden wird er seine Besucher schlucken.

Auf jeden Fall sollte man den Zugang am **Haus der Kunst** 2 einbauen: Das lässt sich dann je nach Tageszeit mit einer Ausstellung oder einem Absacker plus Pingpong-Spiel in der **Goldenen Bar** 1 verbinden. Die ebenfalls am Haus der Kunst befindliche Disco P1 sei hier ignoriert. Nicht verpassen sollten Sie dagegen eine andere Münchner Institution: die stehende Welle am **Eisbach** 3.

Vom Bürgersteig der Prinzregentenstraße könnte man den Surfern wunderbar auf den Kopf spucken, stattdessen erstarrt man in Bewunderung. Das schnell fließende Stauwasser der Isar prescht unter dem Brückengeländer hervor und bricht sich an einer Steinstufe. Auf der Welle machen die Surfer sogar im Winter ihre eng abgezirkelten Turns – viel Platz ist nämlich nicht zwischen den Ufermauern.

Wer jetzt schon eine Stärkung braucht, bekommt bei **Fräulein Grüneis** 1 sein Bio-Wurstbrot oder ein Spezi. Der Kiosk war mal ein Toilettenhäuschen, über der Theke steht noch »Frauen«.

Nach ein paar Minuten am Eisbach entlang, taucht rechts der Monopteros auf, während linker Hand – wo der Tierärztlichen Fakultät dezenter Zoogeruch entfleucht – das **Milchhäusl** 2 wartet. Die einstige Abgabestelle für Milch und Brot an hungrige Münchener existiert schon seit mehr als hundert Jahren. Heute gehört zum Kiosk ein Bio-Biergarten. Ungeduldige können jetzt nach Westen ins Univiertel ausbrechen, Flaneure zieht es weiter Richtung Osten: zum **Chinesischen Turm** 4.

Auch wenn Sie bisher nicht mal ein Drittel des Parks gesehen haben, können Sie sich seine Ausmaße nun schon vorstellen. Wie München zu diesem ausuferndem Nächsterholungsgebiet kam, wissen übrigens auch viele Locals nicht: Den meisten schwant zwar, dass der Englische Garten von Kurfürst Karl Theodor angelegt wurde, aber der eigentliche Menschenfreund war der Physiker und Erfinder Sir Benjamin Thompson, heute besser bekannt als Graf Rumford.

Mit 7000 Sitzen ist der Biergarten am Chinesischen Turm der zweitgrößte Münchens, gleich nach dem Hirschgarten.

Ein Visionär aus Boston

Als es den Amerikaner zufällig in den Dunstkreis des Kurfürsten verschlug, war die Stadt hoch verschuldet und platzte beinahe aus den Burgmauern. Gut ein Drittel der Bürger bettelte um ihr Brot. München muss dem weit gereisten Sir

INFOS/ÖFFNUNGSZEITEN

Haus der Kunst 2: Prinzregentenstr. 1, www.hausderkunst.de, tgl. außer Di 10–18, Do 10–22 Uhr, 14 €

Chinesischer Turm 4: Englischer Garten 3, www.chinaturm.de, Biergarten Mo–Fr 10–23, Sa/So 11–23 Uhr

KULINARISCHES FÜR ZWISCHENDRIN

Fräulein Grüneis 1: Lerchenfeldstr. 1a, www.fraeulein-grueneis.de, Mo–Fr ab 8, Sa/So ab 10 Uhr (jeweils bis kurz nach Einbruch der Dunkelheit), €

Deftige Öko-Snacks gibt's im **Milchhäusl** 2, einem Kiosk mit kleinem Biergarten, winziger Gaststube und im Winter den beliebten Retro-Skigondeln draußen (Königinstr. 6, https://www.milchhaeusl.bio, tgl. 10–18 Uhr).

Mini-Hofbräuhaus 3: Gyßlingstr. 59, www.facebook.com/minihb/, 9–23 Uhr

Cityplan: F–H 1–6 | **U-Bahn** Universität, **Tram** 16, 38

Thompson als dunkelste Provinz erschienen sein. Von aufklärerischem Geist keine Spur.

Beauftragt mit der Armeereform, ließ er Garnisonsgärten anlegen, um die Lebensmittelversorgung zu verbessern, und Armenhäuser errichten.

Nach seinem Vorschlag ordnete der Kurfürst 1789 an, das Gebiet östlich der Militärgärten in einen Volkspark »zur allgemeinen Ergötzung« umzuwandeln. Anfänglich wurde der Landschaftsgarten im englischen Stil »Theodors Park« genannt. Da der Kurfürst äußerst unbeliebt war, hieß er bei den Münchnern aber bald nur noch Englischer Garten.

Während man damals noch einen herrlichen Weitblick von der Aussichtsplattform des Chinesischen Turms hatte, muss man heute schon laufen, wenn man den **Kleinhesseloher See** 5 sehen will. Hier wird nicht geschwommen, sondern in Slowmotion übers Wasser gerudert. Im Wirtshaus mit Seeblick ist alles etwas teurer, auch die Kleidung des Publikums.

Wer sich noch weiter in den Norden vorwagt, wird nicht nur mit idyllischer Landschaft und dem Rest des 78-Kilometer-Wege-Netz belohnt, sondern auch mit einem Kuriosum: dem **Mini-Hofbräuhaus** 3 – ein Hundebiergarten, den ihre Herrchen bei jedem Wetter in Beschlag nehmen.

UM DIE ECKE

Die **Goldene Bar** 1 auf der weitläufigen Terrasse hinter dem Haus der Kunst wirkt oft so, wie sie klingt: etwas prätentiös. Doch am Sonntagabend treffen hier Eisbach-Surfer auf Anzugträger, um sich durch die umfangreiche Cocktail-Karte zu trinken. Außerdem wird gegrillt, Tischtennis gespielt, gekickert und ein bisschen mit dem Fuß gewippt, zum Sommersound angesagter DJs (Prinzregentenstr. 1, www.goldenebar.de, Mo 12–20, Mi–Sa 12–2, So 13–20 Uhr).

Gleich hinter dem Haus der Kunst steht auf einer kleinen Insel das **Japanische Teehaus** 6. Von April bis Oktober findet dort an jedem zweiten Wochenende im Monat eine Teezeremonie statt (www.urasenke-muenchen.de).

Für Liebhaber der Videokunst ein Highlight: Die **Sammlung Götz** im Bunker vom Haus der Kunst. Do/Fr 14–18, Sa 11–16 Uhr.

B BIBER

Derzeit gibt es im Park drei **Biber-Bauten:** einen im Kleinhesseloher See, zwei weitere im Schwammerlweiher im Nordteil. Biber sind seit 2015 wieder auf dem Vormarsch in Bayern. Hin und wieder schlappen sie einem in der Dämmerung auch mal im Südteil über den Weg.

Ein Geheimtipp ist er leider längst nicht mehr, der **Kocherlball** am Chinesischen Turm. Der Trachtenball geht zurück auf eine Tradition Münchner Hausangestellter, die sich vor der Arbeit zum Tanz trafen. Trotzdem eine gute Gelegenheit, um vor der Wiesn schon mal zu testen, ob das Dirndl noch passt. Findet an einem Sonntag im Juli zwischen 6 und 10 Uhr morgens statt.

Himmel für Hipster – **Glockenbach und Gärtnerplatz**

Es gibt eine Schlange, in die sich auch grantelnde Münchner klaglos einreihen. Denn wenn man das erste Mal im Jahr vor dem Reichenbachkiosk für zwei Biere ansteht, überkommt einen dieses Freibadgefühl.

Hier spürt man: Dieser Sommer wird wieder einer von der besten Sorte. Vor allem, wenn man das Privileg genießt, ihn im Bermudadreieck **Isarstrand** 1 – **Reichenbachkiosk** 1 – **Gärtnerplatz** 2 zu verbringen. Strand, Bars, Leute mit der gleichen Einstellung – Letzteres schnell an den Sneakers abgecheckt. Die passenden Klamotten bekommt man hier natürlich auch.

Einziges Problem, genau solche Liebeserklärungen sind ein Grund dafür, dass viele die Glockenbach-Gärtnerplatz-Kombi für das einzige erträgliche Wohnviertel halten. Das schlimme G-Wort pfeifen

Gerade die kleinen Lädchen mit eigenem Flair und kuriosem Sortiment – wie hier der »Delikatessen«-Laden – machen das Glockenbachviertel aus.

Die Auswahl an Restaurants und Cafés im Glockenbachviertel ist riesig – hier gibt es für jeden Geschmack und jede Ernährungsweise die passende Location.

Die **Glockenbachwerkstatt** 6 oder ›Glocke‹ ist eigentlich ›nur‹ ein Bürgertreff, aber wenn die Bewohner so kreativ, jung und feierfreudig sind wie hier, wird eben auch ein Bürgerhaus zur alternativen Ausgeh-Location: Zwischen Café, Bar und Künstlerwerkstatt finden Konzerte, Filmabende, Open Mike Nights, Kleidertausch-Parties und DJ-Nächte statt.
Blumenstr. 7, www.glockenbachwerkstatt.de

die Spatzen hier schon lange von den Dächern: »GENTRIFIKATION!« Oder wie der Frontmann von Moop Mama zum Blechbläser-Beat rappt: »Jeder merkt: Es geht gar nicht um's Wohnraum schaffen / Sondern vielleicht manchen eher um's Kohle machen. München ist schön, wenn du reich bist und Geld hast, geil / Doch such 'ne Wohnung als alleinerziehendes Elternteil!«

Die Glockenbachler fürchten, dass ihnen bereits blüht, was Schwabing schon hinter sich hat. Immerhin hat das Viertel soziologisch eine ähnlich bunte Entwicklung hinter sich: der beste Nährboden für nette Cafés, Boutiquen, Ateliers und angesagte Clubs zwar – aber dann auch für Immobilienhaie.

In vorindustriellen Zeiten war die Isarvorstadt als Wohngegend dagegen völlig uninteressant. Das Viertel war von Bächen durchzogen, die von Betrieben und Mühlen als Wasser- oder Kraftspender genutzt wurden. »Venedig des Nordens« hieß es deswegen. Das Gewerbegebiet war aber auch in ständiger Gefahr von der damals noch nicht gezähmten Isar überflutet zu werden.

Später zog das Viertel russische und polnische Juden aus dem Osten an, die den Pogromen in ihrer Heimat entflohen waren und ihr Glück in der ansässigen Leder- und Textilindustrie suchten. Ausgerechnet im Herzen von Münchens Judenviertel baute Hitler 1921 die Parteizentrale der NSDAP auf. Später begann hier der Straßenterror der Nazis.

Schwulenviertel

Nach den Schrecken der NS-Zeit galt das Glockenbach der Nachkriegsgeneration bereits als Party-Hotspot. In den Sechzigern war es die Rock 'n' Roll- und Twist-Hochburg Münchens und man konnte von einer Kneipe zur anderen ziehen. Parallel entwickelte es sich zum Schwulenviertel. 1967 eröffnete mit dem **Ochsengarten** 1 die erste Lederbar Deutschlands. Frauen sind hinter den schwarz verklebten Scheiben heute noch unerwünscht.

In den Achtzigern zählte München sogar zu den vier schwulsten Metropolen der Welt. Lange Zeit allerdings war die Szene gezwungen gewesen, sich heimlich zu treffen. In öffentlichen Toiletten, ›Klappen‹ genannt. Wie das 1900 erbaute **Pissoir** 3 am Holzplatz, das heute unter Denkmalschutz steht.

Doch mit der Ausbreitung von AIDS geriet der Mikrokosmos rund um den Gärtnerplatz ins Wanken. Ein CSU-Politiker forderte Zwangstests, Meldepflicht und Isolation für Infizierte. Die weltweite Schwulenszene war geschockt.

Nur einer hielt der Stadt an der Isar stets die Treue: Queen-Sänger Freddie Mercury. Er lebte zeitweilig in der **Hans-Sachs-Straße** 4 mit ihren Gründerzeitbauten und verkehrte in Lokalen wie dem **Pimpernel** 2. Dass der Club heute eher als ›Resterampe‹ fürs heterosexuelle Feiervolk gilt, ist einer

Die Müllerstraße kann mit einer beeindruckend hohen Kneipendichte aufwarten.

INFOS/ÖFFNUNGSZEITEN

Baader Café 1: Baaderstr. 47, So–Do 10–1, Fr/Sa 10–2 Uhr
Bergwolf 2: Fraunhoferstr. 17, Mo–Mi 12–15 u. 18–24, Do 12–15 u. 18–2, Fr bis 4, Sa 12–4, So 17–22 Uhr, €
Das Maria 3: Klenzestr. 97, www.dasmaria.de, tgl. 9–23 Uhr, €
Emmi's Kitchen 4: Buttermelcherstr. 11–15, T 089 55 26 18 78, www.emmiskitchen.de, tgl. 9–17 Uhr, €
Kiosk Reichenbachbrücke 1: Fraunhoferstr. 46, tgl. 6–5 Uhr
Kauf Dich glücklich 2: Reichenbachstr. 14, Mo–Sa 10.30–20 Uhr
7. Himmel 3: Hans-Sachs-Str. 17, Mo–Fr 11–19, Sa 10–18.30 Uhr
Ochsengarten 1: Müllerstr. 47, So–Do 20–3, Fr/Sa 20–5 Uhr
Pimpernel 2: Müllerstr. 56, 22–6 Uhr
Holy Home 3: Reichenbachstr. 21, Mo–Do/So 19–1.30, Fr/Sa 19–3.30 Uhr
Trachtenvogl 4: Reichenbachstr. 47, tgl. 9–22 Uhr
Milla Club 5: Holzstr. 28, www.milla-club.de, geöffnet je nach Event

Cityplan: C–E 7/8 | **U-Bahn** Fraunhoferstraße, Sendlinger Tor, **Tram** 17

der Gründe, wieso Münchens Schwule klagen, ihr Quartier ›verhetet‹. In roten Samtlogen findet im Discokugellicht zusammen, wer bis 3 Uhr morgens in anderen Clubs nicht erfolgreich war.

Immerhin: Mit der Gentrifizierung haben Hedonisten, Hipster und Homosexuelle einen gemeinsamen Gegner gefunden. Also nichts wie hin, solange das Leben hier noch gefeiert wird!

Die Concept Stores von Kauf Dich Glücklich sind mit ihrer großen Auswahl an Damenmode, Männermode, Wohnaccessoires, Naturkosmetik und Schmuck von kleineren Labels und aus eigener Herstellung der Hipster-Himmel auf Erden – ein Blick ins vielfältige Sortiment lohnt sich.

Strandgut spielen

Nach dem Isar-Bierchen unter der Reichenbachbrücke lässt man sich an den Gärtnerplatz treiben, der hauptsächlich aus einem gewaltigen Blumenbeet besteht. Im Gras gibt's noch ein Bier, das von Kleinstgewerblern aus der Plastiktüte verkauft wird.

Praktisch ist auch, dass das Rondell gern als Laufsteg genutzt wird. So weiß man schnell, was man am nächsten Morgen im **Kauf Dich Glücklich** 2 oder im **Siebten Himmel** 3 selbst anprobiert.

Dass sich das ganze Viertel schnell nach Wohnzimmer anfühlt, liegt auch an den Lokalen: Sei es die Kultkneipe **Holy Home** 3, die ihren Mietvertrag von Monat zu Monat verlängert, der gemütliche **Trachtenvogl** 4, in dem man sich auf Sofas fläzt, oder das in Würde gealterte **Baader-Café** 1 mit seiner linksintellektuellen Künstler-Attitüde.

Nach einem Konzert im Kellergewölbe des **Milla** 5 hilft einem der **Bergwolf** 2 mit seiner berüchtigten Currywurst zuverlässig aus der Kalorienmisere. Kopfweh und Pommesfett balanciert man wenige Stunden später im **Das Maria** 3 aus, bei einem so nahrhaften wie friedlich-nahöstlichen Brunch. Wer sowieso längst über ein Leben mit Alkohol hinweg ist, kann seine innere Mitte im Jivamukti Studio mit angeschlossener Yoga-Kantine, **Emmi's Kitchen** 4, austarieren.

UM DIE ECKE

Auch schön: die **Loretta-Bar** 5 in der Müllerstraße 50 (http://www.loretta-bar.de). Ein Mix aus fernöstlicher Garküche und trendigem Mini-Speiselokal ist die **Kirschblüte** 6 (Ickstattstr. 26, Mo–Fr 12–15 u. 18–22 Uhr); Mediterrane, modern interpretierte Speisen gibt es in der heimeligen **Cooperativa** 7 (Jahnstr. 35, tgl. 17–21.30 Uhr).

Inselhopping – **rund ums Deutsche Museum**

Falls Sie noch nicht gemerkt haben sollten, dass München die Jahreszeiten anders zählt, dann ist es jetzt an der Zeit: Es gibt den Winter – und die Isar-Saison. Gewissermaßen ein Wurmloch, in das die Einheimischen zur Schneeschmelze fallen, um nur zur Wiesn kurz draus aufzutauchen. Wer nicht so viel Zeit hat, findet zwischen Corneliusbrücke und Maximiliansbrücke zwei Inseln – und die perfekte Balance zwischen Natur und Kultur.

Zwischenfrage: Wie sieht das Wetter gerade aus? Sonnig? Dann beginnen Sie am besten mit der **Praterinsel** 1. Sie liegt unter der mächtigen Maximiliansbrücke, die der gleichnamigen Straße über die Isar zum Landtag hilft.

Der Name täuscht nicht, tatsächlich war das erste Gebäude auf der Insel ein Gasthaus mit einem kleinen Karussell, das an den Wiener Ver-

Das Deutsche Museum ist nicht nur eine Ausstellung, sondern auch eine Spielwiese für die Besucher.

gnügungspark erinnern sollte. Später kam noch ein hölzerner Tanzpavillon dazu. Davor hatten Franziskanermönche das Eiland als Gemüsegarten genutzt – es lag damals noch außerhalb der Stadtmauern.

Mit der Bierhalle war das alkoholschwangere Schicksal der Insel gesetzt: Als der Wirt in Geldnöte geriet, verkaufte er das Pratergelände an den Likör-Fabrikanten Anton Riemerschmied, der seine Produktion auf die Insel verlagerte. Von ihm stammt das spätklassizistische Fabrik- und Arbeiterwohnhaus. Erst 1984 verlegte er die florierende Likörfabrik in die Peripherie und das idyllische Ensemble lag brach.

Street-Art zum Anschauen, Kaufen und Mitmachen plus Livemusik und Party bietet die **Stroke Art Fair** im Mai auf der Praterinsel.
www.stroke-artfair.com

Die **ARTMUC** will eine Brücke zwischen Kunstmarkt und Förderung schlagen. Plattform für unbekannte Künstler aus Nah und Fern, im Juni auf der Praterinsel.
www.artmuc.info

Handverlesenes von jungen Kreativen und Winzlabels auf dem **Stijl-Designmarkt** auf der Praterinsel.
www.stijlmarkt.de

Eine Woche lang Konzerte, Kunst, Kultur rund um die Isar kann man im Spätsommer auf dem **Isarinselfest** erleben.
www.isarinselfest.de

Vergnüglich!

Längst sind die imposanten Gewölbehallen renoviert und werden seitdem als Event-Location betrieben. Neben allerhand Parties finden hier jährlich Kunst- und Jungdesigner-Messen statt. Beine hochlegen und vom Großstadtleben erholen, das ist das Motto am **Kulturstrand** 1 rund um den Vater-Rhein-Brunnen, der jeden Sommer mit Konzerten, Kunst und Kinderprogramm zur urbanen Metamorphose aufruft.

Am schönsten aber ist die Praterinsel, wo der **Kabelsteg** 2 ans Ostufer führt. Hier gibt es eine versteckte Bucht, eine Zunge aus Isarkies überschattet von Bäumen und mit Blick auf die schönste Brücke der Stadt: Ein schlanker flacher Betonbogen mit schmiedeeisernem Geländer im Jugendstil. Ach, das waren noch Zeiten, als man Stromversorgung so schön verpackte: Der Kabelsteg transportierte einmal die im Muffatwerk erzeugte Energie für die elektrische Straßenbahn über die Isar.

Auch das Stromkraftwerk selbst ist durchaus ansehnlich. Die Halle mit Schornstein im Jugendstil steht unter Denkmalschutz. Interessanter aber ist die heutige Nutzung des **Muffat-Geländes** 1: Biergarten, Konzerthalle, plus Dancehall-Club plus Electro-Club. Im Biergarten gibt es neben den Klassikern auch Öko-Spezialitäten.

Wenn es inzwischen zu tröpfeln begonnen hat, dann passt das Timing perfekt! Denn neben dem Muffat-Kombinat sitzt ein weiteres Jugendstil-Juwel: Das **Müllersche Volksbad** 2.

Vor über hundert Jahren gebaut, ist beinahe alles noch im Original erhalten und somit gilt es als eins der schönsten, ja als ›das Opernhaus unter den Bädern‹. Dabei war die großzügige Spende eines Münchner Ingenieurs dem ›unbemittelten‹ Volk gewidmet, den Arbeiterfamilien aus der Nachbarschaft, die zu Hause kein Badezimmer, geschweige denn fließend Wasser hatten. Deshalb gibt es hier auch Wannen und Brausebäder.

Neben Wandmalereien, Stuck und Holzbrüstungen gibt es noch zwei Hauptattraktionen: Das kleinere, ehemalige Damenbecken, das bei 30 Grad eher zum Plantschen einlädt, während im großen Herrenbecken die ambitionierten Schwimmer bei 27 Grad trainieren. Viele Gäste kommen auch wegen Dampfbad und Sauna. Nettes Detail: Zum ungestörten Ausruhen kann man sich eine der Retro-Kabinen mieten. Die Kaltbrause im Abkühlbereich ist ebenfalls original von 1901 und wird ›Eiserne Jungfrau‹ genannt. Das einzige, was abgeschafft wurde, ist das Hundebad im Keller. (Ja, ein Hundebad!)

Lehrreich!

Wer nach soviel Entspannung noch aufnahmefähig ist, verlässt das Festland wieder, diesmal gen **Museumsinsel** 3 für Teil Zwei des Regenstunden-

Die Muffathalle war das erste Dampfheizkraftwerk in München. Der weithin sichtbare Schornstein, das Wahrzeichen der Halle, steht mittlerweile aufgrund der einmaligen Architektur unter Denkmalschutz, ebenso wie die Halle selbst.

INFOS/ÖFFNUNGSZEITEN

Deutsches Museum 4: Museumsinsel 1, www.deutsches-museum.de, tgl. 9–17 Uhr, 15 €

Blitz Club und Restaurant 2: Museumsinsel 1, www.blitz.club, Di–Sa 18–1 Uhr

Museum Lichtspiele 3: Lilienstr. 2, www.museum-lichtspiele.de

Kulturstrand 1: rund um den Vater-Rhein-Brunnen, www.kulturstrand.org, Mai–Mitte Aug. tgl. 12–24 Uhr

Müllersches Volksbad 2: Rosenheimerstr. 1, Schwimmen tgl. 7.30–23, Sauna tgl. 9–23 Uhr

KULINARISCHES FÜR ZWISCHENDRIN

Münchens erster bio-zertifizierter Biergarten befindet sich auf dem **Muffat-Gelände** 1 (Zellstr. 4, www.muffatwerk.de/de/pages/biergarten, bei schönem Wetter tgl. ab 12 Uhr).

Cityplan: E/F 6–8 | **S-Bahn** Isartor, **Tram** 16, 17, 18, N16

Das ›Opernhaus unter den Bädern‹ ist zum größten Teil original erhalten und steht daher unter Denkmalschutz. Wenn ein Nagel in die Wand geschlagen werden soll, muss ein Antrag gestellt werden – und wenn ein Wasserhahn kaputt geht, muss eine Spezialfirma beaufragt werden, die den Jugendstil-Wasserhahn originalgetreu nachbauen kann.

programms. Wobei, es ist in in höchstem Maße unfair das **Deutsche Museum** 4 als Schlechtwetter-Alternative zu verkaufen. Immerhin ist es weltweit das führende Technikmuseum mit jährlich über 1,2 Millionen Besuchern.

Kein Wunder, hier schafft man es Physikalisches auch Nicht-Naturwissenschaftlern zu vermitteln und vor allem Kinder an der Stange zu halten. Der Trick: Anfassen! Knöpfe, Hebel, Schalter, die allerhand in Bewegung setzen. Bis es auch im Kopf klickt. Für die ganz Kleinen gibt es im Kinderreich eine Kraftmaschine, ein Wellenwasserwogenwehr, den Bauklotzplatz, das Schatten-Farben-Lichtspielhaus oder die Riesengitarre zum spielerischen Lernen.

Eine Kostprobe pro Besuch muss allerdings reichen, alle fünfzig Bereiche schafft man auch an mehreren Wochenenden nicht. Besonders beliebt ist die fast einen Kilometer lange Stollenwelt, die eine dunkle Bergbauanlage imitiert. Als Aushängeschild des Museums gilt der Faraday'sche Käfig, ›der sicherste Ort Münchens‹ in der Abteilung Starkstromtechnik: Dort demonstrieren mutige Mitarbeiter, was passiert, wenn eine Million Volt einen Blitzeinschlag simulieren. So viel sei verraten: Es knallt! Apropos: Münchens musikalische Techno-Szene trifft sich hier nachts im Blitz Club 2 in der alten Kongresshalle.

UM DIE ECKE

Gegenüber der Muffathalle liegen die **Museum Lichtspiele** 3. Hier wird seit über 40 Jahren die Verfilmung des Musicals »The Rocky Horror Show« gezeigt. Eigentlich hatte der Film damals einen schweren Start, aber eine eingefleischte Fangemeinde ebnete dem Travestie-Grusical den Weg zum Kultfilm. Gäste verkleiden sich, gröhlen die Songs lautstark mit und bei einer Hochzeitsszene fliegt Reis über die Sitzreihen (www.museum-lichtspiele.de).

Auf der anderen (Isar-) Seite – **Haidhausen und Au**

Auf den ersten Blick wirkt alles ruhiger da drüben, am Ostufer der Isar. Kein Wunder, Haidhausen und die benachbarte Au wurden erst 1854 eingemeindet. Man könnte fast meinen, dass unter den Münchnern eine Hobbitgemeinde aus dem Auenland lebt.

Wenn man hier übers Kopfsteinpflaster der Nebenstraßen läuft, entdeckt man winzige Häuschen mit ebenso winzigen Gärten, die sich unter den sanierten Mietshäusern der Jahrhundertwende mit ihren herrschaftlichen Fassaden ducken. Aber was heute nach Puppenstube aussieht, erinnert keineswegs an eine ›Gute Alte Zeit‹: Die sog. Herbergshäuschen sind Überbleibsel großer Siedlungen für eine bettelarme Bevölkerung. Glasscherbenviertel nannte man Haidhausen noch bis in die 1970er hinein.

Das ehemals verschlafene Bauerndorf war durch seine hochgelegene Position der ideale Belage-

›An der Kreppe‹ findet man gut erhaltene ehemalige Herbergen der Tagelöhner Haidhausens.

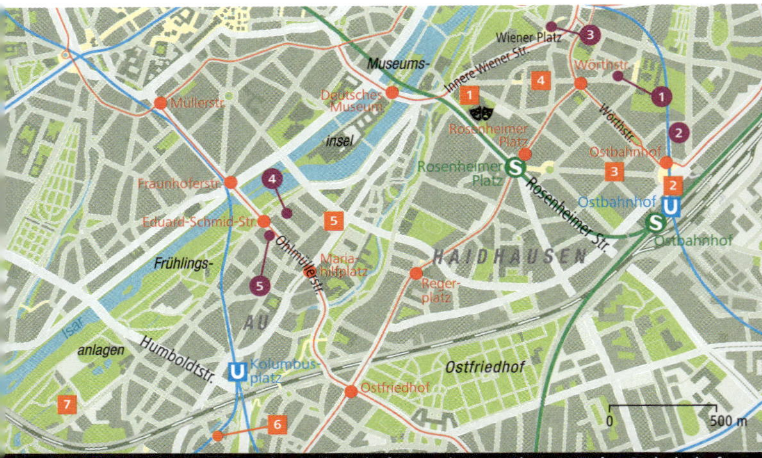

Cityplan: C–H 7–10 | **S-Bahn** Ostbahnhof, Rosenheimer Platz, **U-Bahn** Ostbahnhof, Kolumbusplatz, **Tram** 15, 16, 17, 18, 19, 25, N16, N18, N19, N27

INFOS/ÖFFNUNGSZEITEN

Preysinggarten 1: Preysingstr. 69, Mo–Fr 15–1, Sa/So 9–1 Uhr, €
Saigon Deli 2: Breisacher Str. 18, Di–So 11.30–14.30 u. 18–23.30 Uhr
Domaines Kilger Weinhäusl 3: Wiener Platz 4, www.weinhaeusl-muenchen.de, Di–Sa 10–22 Uhr, €
Café Hüller 4: Eduard-Schmid-Str. 8, Mo–Sa 11–23, So 12–22 Uhr
Schwarzer Hahn 5: Ohlmüllerstr. 8, Di–Do 20–1, Fr/Sa 20–3 Uhr, €
Kulturzentrum Gasteig 1: Rosenheimerstr. 5, www.gasteig.de, tgl. 8–23 Uhr
Rosengarten 7: Sachsenstr. 2, im Sommer Mo–Fr 7–21, Sa/So 9–21 Uhr, im Winter Mo–Fr 7–18, Sa/So 9–18 Uhr, Eintritt frei

Der Erich-Schulze-Brunnen am Gasteig hat die Form einer 7,5 m hohen Tuba.

rungspunkt für Münchens Feinde: **Am Gasteig** 1 (ein garcher/steiler Aufstieg), wo heute das beliebte Kulturzentrum mit Bibliothek und Konzertsaal sitzt, standen dann Kanonen. Die Haidhausener erwischte jeder Krieg besonders heftig.

Und all die Leute! Mit dem Ausbau der Salzstraße von Wien zuckelten bereits um 1300 täglich bis zu achtzig Fuhrwerke über die heutige Innere Wiener-, Kirchen- und Einsteinstraße Richtung Ludwigsbrücke. Von den Zollgeldern sahen die Haidhausener allerdings nichts, dafür wurde das Dorf zum Auffangbecken für Tagelöhner, deren Landflucht vor den Toren Münchens endete. Denn das Bürgerrecht musste man sich teuer erkaufen damals.

Immerhin, eine kostbare Ressource hatte Haidhausen: Lehm, aus dem Ziegel gebrannt wurden. Nicht nur für die Stadthäuser, auch für die Frauenkirche und die Stadtmauer. Die Ziegeleien zogen Gastarbeiter bis aus Italien an, darunter viele Kinder, die oft 16 Stunden am Tag schufteten. Mit der Industrialisierung kamen rund um den heutigen **Ostbahnhof** 2 Fabriken dazu. Die Arbeiterfamilien hausten in winzigen dunklen Zimmern mit niedriger Decke und ohne Heizmöglichkeit. Die hygienischen Bedingungen waren furchtbar.

Der Weg zum Gutbürgertum

Um 1900 wurden zwar moderne Mietshäuser hochgezogen, aber das Arme-Leute-Image blieb. Da halfen auch die neuen französischen Straßennamen nichts. Erst nach einer umfangreichen Sanierung Ende der Siebziger entwickelte sich Haidhausen zum angesagten Pflaster und machte in den Achtzigern sogar dem guten alten Schwabing den Rang streitig. Während Letzteres zu jener Zeit eher durch das Kir-Royal- und Monaco-Franze-Klientel geprägt war, fanden rund um den **Pariser Platz** 3 Künstler und Alternative ihr Zuhause.

Trotz des Prenzlauer-Berg-Phänomens hat sich Haidhausen einen Funken der alternativen Denke bewahrt. Nicht nur in der pittoresken **Preysingstraße** 4. Mit ihrem Kopfsteinpflaster, den historischen Herbergshäusern wie dem alten Kriechbaumhof, in dem heute die Jugendgruppe des Alpenvereins zu Hause ist, fühlt man sich fast wie in einem kleinen Dorf irgendwo im Voralpenland.

Im **Preysinggarten** 1, einem Wirtshaus, in dem schon 1893 Handwerker und Tagelöhner ihren Humpen Bier getrunken haben, gibt es heute frisch gebackenen Kuchen aus der Bäckerei Chocolatte in der Wörthstraße, eine Rutsche und Platz zum Fußballspielen. In die letzten Herbergshäuser sind Kunsthandwerker eingezogen. An jeder Ecke

Der bekannte Komiker **Karl Valentin** wuchs in der Au auf. Durch seine derben Streiche und Auseinandersetzungen mit der Gendarmerie handelte er sich den Spitznamen ›Der Schrecken der Au‹ ein. Zur Erholung vom harten Alltag suchten die Auer damals Ablenkung bei einfachen Theaterdarbietungen. Die Künstler spielten volkstümliche Musik, führten erbauliche oder gruselige Theaterszenen auf und sangen humoristische Lieder. Auch Karl Valentin begann seine künstlerische Karriere in der Tradition dieser Volkssänger. In vielen Stücken erzählte Valentin später von den kleinen Leuten aus der Au, Handwerkern, Lehrbuben und Hausfrauen in ihrem Kampf gegen arrogante Münchner Bürger.

Schatten spendende Bäume an einer verkehrsberuhigten, kopfsteingepflasterten Straße, daneben restaurierte alte Handwerkerhäuschen und eine Hütte, die nicht ohne Grund nach Alpenverein aussieht – die Preysingstraße bietet das perfekte Münchner Idyll.

Nostalgische Fahrgeschäfte, drei Kinderkarusselle, ein Kasperltheater und ein Flohzirkus – die Auer Dult ist ein bayerisches Volksfest, wie man es von früher kennt.

finden sich Manufakturen für irgendwas, Bioläden und New Age-Buchhandlungen.

Aber sogar zwischen den aufgehübschten Altbauten ist genug Platz für ein wenig Backpacker-Feeling: Im **Saigon Deli** 3 muss man sich nicht verrenken, um Instagram zu bestücken und so zu tun, als säße man nicht an der Isar, sondern am Ufer des Mekong. Kein Wunder, das Ehepaar Tran hat schon mehrfach bewiesen, dass Vietnam und Bayern sich kulinarisch gut verstehen.

Ebenso experimentierfreudig gibt man sich in der Wörthstraße, Haidhausens Bummelmeilchen mit netten Läden und Restaurants, die an Sommerabenden alle auf die Straße ziehen. Ins denkmalgeschützte Herbergshaus am Wiener Platz ist das **Weinhäusl** 3 eingezogen, und damit nicht nur gute österreichische Weine aus eigener Produktion, sondern auch selbstgezogenes Büffel- und Bisonfleisch. Wer draußen sitzt, wähnt sich mit Blick auf Maibaum und Fischerbuberl-Brunnen fast im Alpendorf. Vor allem, wenn es zum Nachtisch einen Kaiserschmarrn gibt.

Au weh? Au ja!

Die benachbarte Au hat es damals noch schlimmer erwischt als Haidhausen. Die Münchner hatten sogar Angst vor den Auern, hieß es doch, sie stehlen die Stadthunde, um sie zu mästen und zu essen! Arme, junge Kerle sahen nur eine Möglichkeit aus dem Sumpf rauszukommen: Sie heirateten Münchner Witwen, egal wie alt oder ›schiach‹, um das Wohnrecht intra muros zu erlangen.

Heute ist es andersrum: Bis auf sehr seltene Kellerüberschwemmungen lebt man äußerst bequem in der Au. Mit dem Isarstrand und dem Glockenbachviertel in Fußweite, aber trotzdem einer gewissen Ruhe. Die Ausgehmöglichkeiten sind nämlich eher überschaubar (wenn nicht gerade die **Auer Dult** 5 stattfindet). Im gemütlichen **Café Hüller** 4 gibt's Nachbarschaftsfeeling und manchmal kleine Konzerte, im **Schwarzen Hahn** 5 treffen sich die letzten Vertreter der Grunge-Szene.

Dafür eignet sich die Au hervorragend zum Spazierengehen. Auf dem Weg schaut man sich im Kleinvenedig an der **Mondstraße** 6 an, wie München aussah, bevor die Bäche trockengelegt wurden – oder schnuppert sich im **Rosengarten** 7 an der Sachsenstraße durch 8500 Rosenarten.

In Haidhausen war der **Pumuckl** zu Haus! Zumindest in der Fernsehserie. Wer sich für weitere Drehorte in München interessiert: Es gibt spezielle Stadtführungen für Kulissen-Fans.
www.drehorte-muenchen.de

Szenenwechsel im Süden – **Giesing und Schlachthof**

Im Ringelreihen der ewigen Frage, welches Viertel nach dem Glockenbach als nächstes in Betracht kommt, wenn man einen Klub oder eine Bar aufmachen will, stand Giesing lange im Fokus. Münchens Aschenputtel, immer schon ein rotes Arbeiterviertel mit schmutzigen Fenstern, deshalb günstige Mieten und vor allem: Isarnähe. Mehr braucht es eigentlich nicht, um die Phantasie der urbanen Nischensucher anzufachen.

Und sei es nur zur Zwischennutzung wie für das Kunst- und Kulturprojekt Puerto Giesing von Alternativ-Veranstalterin Zehra Spindler. Ein bisschen fühlte es sich an, als ob Feenstaub über der hässlichen Tegernseer Landstraße herabgeregnet sei, als sich das ehemalige Hertie-Kaufhaus plötzlich in The-Place-to-be verwandelte mit riesiger Lichtinstallation an der Fensterfassade, Partys, Konzerten und der Nerd Nite. Während Macher und Events längst weitergezogen sind zur nächsten Zwischennutzung, ist der Glanz des Möglichen geblieben.

Genau den suchen die kleinen Grüppchen allerdings nicht, die man in Giesing oft angeheitert durch die Nacht streifen und an wenig

Man mag es kaum glauben: Der Ursprung der deutschen Street-Art-Szene liegt nicht in Berlin, sondern in München.

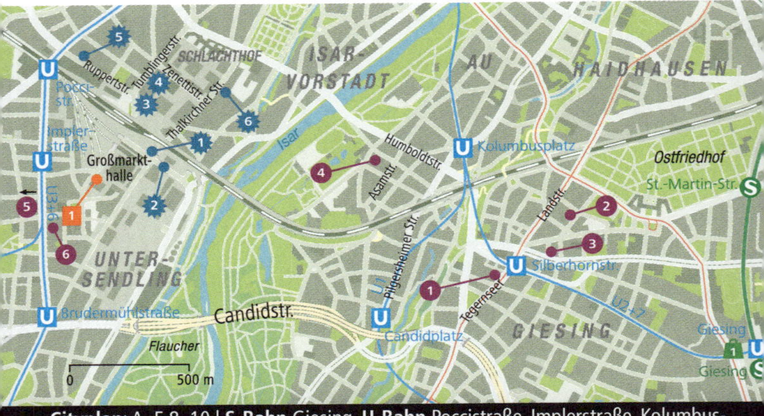

Cityplan: A–E 8–10 | **S-Bahn** Giesing, **U-Bahn** Poccistraße, Implerstraße, Kolumbusplatz, Silberhornstraße, **Tram** 15, 17, 25, N27

INFOS/ÖFFNUNGSZEITEN

Zur Gruam 1: Thalkirchner Str. 114, Mi/Do 20–4, Fr/Sa 22–6 Uhr
Alte Utting 2: Lagerhausstraße 15, www.alte-utting.de
Bahnwärter Thiel 3: Tumblingerstr. 29, www.bahnwaerterthiel.de
Volkstheater 4: Tumblingerstr. 29, www.muenchner-volkstheater.de
Substanz 5: Ruppertstr. 28, www.substanz-club.de, Di–Sa ab 18 Uhr
Südstadt 6: Thalkirchner Str. 29, www.suedstadt-schlachthof.de, Mo–Do 19–1, Fr/Sa 19–4 Uhr

KULINARISCHES FÜR ZWISCHENDRIN

Schau Ma Moi 1: Tegernseer Landstr. 82, www.cafeschaumamoi.de, Mo–Fr 16–1, Sa 19 Uhr–open end
Attentat Griechischer Salat 2: Zugspitzstr. 10, www.attentatgriechischersalat.com, gl. 17.30–1 Uhr, €
Der Dantler 3: Werinherstr.15, www.derdantler.de, Di–Fr 12–14.30 u. ab 18 Uhr, €
Charlie 4: Schyrenstr. 8, www.charl.ie, Mo–Sa 18–1, So 17–23 Uhr, €

einladende Türen klopfen sieht – ein schmales Bändchen in der Hand. Als Maximilian Bildhauer seinen ersten »Boazn-Führer« herausbrachte, rechnete er wahrscheinlich nicht damit, einen Trend zu setzen.

Eine Boazn, das ist die Art von Bier- und Schnapstränke, in der sich normalerweise eher die Stammtrinker der Nachbarschaft aufhalten. Bayerisch, rauchgebeizt, heimatkitschig dekoriert und oft etwas traurig. Bildhauer legte mit seinem ersten Band zu Giesing aber nicht nur eine interessante Milieustudie hin, sondern auch eine sozialromantische Liebeserklärung an das alte München. An Erich, den Wirt, der auf einem Auge blind und auf einem Ohr taub ist, und die Bedienung Vroni, die »mal oben mit und mal ohni« ist.

Leider ist der Führer auch ein Mahnmal gegen die Gentrifizierung: Einige Einträge sind bereits mit schwarzem Trauerbalken versehen. Und für den Leser sind weitere Trauerbalken-Aufkleber beigelegt, sodass er den Kneipenführer auf dem aktuellen Stand halten kann.

Einen guten Mix aus Alt-Giesingern und Hipstern findet man im neu eröffneten, aber immer noch urigen **Café Schau Ma Moi** ❶. Kulinarisch interessanter wird es im **Attentat Griechischer Salat** ❷. Hier gibt's, wie der Name sagt: Salate. Und wie er vermuten lässt: Szenevolk. Stadträndischer fühlt sich **Der Dantler** ❸ an: Der Stil ist neu-untergiesingerisch, zum Beispiel mit der Giesing Ramen-Suppe. Gut etabliert hat sich das **Charlie** ❹. Ist man Boazn-Fan: ein Feind! Denn genau aus einer solchen haben die umtriebigen Macher um Gastro-Queen Sandra Forster den Feuertopf-In-Vietnamesen gebastelt, samstags mit stylisch ausgeleuchtetem Elektro-Club im Keller.

Schlachthof-Charme

Wem das schon wieder zu viel ist, wer sich nach Ehrlicherem sehnt, nach ganz unironisch gefeierter Bodenständigkeit, der muss noch weiter raus, auf die andere Isar-Seite ins Schlachthofviertel. Dort, wo die Thalkirchner Straße unter einer Eisenbahnbrücke auf die Lagerhausstraße trifft, wo düstere Industriehallen stehen, findet man ein Stück Niemandsland. Dass es hier mal eine kleine Eckkneipe gab, wissen wahrscheinlich nur noch die Zuhälter und Prostituierten vom Straßenstrich und die Fernfahrer vom Großmarkt, die sich dort nach getaner Arbeit getroffen haben. Seit ein paar Jahren aber kennt man die **Gruam** 1 (Grube) als angenehm unprätentiösen Mix aus Bar und Club.

Gleich gegenüber ist auf der Eisenbahnbrücke ein Schiff gestrandet: Richtig gelesen, die **Alte Utting** 2 fuhr mal über den Ammersee. An Deck gibt's nun Bier, Musik und das wunderbare Gefühl aus Zeit und Raum gefallen zu sein.

Auch aus dem alten Viehbahnhof wummern nachts die Bässe, genauer gesagt: aus einer Kulturstätte namens **Bahnwärter Thiel** 3. Während Gerhart Hauptmann in der gleichnamigen Novel-

Definition **Boazn:** Je nach Intonation kann eine Boazn eine drittklassige Kneipe sein oder aber ein gemütiches kleines Lokal. So oder so keine Boazn: Das Hofbräuhaus. Die Volksetymologie bringt die Boazn mit dem hochdeutschen Wort Beize in Verbindung. Wenn man sich den Dunst in vielen der Wohnzimmergroßen Lokale vorstellt, passt das ganz gut. Tatsächlich handelt es sich aber um einen Begriff aus dem Rotwelschen, der vom jiddischen ›bajis‹ (Haus, hebräisch bajit) hergeleitet wird.

▶ LESESTOFF

Munich Boazn: Maximilian Bildhauer, Volksverlag, 11,90 €

Vor der originellen Kulisse des alten Viehhof-Geländes laufen (wenn es das Wetter zulässt) auf einer 16 x 8 Meter großen Leinwand Kinohits, Blockbuster, aber auch Münchner Film- und Serienklassiker. Neben 1000 Sitzplätzen gibt es noch Bodenplätze mit Picknickflair und einen Nachtbiergarten.

le von 1887 die Bedrohung durch die Industrialisierung und die Hilflosigkeit gegenüber der Ständegesellschaft studiert hat, wacht der Münchner Thiel zuverlässig darüber, dass die Subkultur eine Nische in der Stadt behält. Wer tagsüber übers Gelände stromert, findet sich in einem hochmotivierten Sammelsurium wieder: Eine Discokugel hängt da vom Baukrahn, darunter mehrere ausgediente U-Bahnwaggons und andere Konstruktionen, eingeschachtelt von 54 Hafen-Containern aus Hamburg zum Lärmschutz. Das Schöne ist, dass man sich hier sowohl mit der Oma als auch mit dem Enkel an der Hand austoben kann. Während nachts wild gefeiert wird.

Street-Art-Künstler haben die Backsteinfassaden rund um den Viehhof schon vor Jahren für sich entdeckt. Und nein, niemand will behaupten, München sei ein Graffiti-Paradies, aber: Es gibt eine Szene. Immerhin so groß, dass das Kulturreferat unlängst beschloss, einen Street-Art-Beauftragten ins Amt zu setzen. Und ja, der erste ›Wholetrain‹ Europas, also ein komplett besprayter Zug war 1985 eine Münchner S-Bahn. Denn hier, und nicht etwa in Berlin, entsprang Deutschlands Street-Art-Szene.

Seit Kurzem ist im Viehhof aber auch die Hochkultur zu Haus, und zwar im elegant eingepassten Neubau des Volkstheaters 4.

Etwas mehr Punkrock und noch dazu Kickertische finden sich jeweils in den Kneipen **Substanz** 5 und **Südstadt** 6. Also, wer ein bisschen Distanz zur Bussi-Bussi-Gesellschaft braucht, der findet sein Glück im Münchner Süden.

Ein echter Freiraum ist das **KloHäuschen** 1 am Westeingang der Großmarkthalle. 8 m², mehr als 100 Jahre alt, seit 2009 in einem Prozess ständiger Reinkarnation: als Tropfsteinhöhle, Ferienwohnung, Küchenstudio, Wald oder Hörsaal.
www.das-klohaeuschen.de

UM DIE ECKE

Freitags von 13 bis 18 Uhr gibt es am Giesinger Bahnhof einen **Wochenmarkt** 1 mit tollen Antipasti.

Die Gegend um den Schlachthof ist orientalisch geprägt mit einer Moschee, vielen Gemüseläden und den zwei liebevoll eingerichteten Libanesischen Zwillingen: dem **Beirut Beirut** 5 für Falafel-Fans und dem **Manouche** 6 für die gleichnamigen Teigfladen, die dampfend aus dem Ofen gezogen und mit frischen Kräutern und Toppings verfeinert werden (Lindenschmitstr. 18 und Valleystr 19, www.beirutbeirut.de).

Acht Kilometer Stadtstrand – **die Isar**

Wenn Münchner von ihrem Fluss schwärmen, dann nicken Unwissende oft wenig enthusiastisch mit dem Kopf. Man kann ihre Gedanken lesen: »Nett. Aber doch längst kein Meer.« Man muss sie eben selbst mal erlebt haben, die Isar – den wohl längsten Kühlschrank der Welt. Am besten einen ganzen Sommer lang, aber mindestens einen Nachmittag.

Schon nach ein paar Stunden versteht man, wieso sie viel mehr ist als ein Fluss – ja beinahe eine Weltanschauung. Vor allem seit die Stadt sie aus ihrem künstlichen Korsett befreit hat. Bei den Römern hieß sie nämlich noch ›Isara rapidus‹, die Reißende. Weil sie aus dem Karwendelgebirge in die Talebene stürzte. Dabei riss sie über die Jahrhunderte nicht nur einige Holzbrücken ein, sondern auch Menschen in den Tod. Verständlich, dass die Münchner begannen, sie zu bändigen. Schließlich sollte sie Mühlen antreiben und Sägewerke, statt

Picknickstelle, Kühlschrank, Abendlocation, Freibad, Grillplatz … Die Isar hat viele Qualitäten!

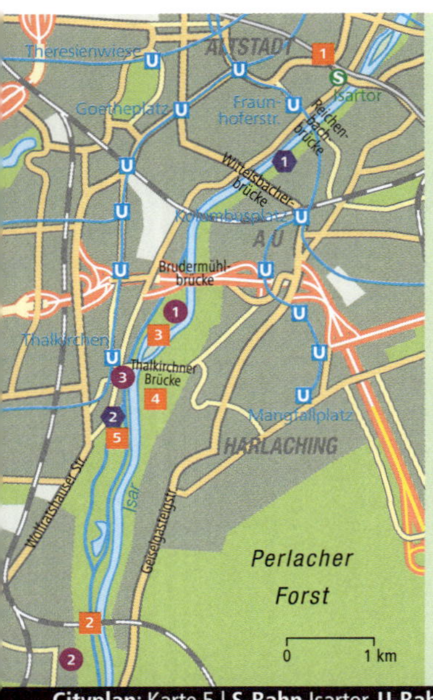

INFOS/ÖFFNUNGSZEITEN

Tierpark Hellabrunn 4: Tierparkstr. 30, www.hellabrunn.de, April–Okt. 9–18, sonst 9–17 Uhr
Fahrradverleih: zum Beispiel www.mikesbiketours.com, Hofbräuhaus am Platz, Tagespauschale 20 €

KULINARISCHES FÜR ZWISCHENDRIN

Zum Flaucher 1: Isarauen 8, www.zum-flaucher.de, tgl. bei schönem Wetter, €
Waldwirtschaft 2: Georg-Kalb-Str. 3 in Pullach, www.waldwirtschaft.de, tgl. 10–22.30 Uhr, €
Zur Pause mit Tierpark-Sound bietet sich der **Kiosk 1917** 3 an: Lange stand das Häusel leer und wurde in Münchens stylishsten Kiosk verwandelt. Der Kaffee stammt vom Edel-Röster, der Kuchen wird von Rentner*innen gebacken (Tierparkstr. 2, www.kiosk1917.de, tgl. 9–20 Uhr).

Cityplan: Karte 5 | **S-Bahn** Isartor, **U-Bahn** Thalkirchen, **Tram** 15, 25, N27

München hat unzählige Biergärten, Einheimischen aber gilt die etwas abseitige **Waldwirtschaft** 2 an der Großhesseloher Brücke ganz im Süden als der schönste: uralte Kastanienbäume, Isar-Rauschen, Jazz und FC-Bayern-Spieler inklusive.
http://waldwirtschaft.de

zu zerstören. Dafür zwang man sie in akkurat gezogene Kanäle mit hohen Kaimauern. Später gruben ihr Kraftwerke am Fuß der Alpen das Wasser ab, bis für München ein gerade mal fünfzig Meter breites, oft schmuddeliges Rinnsal in Zement übrig blieb.

Elf Jahre Arbeit und 35 Millionen Euro kostete die Rückverwandlung. Seitdem die Kaimauern durch flache Kiesbänke ersetzt und kleine Inseln, Fischtreppen und Habitate für Moorente und Biber angelegt wurden, sucht sich die Isar wieder heiter wie ein Bergfluss ihren Weg, schwillt zu alter Breite an, rauscht 14 Kilometer durch die Stadt – das Wasser so klar, dass man es meistens sogar trinken kann. 2011 feierte die Stadt endlich ihren neuen alten Fluss.

Bühne, Bierkühlung, Badeparadies

Seitdem gilt die Isar mehr denn je als Lebenseinstellung, als ideale Bühne, um die Lässigkeit einer Stadt zu beweisen, der sie oft abgesprochen wird. Auf die Isar können sich alle einigen, die Alten und die Jungen, die Faulen und die Sportlichen, die Naturschützer und die Feierwütigen, die Bonzen und die Flaschensammler, die Angezogenen – und die Nackerten.

Am Besten eignet sich für eine Isar-Erkundung natürlich das Fahrrad. Auf dem breit angelegten Radweg am Ostufer, kommt man nämlich nicht nur schnell von Nord nach Süd, sondern vergisst an den schönsten Stellen, dass man gerade mitten in einer Millionenstadt unterwegs ist.

Mit ein paar Stunden Zeit und der Badehose im Gepäck radelt man zum Beispiel vom **Isartor** 1 zum Flaucher hoch, oder noch weiter bis zur **Großhesseloher Brücke** 2 (45 Min. reine Fahrtzeit), wo die Reichen und Schönen wohnen, aber vor allem die uralten Kastanien der Waldwirtschaft Schatten spenden, während die Isar unten im Tal mit der frisch eingeschenkten Radler-Maß um die Wette sprudelt.

Dabei passiert man erst den **Hipster-Strand** 1 zwischen Reichenbachbrücke und Corneliusbrücke. Die beliebteste Strecke, um sich ein paar Meter mit dem Strom tragen zu lassen. Höllisch schnell geht das übrigens. Und aufgepasst: Die Isar ist auch im Stadtbereich ein Wildfluss und kein offizielles Badegewässer.

An einem schönen Tag wird man ein wenig auf Rennradler achten müssen, ansonsten kann man den Blick auf Auen, Sand- und Kiesbänke, Fußballspieler, austrainierte Freeletics-Sportler und viele, viele Sonnenhungrige genießen – die ab und an ins eisig kalte Wasser tappen, um ein neues Bier aus den Fluten zu angeln. Ein Schlauchboot treibt vorbei. Irgendwo steht ein Angler.

Jeweils in Brückenpfeiler-Nähe finden sich die alteingesessenen Standln, wo Sie sich mit Eis, Spezi oder Pommes versorgen können.

Dann tauchen in der Ferne die Türme des Heizkraftwerks auf, was romantischer ist, als es klingt. Vor allem, weil das Kraftwerk den **Flaucher** 3 ankündigt: Hier wirkt die Isar besonders naturnah mit Wiesen, Inselchen und Flußbänken – aber auch Schwaden von Grillwolken. Wer nicht mehr bis zur Wawi durchhält bekommt im ebenso traditionellen **Biergarten Zum Flaucher** 1 seine erfrischende Radler-Maß oder Apfelschorle. Das Schöne: Er liegt mitten in den Isar-Auen und ist somit nur per Rad oder zu Fuß zu erreichen. Keine Spur von Autolärm.

Isarflimmern
Der bayerische Liedermacher **Willy Michl** nennt sich selbst den Isar-Indianer. Schon als kleiner Bub hat er hier die Zeit zugebracht. Damals noch allein – ein beliebtes Naherholungsgebiet wurde der Flaucher erst später:

»...in da Sommasonna
auf dem weißen Kies,
i sog eich des is,
des Isarflimmern mitten
im Paradies,
Rolling Stones im
Flußbett,
träumen von Lady Jane,
das Ufer träumt vom
Liebespaar,
und s'Gebirg vom
Jennerwein,
und da Fluß träumt von
Millionen Jahren,
und laft oiwei so dahin,
in seim ewigen Tal?
smaragdengrün?
des is des Isarflimmern
mitten im Paradies ...«

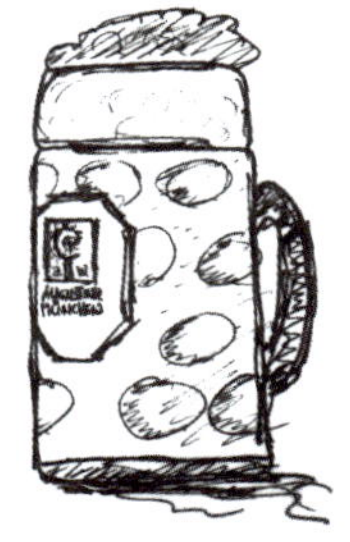

Das eigentliche Highlight der bayerischen Hauptstadt ist für Kinder wie für Erwachsene die Isar. Kristallklares Wasser, traumhafte Strände und eine tolle Stimmung – so sieht Sommer in München aus. Rund um den Flaucher liegen die wohl schönsten Badeplätze: Dank der vielen abgehenden Isararme finden sich (vor allem im südlicheren Teil) kleine Buchten, die bei schönem Wetter beinahe Karibikfeeling aufkommen lassen.

Teile der Isar und des Isarkanals sind aufgrund von Einbauten und Wasserwalzen nicht zum Baden geeignet, weshalb die **Warnschilder** unbedingt beachtet werden sollten. Grundsätzlich gibt es an der Isar jedoch nur wenige Reglements und Einschränkungen

Belohnung: Stramme Wadeln und Radlermaß

Wieder aufgesessen, verrät nun der Raubtiergeruch, dass man Thalkirchen und den **Tierpark Hellabrunn** 4 erreicht hat. Ein kurzer Abstecher auf den höher liegenden Fußweg, und man blickt direkt den Zicklein und Lämmern im Streichelzoo in die Augen.

Wer mit dem Mountainbike und etwas sportlicher unterwegs ist, kann ab jetzt immer wieder vom Radweg auf anspruchsvoll angelegte Trails im Unterholz ausweichen. Irgendwo versteckt sich auch ein kleiner Trick-Bikepark mit Rampen.

Wer dagegen über die Thalkirchner Brücke auf die Westseite zum Isarkanal wechselt, hat nicht nur Gelegenheit den Surfern an der **Floßlände** 5 zuzuschauen, sondern bekommt mit etwas Glück auch ein Floß zu sehen. Die Blasmusikkapelle kündigt den kuriosen Partyspaß schon von weitem an. Die Passagiere sind im Normalfall bierfröhlich genug, um Zuschauer lautstark zu honorieren.

Je weiter man sich entlang der Isar aus der Stadt nach Süden bewegt, desto verlockender sind beschauliche Plätzchen am Hochufer. Und wer es schließlich den steilen Berg zur Waldwirtschaft hoch geschafft hat, darf sich nach der Brotzeit auch mit einer S-Bahn-Fahrt zurück in die Innenstadt belohnen. Immerhin können Sie jetzt mitreden!

UM DIE ECKE

»Schwimmen wie im See« kann man im städtischen **Naturbad Maria Einsiedel** 2, das herrlich unter uralten Bäumen liegt – und dessen Badewasser biologisch mithilfe von Mikroorganismen gereinigt wird. Weitere Attraktionen: der reißende, eiskalte Isarkanal, der mitten durch die Liegewiese führt, und der abgegrenzte FKK-Bereich (Zentralländstr. 28, Mai–Sept. 10–18 Uhr, Eintritt 6 €, Kinder unter 12 Jahren frei).

Der vergessene Stadtteil – **Schwanthalerhöhe**

Während Giesing mit der nahen Isar punkten kann, waren die Münchner doch überrascht, dass Trendforscher plötzlich vom Westend sprachen. Also eigentlich von der Schwanthalerhöhe, dem Viertel oberhalb der Theresienwiese. Der Dunst vom Augustiner Bräu zieht hier durch Straßen, die einst vor allem Gastarbeitern günstigen Wohnraum boten.

Ja, manche Städter haben das Westend komplett aus ihrer inneren Landkarte gestrichen. Vielleicht der Grund, dass es noch nicht umgekrempelt wurde – muslimischer Nachbartreff neben Jungdesigner-Boutique neben Dönerladen neben Kurzwaren-Lädchen neben Alternativ-Kita: Das Viertel kippelt wunderbar entspannt auf der Grenze zwischen Wo? und In! Aber vielleicht liegt es auch an den Bewohnern, die ihr Viertel gegen die Gentrifizierung verteidigen wie ein Gallisches Dorf.

Die Monumentalstatue Bavaria, die genau an der Grenze zum Stadtteil Ludwigsvorstadt über der Theresienwiese thront, wurde vom namengebenden Bildhauer Ludwig Schwanthaler geschaffen.

Hier will um jeden Preis noch geträumt werden. Zum Beispiel im **Haenselgret** 1, in dem Angela Ruepp Erinnerungen zusammengetragen hat, mit denen Eltern selbst spielen wollen: Kreisel, Rasseln, Murmeln. Überhaupt ist die Schwanthalerstraße die Kastanienallee des Westends: Hier sitzt, wer genau weiß, was läuft, aber so tut, als ob nicht.

Zum Beispiel Designerin Claire Massieu von **Louloute** 2, die auch gleich Nähkurse und Näh-Kits zum Selbermachen anbietet, oder ein paar Läden weiter die **Herrenabteilung/Damenabteilung** 3, ein extrem gut sortierter Secondhand-Shop, in der

INFOS/ÖFFNUNGSZEITEN

Haenselgret 1: Schwanthalerstr. 141, www.haenselgret.de, Di–Fr 10–18.30, Sa 10–14.30 Uhr
Louloute 2: Gollierstr. 33, www.louloute.de, Di/Do 16–19, Mi/Fr 12–19, Sa 10–15 Uhr
Herrenabteilung/Damenabteilung, Parke 6 3: Schwanthalerstr. 156, https://parke6.de/, Mo–Sa 11–20 Uhr

KULINARISCHES FÜR ZWISCHENDRIN

Cafe Marais 1: Parkstr. 2, www.cafe-marais.de, Di–Sa 8–20, So 10–18 Uhr
Bodhi 2: Ligsalzstr. 23, www.bodhivegan.de, Mi–So 17–23 Uhr, €
Lohner und Grobitsch 3: Sandtnerstr. 5, www.lohnerundgrobitsch.de, Mi–Mo 10–18 Uhr, €
Frisches Asia-Streetfood: Die Nudelschalen bei **Madame Hu** 4 kann man mit Soßen und Gewürzen modifizieren (Gollierstr. 20, www.madame-hu.com, Mo–Sa 12–15, 17–24 Uhr, €).
Mit dem **bean batter** 5 stellt das Westend unter Beweis, dass es High-End kann, ästhetisch wie waffelig (Schwanthalerstr. 123, tgl. 10–18 Uhr, www.bean-batter.de, €).

Cityplan: A/B 6/7 | **U-Bahn** Schwanthalerhöhe, **Tram** 18, 19, N19

Parke 6 werden (nicht nur) schwedische Designerteile verkauft. Schräg gegenüber liegt das heimliche Zentrum des Viertels, das **Café Marais** 1.

Lässige Grätsche

In einem der großen Schaufenster des ehemaligen Textil-Kaufhauses kann man leicht den Tag verdandeln. Dass man mit der Ladeneinrichtung zu einer Kaffeehaus-Installation verschmilzt; dass in den Schubfächern und Vitrinen ein Sammelsurium aus Vintage-Taschen, Schmuck, Retrogeschirr oder Schreibwaren steckt; dass man das antike Mobiliar kaufen kann: All das würde im Glockenbach zu gewollt wirken. Das Westend versprüht genug Nonchalance, sich solche Spielereien erlauben zu dürfen. Nach demselben Prinzip funktioniert das **Bodhi** 2. Als einer der wenigen Veganer Münchens könnte man es als apokalyptischen Reiter der Gentrifikation sehen. Aber tatsächlich wirkt das ungewöhnliche Konzept der Vegan-Bayerischen Küche nicht verkünstelt und ist sogar preislich im Rahmen.

Eine große Niederlage erlitten die Westendler: Vor einigen Jahren noch traf sich Jung und Alt am Georg-Freundorfer-Platz, der nicht nur wegen seines prämierten Spielplatzes die Kleinen glücklich macht und wegen der Schachfelder die Rentner, sondern vor allem als einer der besten Skate-Spots in Deutschland galt: Seit sich ein Anwohner über den Lärm beschwerte, ist Skaten hier streng verboten. Bei schlechtem Wetter sieht man die Jungs noch im U-Bahn-Zwischengeschoss Schwanthalerhöhe über Kanten und Geländer schlittern.

Dafür gelang dem **Lohner und Grobitsch** 3 um die Ecke die Grätsche zwischen den Generationen umso besser. Vor ein paar Jahren überzeugte eine junge Schneiderin den alten Inhaber aus dem Tante Emma-Laden ein Kaffeehaus zu machen. Heute genießen hier junge Familien und ältere Paare einträchtig den frisch gebackenen Kuchen. Ein schönes Beispiel dafür, wie sich ein Stadtviertel ändern und gleichzeitig seine Seele bewahren kann.

UM DIE ECKE

Passend zum Arbeitercharme gucken Locals Sonnenuntergänge (mit Bierflasche) auf der schmiedeeisernen **Hackerbrücke** 1, im Blick: Gleisschneise und Züge.

Bei der 4 Meter hohen »Sweet Brown Snail« am Münchner Verkehrszentrum – unter den Anwohnern ist sie als ›Ilse‹ bekannt – handelt es sich um die 29-fache Vergrößerung einer Schnecke aus Ton, die von ihren beiden Machern Jason Rhoades und Paul McCarthy an einem Kiosk gekauft wurde. Die Skulptur steht in ironischem Gegensatz zum Thema Geschwindigkeit, das im Verkehrsmuseum natürlich eine große Rolle spielt.

Herr und Frau Rio 1 heißen eigentlich anders, aber der Name hilft als Eselsbrücke. Wer weiß schon, was Risografie ist? Wer auf hübsche Druckerzeugnisse steht, die noch dazu umweltfreundlich sind, wird im Atelier freudig aufgeklärt und kann sich bei Workshops selbst drin üben.

Parkstr. 19. www.herrundfraurio.de

Spazieren und Flanieren – **Schloss Nymphenburg**

Was die Könige getrieben haben, wenn ihnen langweilig war – nämlich protzen und klotzen, dafür gibt's in Bayern genug (er)bauliche Beispiele. Besonders wild trieb es einer, der sich sein Leben lang nichts sehnlicher wünschte, als König zu werden, dem die Herkunft aber ›nur‹ zum Kurfürsten verhalf.

»Das schönste Bad, das mit allen Bequemlichkeiten, so die Pracht nur eingeben kann«, wird die Badenburg in einer Reisebeschreibung von 1792 hochgelobt.

Eigentlich hatte Max Emanuel nie große Lust auf Bayern. Stattdessen versuchte er sein Herzogtum einzutauschen, einmal gegen die Spanischen Niederlande, ein andres Mal gegen die Königreiche Sardinien und Sizilien. Als er die Chance auf die Kaiserkrone witterte, musste ein Statussymbol her. Die Basis stand: Ein Schlösschen, das sein Vater der Mutter zu seiner Geburt geschenkt hatte. Max Emanuel machte daraus einen weitläufigen Palast mit Seitenflügeln, einem Wasserlauf und einem

Cityplan: Karte 3 | **U-Bahn** Gern, **Tram** 12, 16, 17, N16

INFOS/ÖFFNUNGSZEITEN

Schloss und Park 1: April–Mitte Okt. tgl. 9–18 Uhr (Gesamtkarte Nymphenburg 15 €), Mitte Okt.–März tgl. 10–16 Uhr (Gesamtkarte 12 €)
Museum Mensch und Natur 7: www.mmn-muenchen.de, Di–Fr 9–17, Sa/So 10–18, 3,50 €, So 1 €

KULINARISCHES FÜR ZWISCHENDRIN

Eine Alternative zum überfüllten Palmenhaus ist das **Limulus 1**. Es liegt ein wenig versteckt hinter dem Museum Mensch und Natur. Im Garten hört man nur die Enten quaken (Nördl. Schlossrondell 12, www.cafebar-limulus.de, Di–Fr 10–17, Sa/So 10–18 Uhr, €).

Park, der locker mit Versailles mithalten können sollte – das **Schloss Nymphenburg 1**.

Heute hausen in Nymphenburg und dem benachbarten Gern zwar keine Fürsten mehr, aber durchaus die oberen Zehntausend – unschwer an den Villen zu erkennen, die nicht nur die Nebenstraßen, sondern auch die beiden Auffahrtsalleen zum Schloss säumen: Dazwischen liegt der Nymphenburger Kanal mit seinen **Eisstockbahnen 2**.

Durch die mächtige Flucht der Alleen wirkt es, als ob die Schlossfront mit jedem Schritt wächst. Der Kurfürst hat es verstanden, seine Machtstellung in den Gehirnwindungen von Volk und Hofstaat zu verankern.

Natürlich wurde das Schloss von späteren Wittelsbachern mit weiteren Dekobauten aufgemotzt und mit Schätzen gefüllt. König Ludwig der Erste erweiterte Max Emanuels Schönheitsgalerien von Adeligen mit einem »gemalten Serail« durch das »der Kunsteunuch spazieren gehe«, wie Heinrich Heine spottete. Sprich: Ludwig, bekannt für sei-

Im Nymphenburger Schlosspark findet man nicht nur wunderschöne Gartenanlagen, Skulpturen und Brunnen vor, sondern auch freie Natur mit viel Wald und viel Wasser.

ne Affären, ließ auch Bürgertöchter und einfache Mädchen porträtieren.

Am eindrucksvollsten ist die **Amalienburg** 3, ein Jagdschlösschen von Cuvilliés, der auch das Rokoko-Theater in der Residenz gestaltet hat. Im Spiegelsaal versteht man, wie die Herrscher ihren Größenwahn pflegten: Die Grenzen des Raums scheinen sich aufzuheben, der Saal beinahe zu schweben. Nach oben verfängt sich der Blick in einem himmelsgleichen Gespinst aus hellblauem Stuck.

Die **Röthlinde** 8 in Gern hat mit ihren über 300 Jahren schon einiges miterlebt: den Einmarsch Napoleons, die im nahen Nymphenburger Schloss residierenden Könige, die beiden Weltkriege. Botaniker geben ihr noch etwa ein Jahrzehnt. Ecke Nederlinger Straße/ Baldurstraße

Königsspiele

Der Schlosspark war damals der Hofgesellschaft vorbehalten, erst Karl Theodor eröffnete ihn fürs Volk. Wenn nicht gerade ein paar Reisebusse vorfahren, kann man sich vorstellen, wie hier gejagt, getanzt und gefeiert wurde – ja sogar venezianische Gondeln durch den Kanal glitten.

Max Emanuels Architekt hat nicht nur einen barocken Park mit Wasserspielen, Seen, exotischen Gewächsen und Statuen angelegt, sondern auch Lustschlösser. In der **Badenburg** 4 befand sich ein beheizbares Schwimmbad – ziemlich extravagant in einer Zeit, in der man Körpergerüche mit Parfüm übertünchte.

Wer sich nun bereits zu den Hofdamen rechnet, wird auch die Ausstellung der **Porzellanmanufaktur** 5 im Südflügel des Schlosses mögen. Wen interessiert, wie sich die ›Großkopferten‹ auf der Straße inszeniert haben, der findet ebendort im **Marstallmuseum** 6 die Karossen der Könige – damals natürlich noch durch echte PS angetrieben.

Für unterschiedliche Anlässe konnte Ludwig II. zwischen verschiedenen Ausführungen seiner edlen Karossen wählen. Seine Prunkwägen und Kutschen kann man im Marstallmuseum bewundern.

Zum Ausnüchtern von all dem Glanz, vor allem, wenn man Kinder dabei hat, lohnt noch ein Besuch im **Museum Mensch und Natur** 7 im Nordflügel. Stichwort: Mitmach-Exponate! Und erinnern Sie sich noch an Bruno, den Problembären? Der klaut hier in den ewigen Jagdgründen seinen Honig.

UM DIE ECKE

Im Neuhausener Weinhaus-Café-Tausendsassa, dem **Ruffini** 2, sitzt man eng und gemütlich auf der winzigen Dachterrasse und fühlt sich intellektuell (Orffstr. 22–24, www.ruffini.de, Di 18–24, Mi–So 10–24 Uhr, €).

Avantgardistischer Alpenersatz – **der Olympiapark**

Wie ein Spinnennetz, in dem sich Tautropfen verfangen haben, so wirkt die transparente Dachkonstruktion des Olympiastadions 1 aus der Ferne. Kaum zu glauben, dass diese Architektur aus den Sechzigern stammt!

Aber genau das war den Architekten damals wichtig – sich abzugrenzen von den monumental-neoklassizistischen Spielen von Berlin 1936, den Hitler-Spielen. Das Zeltdach sollte die neue deutsche Leichtigkeit spiegeln, ein Entwurf sein für die Utopie: frei, schön, schwerelos, elegant – und demokratisch.

Wie Damenstrümpfe! Nein, letzteres ist kein Witz. Einer der Architekten experimentierte für das

Vom fast 300 Meter hohen Olympiaturm hat man einen fantastischen Ausblick.

INFOS/ÖFFNUNGSZEITEN

Olympiastadion 1: https://www.olympiapark.de/de/attraktionen-und-gastronomie/sightseeing/besichtigung-olympiastadion, April, Sept., Okt. 9–18, Mai–Aug. 9–20, im Winter 11–16 Uhr, Erwachsene 3,50 €

Ost-West-Friedenskirche 2: www.ost-west-friedenskirche.de, Besuch n. V., T 0177 671 27 10, Eintritt frei

Cityplan Karte 4 | **U-Bahn** Olympiazentrum, Petuelring, **Tram** 20, 21, 27, N 20, N27

Olympiapark

Modell damals tatsächlich mit den Strümpfen seiner Frau. Doch wie sollte man dieses hauchzarte Gebilde konstruieren? Ein wahrer Baumeister musste her, einer der nicht in Schubladen denkt, und er fand sich: Frei Otto. Der Vorname war Programm bei den Ideen des Stuttgarter Tüftlers.

Unter der kunstvoll angelegten Landschaft des Olympiageländes wurde der Krieg sogar wörtlich begraben: Drei Trümmerberge lagen bereit, um verarbeitet zu werden. 10 Mio. Kubikmeter Schutt, über die Jahre aus der zerstörten Stadt gekarrt. Der Zuschlag zu den Sommerspielen bot auch einen Grund die U-Bahn endlich fertig auszubauen: Der Aushub wurde für die Schüttung der Hochflächen verwendet und München einmal umgekrempelt.

Kirche der Herzen

Ausgerechnet ein kleiner Schwarzbau aber durfte bleiben. Bei den Planungsarbeiten hatte man eine winzige orthodoxe Kirche gefunden – aus Brettern, Trümmerteilen und Konservendosen gezimmert und mit dem Silberpapier von Schokoladetafeln ausgekleidet. Hier hatte sich nach dem Krieg ein russischer Flüchtling eingerichtet. Natürlich sollte der Verhau dem Millionenprojekt weichen.

Doch die rührende Geschichte führte zu einer massiven Protestwelle; das olympische Dorf wurde weiter nach Norden verlegt und Väterchen Timofei wohnte hier mit seiner Lebensgefährtin Natascha, bis er 2004 im Alter von angeblich 110 Jahren starb. Das liebenswerteste illegale Gebäude Münchens, bekannt als **Ost-West-Friedenskirche** 2, kann heute immer noch besucht werden.

Im Süden des Parks findet im Juli das **Tollwood-Festival** 5 statt. Einst Großereignis für Alternative, heute als Öko-Kommerz beschimpft, aber immer noch ein guter Ort, um sich den Bauch mit exotischem Streetfood vollzuschlagen.
www.tollwood.de

Neu für so ein Großereignis war, dass bei der Gestaltung die Wertschätzung der Natur und ökologische Gesichtspunkte solch eine Rolle spielten. Nicht nur fügen sich die Bauten symbiotisch in die Landschaft um den **Olympiasee** **3**, sondern dazu wurden über 3000 Bäume gepflanzt. Und um dem internationalen Publikum bestimmt alle Assoziationen mit Nazi-Deutschland zu nehmen, bekamen die Sicherheitsbeamten eine Uniform, die nicht nach Uniform aussah. Umso schrecklicher, dass es während der Spiele im September 1972 zum Massaker von München kam, als acht Mitglieder einer palästinensischen Terrororganisation das Wohnquartier der israelischen Mannschaft stürmten. Elf israelische Sportler, ein deutscher Polizist und fünf der Terroristen kamen damals ums Leben.

Demokratisch und frei

Trotz des Geiseldramas erinnert das Gelände heute noch an die beschwingte Aufbruchstimmung, die zum Bau in München herrschte. Die Aneignung des Parks durch die Bevölkerung galt dem Landschaftsarchitekten als oberstes Kriterium – und das ist gelungen: Nicht nur das Schwimmbecken oder die Eislaufhalle haben die Bürger annektiert; im Park wird geskatet, geradelt, gejoggt, im Winter sogar ein bisschen Ski gefahren. Im Sommer gibt's auf dem Olympiasee eine Wakeboard-Anlage. Und nachdem der Fußball in die Allianz Arena abgewandert ist, finden im Stadion Konzerte statt, die in der Stadt die Hallen sprengen würden.

Nicht nur freien Himmel, sondern auch freien Eintritt bieten die Theatron-Festivals mit ausgewählten Indie-Bands, die Pfingsten und Sommer in der **Arena** **4** am See spielen (www.theatron.de).

UM DIE ECKE

Das Zeltdach erinnert nicht nur an die Berge, es lässt sich auch im Klettergurt besteigen. Höhepunkt der Expedition: Das freie Abseilen über 40 Meter (www.olympiapark.de, Erwachsene 53 €) Wem das Olympiazentrum zu weit ist: Die Kneipe **München 72** im Glockenbachviertel ist eine nette Hommage. Mit Fotos, ausgedienten Turnmöbeln und Vintage-Sportlernahrung wie Schinkennudeln (Holzstr. 16, www.muenchen72.de, 🕮 C 7/8, Mo–Do 17–24, Fr 17–2, Sa 10–2, So 10–22 Uhr, €).

Fast das Schönste am offenen Konzept der Architekten: Hier wird es wirklich demokratisch und **frei.** Statt schwitzend eine teure Eintrittskarte abzuarbeiten, kann man nämlich auch mit einer Flasche Wein im Gras auf den Hügelchen drumrum sitzen und den **Konzerten im Stadion** lauschen.

Das ungewöhnliche, lichtdurchlässige Stadion-Zeltdach besteht aus transparentem Plexiglas. Es überspannt das Stadion, die Halle sowie die Schwimmhalle auf dem Olympiagelände.

EINTRITTSKARTEN *in eine andere Welt ...*

Es gibt mehr als die Alte und die Neue Pinakothek oder die Glyptothek, hier meine Favoriten.

UND JETZT ENTSCHEIDEN SIE!

Museum Ägyptischer Kunst
Di 10–20, Mi–So 10–18 Uhr
7/5 € (jeden So 1 €)

Glas, Stahl und eine ausgetüftelte Architektur imitieren die Monumentalästhetik ägyptischer Tempelanlagen: Was in dem Bau ausgestellt wird? Fast vergessen: eine der wichtigsten Sammlungen altägyptischer Kunst.

JA NEIN

C 4, www.smaek.de

Villa Stuck
Di–So 11–18 Uhr
9/4,50 €

Das Jugendstil-Wohnhaus des zweiten Münchner Malerfürsten (neben Lenbach) war gleichzeitig seine Bühne. In Franz von Stucks Gemächern sind heute nicht nur seine eigenen Gemälde ausgestellt. Ein Gesamtkunstwerk.

JA NEIN

G 5, www.villastuck.de

BMW-Welt/Museum
Di–So 10–18 Uhr
10/7 €

Pompöse Architektur, ein Blick hinter die Kulissen, viel Technik, Nobel-Karossen: Hier kann man für ein paar Stunden schwelgen in der gigantomanischen Kombination aus Museum, Auslieferungshalle und Eventgelände.

JA NEIN

Karte 4, www.bmw-welt.com

Kunsthalle München
tgl. 10–20 Uhr
14/2 €

Neo Rauch, Albrecht Dürer, Walt Disney: Alle drei wurden mit ihren Werken schon in der Kunsthalle gezeigt. Die Hypo-Kulturstiftung legt sich in in den edlen Fünf Höfen weder auf Disziplin noch auf Stil oder Epoche fest.

JA NEIN

D 6, www.kunsthalle-muc.de

Lothringer 13
Di–So 11–19 Uhr
Eintritt frei

Auf einer Fläche von 800 m² gibt es in Haidhausen seit 1980 alle sechs Wochen frischen Input junger Avantgarden. Schwerpunkt ist Medienkunst. Auch Aktionen, Vorträge und Screenings.

JA NEIN

G 8, www.lothringer13.com

Farbenladen im Feierwerk e.V.
wechselnde Zeiten
in der Regel Eintritt frei

Hauptsache Popkultur! Das ist das Motto des Farbenladens im Feierwerk e.V.: Malerei, Bildhauerei, Fotografie, Videokunst, Digital Art, Grafik, Street-Art, Modedesign – alles dabei.

JA NEIN

Karte 3, www.facebook.com/feierwerk farbenladen

Paläontologisches Museum
Mo–Do 8–16, Fr 8–14 Uhr
Eintritt frei

Das Museum imponiert allein schon mit der Größe seiner Exponate: das gigantische Mammut, ein Säbelzahntiger oder das Skelett eines Riesenhirsches. Außerdem bekommt man Darwins Evolutionstheorie anschaulich erklärt.

JA NEIN

C 4, www.palmuc.de

Museum Fünf Kontinente
Di–So 9.30–17.30 Uhr
5/4 € (jeden So 1 €)

Gar nicht verstaubt: Zwar steht im ältesten Völkerkundemuseum Deutschlands das älteste Kajak der Welt, aber mit zeremoniellen Tanzmasken, zeitgenössischer Kunst aus Afrika oder Foto-Projekten wird der Horizont erweitert.

JA NEIN

F 6, www.museum-fuenf-kontinente.de

MUCA
Mi–So 10–18, Do 10–20 Uhr
9/6 €

Verliert Street Art ihren Zauber, wenn sie im Museum landet, oder umgekehrt? Im Museum of Urban and Contemporary Art wird diese Frage schon mit der Fassade gestellt, die von Street Art Künstler Stohead gestaltet wurde.

JA NEIN

Karte 2, D 6, https://www.muca.eu

Münchner Museumslandschaft

München sieht sich als Museumsmetropole. Der inoffizielle Landes-Wettkampf um die Bedeutung der Stadt für Kunst und Kultur läuft seit König Ludwig dem Ersten. In Konkurrenz zu Berlin hat sich München dabei immer schon selbstbewusst gegeben. Damit sich die Bürger den kulturellen Input auch leisten können, verlangen viele Museen und Ausstellungshäuser keinen Eintritt oder reduzieren sonntags ihre Eintrittsgelder auf einen Euro. Hauptattraktion ist ganz klar das **Deutsche Museum** (► S. 56) mit seinem Technikschwerpunkt, aber auch Naturkunde, Ethnologie und Stadtgeschichte deckt München keineswegs nur mit dem Pflichtprogramm ab. Zu Letzterer gehört selbstverständlich die Auseinandersetzung mit dem Nationalsozialismus wie in der Dauerausstellung im **Stadtmuseum** (► S. 31) am Jakobsplatz und mit dem neu eröffneten **NS-Dokumentationszentrum** (► S. 39) am Königsplatz. In Hitlers ›Haus der Deutschen Kunst‹ am Englischen Garten wird heute mit Fleiß präsentiert, was dem selbsternannten Kunstexperten nicht in sein verächtliches Weltbild gepasst hat.

WAS MAN IN MÜNCHENS MUSEEN ENTDECKEN KANN

Wer der Meinung ist, Museen seien düstere, tote Orte, der kann im **Botanischen Garten** bei Tageslicht durch seltene Exponate der lebendigen Kulturgeschichte wandeln: www.botmuc.de.
Wer wissen will, welche Künstler die Szene hypt, bevor sie in den großen Museen landen, der ist beim **Kunstverein** an der richtigen Adresse: www.kunstverein-muenchen.de.
Jung und unkonventionell zeigt sich das **Lothringer 13** (► S. 79).
Wer sich schon immer gefragt hat, wie ein Zahnstocher im Winter aussieht, auf Lokalkolorit und schrägen Humor steht, muss ins **Liesl Karlstadt und Karl Valentin-Musäum** (► S. 31) am Isartor.
Kür der Münchner Museumslandschaft ist das **Kunstareal** (► S. 36) mit den Pinakotheken, der Ägyptischen Kunst, dem Lenbachhaus und der Sammlung Brandhorst.
Eine Übersicht bietet die Seite **www.museen-in-muenchen.de.**

Blick ins Museum Brandhorst

Der kollektive Rausch

Sogar auf dem Stadtwappen findet sich indirekt der Bezug zum Bier: Obwohl nie ganz klar ist, ob das Münchner Kindl in seiner Kutte ein bierbrauender Mönch ist oder doch eher die Kellnerin im Wirtshaus. Fest steht: Bier und München, das sind beinahe Synonyme. Kein Wunder, getrunken wird niemals allein, sondern auf den großen Bierfesten, in den Biergärten, an der Isar, in Wirtshäusern, Boazn, Nachtclubs und an den kleinen Standln. Wer keines mag oder sonst nur Astra trinkt, kann sich schnell außen vor fühlen in dieser Stadt. Deswegen hier ein bisschen Smalltalk-Wissen.

Machttrunken: Gesellschaft und Bier

Bereits in den Reiseberichten des frühen 19. Jh. wird beschrieben, dass das Bier an der Isar eine ganz andere Rolle spielte, als beispielsweise an der nördlichen Elbe. Der Münchner trinkt seit jeher in geselliger Runde. Kein Wunder, dass Stadtgeschichte, Politik und soziale Entwicklungen sich oft über den Bierkrug weg entschieden haben.
Nicht selten mit Gewalt. Worum es bei der **Salvatorschlacht** 1888 ging, weiß allerdings keiner mehr so richtig: 4000 Gäste prügelten sich damals am Nockherberg die ganze Nacht grün und blau. Gerade als sich die Situation in München zwischen den beiden Weltkriegen zuspitzte, entwickelten sich die Bierhallen zu Austragungsorten der politischen Konflikte: Nicht selten endeten Reden in brutalen Saalschlachten. Der **Hitlerputsch** 1923 heißt im englischen Sprachraum nicht ohne Grund ›Beer Hall Putsch‹. Historiker vermuten, dass Hitler in München gerade unter leicht zu überzeugenden Saufbrüdern Anhang fand.

Münchner Bier-Jahreszeiten

Nockherberg 🕮 E 9

Der Biergeschmack wechselt in München mit den Jahreszeiten. Da ist das **Salvator** im Frühjahr, abgelöst vom **Maibock,** zur Oktoberfestzeit das **Märzen** und dann wird das Jahr mit dem **Weihnachtsbier** beschlossen. Diese Sondersude sind in der Regel allesamt stärker eingebraut. Eine Maß (Liter) Münchner Oktoberfest-Bier entspricht vom Alkoholgehalt acht Schnäpsen!
Seinen Ursprung hat das Starkbier am **Nockherberg** in der Au. Dort hatten Mönche des Paulaner-Ordens schon 1634 die Lizenz zum Bierbrauen. Zur Fastenzeit wagte sich einer der Mönche an einen besonders kräftigen Trunk, um den Magen wenigstens flüssig zu füllen. Sicherheitshalber ließen die braven Paulaner dem Papst ein Fass schicken, um den Genuss abzusegnen. Durch die lange Reise aber war das Bier sauer geworden – und der Papst winkte es durch, weil er glaubte, es würde den Mönchen eh bald zum Hals raushängen. Von wegen. Das ›flüssige Brot‹ wurde zur beliebten Fastentradition.
Nach der Säkularisation konnten sich die Mönche ihr Kloster zwar nicht mehr leisten, aber der neue Pächter und Wirt Franz Xaver Zacherl behielt nicht nur die Tradition des **Starkbierfests** bei, sondern lud Schauspieler und Sänger dazu, um den Umsatz zu steigern. Das Fastenbier galt damals übrigens erst dann als kräftig genug, wenn eine besudelte Bank beim Aufstehen an der Lederhose kleben blieb. Heute wird die Starkbierprobe am Salvator-Ausschank samt »Derblecken« – dem bösen Kaba-

rett über amtierende Politiker – live im BR übertragen.

17-tägiges Starkbierfest im Paulaner-Festsaal, Hochstr. 77, Au-Haidhausen, Beginn um den 19. März

Legale Massenorgie

Oktoberfest 🕮 A 6–8

Was oft als größte legale Massenorgie der Welt bezeichnet wird, war ursprünglich ein recht sittliches Pferderennen anlässlich der Hochzeit von Ludwig von Bayern und Prinzessin Therese 1810 vor den Toren Münchens. Zu Ehren der Braut erhielt der Festplatz den Namen ›Theresienwiese‹. Abgesehen von den Kriegsjahren fand die **Wiesn** daraufhin jedes Jahr statt und wurde immer spektakulärer, bunter und umfangreicher.

Ende des 19. Jh. begannen Münchens Brauereien aufgrund der Nachfrage große Bierzelte mit Musikkapellen anstelle der kleinen Bierbuden zu errichten.

Bis heute haben nur sechs Münchner Traditionsbrauereien die Schanklizenz auf dem Oktoberfest – ein Millionengeschäft. Der übertriebene **Bierpreis** wird jeden September zum Politikum. Vor allem wenn der Krug manchmal nur halbvoll ist. Bereits 1899 wurde der erste »Verband zur Bekämpfung betrügerischen Einschenkens« gegründet.

Auftakt ist der Einzug der Wiesnwirte auf geschmückten Wagen sowie der Anstich des ersten Fasses durch den Oberbürgermeister. Mit dem Ruf **»Ozapft is!«** beginnt die Wiesn offiziell. Das Ritual birgt viel Potenzial sich zu blamieren: Während Thomas Wimmer im September 1950 noch erbarmungswürdige 17 Schläge benötigte, ist der Rekord seit Christian Ude auf routinierte zwei Schläge gesunken. Erich Kiesl hatte 1981 zwar keine Probleme mit dem Handwerk, dafür entwich ihm in der Aufregung ein kräftiges: »Obatzt is!« Das Schottenhamelzelt brüllte vor Lachen.

Zu dieser Zeit sind die großen Bierzelte bereits gerammelt voll, vor den Eingängen haben sich lange Schlangen gebildet, und das wird sich in den nächsten Tagen auch nicht ändern. Die Kellnerinnen schleppen enorme Mengen an einigermaßen vollen Maßkrügen herbei. Berge von Hendln, Steckerlfischen, gebratenem Ochsenfleisch und Riesenbrezen werden vertilgt, die Musik dröhnt, es wird geflirtet, gesungen und auf den Tischen getanzt – ein kollektiver Rausch eben, den man nüchtern kaum erträgt.

Überhaupt sind die **Festzelte** eine Welt für sich, und in jedem findet sich ein anderes Biotop. Eine kleine Auswahl:

– Das **Hofbräu** zieht wie das gleichnamige Wirtshaus internationales englischsprachiges Publikum an: Amerikaner, Australier, Kanadier und Neuseeländer. Hohe Dichte an ›Fake-Tracht‹.

– Das **Hacker-Festzelt** gilt als eines der urigsten, wegen der Dekoration und weil der Wirt bei schönem Wetter einfach das Dach und den Blick auf weißblauen Himmel öffnet.

– Der **Schottenhamel** ist das älteste Zelt und hier wird das erste Fass angezapft. Es ist gerade bei den jüngeren Münchnern und der Schickeria als Party-Treffpunkt beliebt.

– Promis wie die FC Bayern-Spieler und internationale Stars treffen sich in **Käfer's Wiesn-Schänke.** Hier gibt's die beste Küche und es ist klein genug, um Exklusivität zu wahren.

– Frohe Nachricht: Wer immer noch kein Bier mag – im eher schicken **Weinzelt** gibt es 15 Sorten sowie Sekt und Champagner.

– Die **Bräurosl** ist zumindest am ersten Sonntag fest in Hand der Schwulen und Lesben.

– Das **Augustinerzelt** ist gerade bei den echten Münchnern beliebt, weil ihr Lieblings-Bier hier noch aus den traditionellen Holzfässern kommt.

16-tägiges Volksfest auf der Theresienwiese, Beginn am 3. Sa im Sept., Ende am Erntedanksonntag

Beschützerin der Theresienwiese

Bavaria 🕮 A 7

Das ganze Jahr wacht sie über die Theresienwiese und auf ihren Stufen

hat schon mancher seinen Wiesnrausch ausgeschlafen: Was dem New Yorker die Freiheitsstatue, ist dem Münchner die Bavaria. 30 Kaiser wurden ihr geopfert, Statuen von römischen Imperatoren, die ein Vorgänger Ludwigs gesammelt hatte, dazu mehrere türkische Kanonen. Der Guss dieser damals größten Bronzestatue der Neuzeit war eine technische Meisterleistung. In ihren Kopf zu kraxeln, um hinauszugucken, macht besonders während des zehnwöchigen Oktoberfest-Aufbaus Spaß wegen der gigantischen Zelte und Achterbahnen. Auf zwei Sitzbänken kann man sich nach dem Aufstieg erholen.
April–Oktober tgl 9–18 Uhr, während des Oktoberfestes bis 20 Uhr, 3,50 €

Bayerisches Lebensgefühl

Im **Biergarten** treffen sich alle Gesellschaftsschichten, Generationen, ja Nationen, und sitzen einträchtig nebeneinander auf den typischen harten Klappbänken ohne Lehne, im Kies unter den ausladenden Kronen der Kastanien.
Zu verdanken ist die Biergartenkultur der **Bayerischen Brauordnung von 1539.** Diese verbot das Brauen im Sommer wegen der Brandgefahr. Um nicht auf dem Trockenen zu sitzen, lagerten die Brauer das Bier in Kellern mit Stangeneis aus den Alpen. Auf den Kellern wurden Kastanien gepflanzt, die mit ihrem dichten Laub Schatten spendeten. Was lag näher, als hier Tische und Bänke aufzustellen?
Doch die Münchner Wirte stiegen auf die Barrikaden: Die Brauereien sollten Bier erzeugen, nicht zur Konkurrenz werden! So kam es, dass die Brauer in ihren Gärten zunächst nur Bier ausschenkten durften, die **Brotzeit** brachte man selbst mit.
Und das ist immer noch Usus: Dann wird eine karierte Tischdecke ausgebreitet, ein paar Holzbrettln draufgelegt, und schließlich die Schätze aus dem Korb geholt: Radieschen, Gurken, Tomaten, Radi (weißer Rettich), Brot, Brezen oder Semmeln, selbst gemachter Wurstsalat oder Kartoffelsalat, und natürlich Obatzda. Dabei kann man heute in allen Biergärten auch etwas zu essen kaufen: eine Scheibe Leberkäs, Salate oder Schnittlauchbrote, Spareribs, aus denen im Lauf der letzten Jahre unversehens ein bayrisches Gericht wurde. Wer etwas Typisches sucht, isst einen Steckerlfisch, eine Renke oder Makrele, die auf einen Stab gespießt und über der Glut gebraten wird.
Überblick über die zahlreichen Lokalitäten: www.biergärtenmünchen.de

Bier-Knigge

Münchner trinken traditionell kein **Pils,** sondern entweder **Helles** oder **Weißbier/Weizen** und das jeweils als Halbe oder Maß (mit Doppel-S gesprochen). Wenn der Bierschaum bei leichtem Kippen am Glas hängen bleibt, zeugt das von guter Qualität und sauberen Gläsern. Einen Maßkrug hält man übrigens nicht am Henkel, sondern indem man die Hand unter diesen schiebt und so den Krug selbst im Griff hat. Zum Abstellen eignet sich die Hüfte, solange der Bierbauch sie noch nicht überragt.
Augustiner Helles, das Bier der Münchner, findet sich sowieso auf jedem Fest. Giesinger Bräu gilt gerade als schick unter Glockenbachlern.

Bier galt im 19. Jh. als durchaus gesundes Grundnahrungsmittel: Münchner Mütter tranken während der Stillzeit bis zu sieben Gläser am Tag, um die Milchproduktion anzuregen. Immerhin gilt heute seit 500 Jahren das **Bayerische Reinheitsgebot,** das nur Hopfen, Malz und Wasser im Bier duldet. Im Mittelalter mischten die Brauer nämlich gern psychoaktive Substanzen dazu wie Tollkirschen, Muskatnuss, Wermut oder Schlafmohn.

Pause. Einfach mal abschalten

Die Isar, der Englische Garten, der Olympiapark, der Gärtnerplatz, der Königsplatz ... Vielleicht gibt es in München einfach zu viele entspannte Orte: Die folgenden Plätzchen können jedenfalls beinahe noch als Geheimtipps verkauft werden – wenn man wirklich mal seine Ruhe haben will!

Ländlich lauschig

St. Sylvester 🕮 G 1

St. Sylvester ist die frühere Dorfkirche Schwabings und eine der ältesten der Stadt. Erstmals wurde sie 1315 erwähnt; vermutlich stand hier aber schon um 780 ein Gotteshaus. Im Innenhof ist man oft ganz alleine und kann sich einbilden, die Zeit steht gerade still.

Biedersteiner Str. 1, U: Giselastraße

Seelenruhig

Alter Nordfriedhof 🕮 D 3

Eine beinahe magische Atmosphäre umgibt den Alten Nordfriedhof: Manche Gräber werden noch gepflegt, andere wirken wunderbar verwunschen mit ihren abgeschlagenen Engelsköpfen und efeuumwucherten Sockeln. Hier treffen sich Jogger, Studenten, die auf der Wiese liegen und lesen, Mütter mit Kinderwagen und ältere Münchner aus der Nachbarschaft – sie alle schätzen die besondere Stimmung. Wenn man sich auf eine der Bänke setzt, ist das einzige Geräusch oftmals das Hämmern der Spechte.

Arcisstr. 45, U: Josephsplatz

Kuchenduftig

Mucki&Floyd 🕮 D 8

Das Mucki&Floyd im Glockenbachviertel erwischt einen im richtigen Moment wie Seelenbalsam. Neben dem sowieso gemütlichen Gastraum gibt es ein Spezial-Sofa im Separée im hinteren Teil des Lokals. Zwanziger-Jahre-Musik, Arme Ritter zum zweiten Frühstück, Durchatmen.

Ickstattstr. 2, U: Fraunhoferstraße

In der Regatta-Anlage etwas nördlich von München lässt es sich nicht nur hervorragend rudern, sondern auch schwimmen und relaxen.

Très joli

Bordeauxplatz 🕮 H 7/8

Im Franzosenviertel von Haidhausen geht's nicht nur sehr charmant zu, sondern auch überraschend entspannt, und das so nah am Ostbahnhof: Der Bordeauxplatz bietet Rasen und Blumen und stressfreie Zone.

S: Ostbahnhof

Frivolfrech

Deutsche Eiche 🕮 Karte 2, D 7

Müde vom Herum-Hipstern im Gärtnerplatzviertel? Beste Idee: Sich im Restaurant der Deutschen Eiche ein Gläschen Wein an der Theke holen und Bescheid geben, dass man sich damit auf die Dachterrasse verzieht… Über den Dächern der Stadt relativiert sich eh alles.

Reichenbachstr. 13, U: Fraunhoferstraße

Zentral unterschätzt

Maximiliansplatz 🕮 C/D 5

Nachts ist rund um den Maximiliansplatz Party angesagt, tagsüber lässt es sich hinter dem Wittelsbacher Brunnen und dem Schillerdenkmal am nördlichen Ende auf Bänken, Treppenstufen und einer hügelige Liegefläche wunderbar verweilen.

U: Odeonsplatz

Plätscherplätscher

Schlosspark Nymphenburg 🕮 Karte 3

Der Schlosspark Nymphenburg könnte so schön sein, wenn man mal alleine wäre! Geht doch: Man muss nur den Kanal im Inneren des Parks bis zu seinem Ende entlanggehen, dann findet man sich an der wunderschönen großen Kaskade wieder. Hier blubbert im Sommer beruhigend das Wasser und außer ein paar Joggern und Rentnern kommt kaum einer vorbei.

Tram 16/17: Schloss Nymphenburg

Hinter der Hecke

Café Franca 🕮 C 2

Gut für uns, dass das Café Franca so versteckt zwischen Josephsplatz und Hohenzollernplatz liegt. Laufkundschaft verirrt sich selten in den großzügigen Garten oder auf eine der Sitzbänke im Fenster. Während im Hintergrund französische Chansons säuseln, bestellt man sich Rosenblütenschorle und Lavendelkuchen vom Goldrandteller. Ganz Aktive kraulen mal kurz die Hauskatze.

Hiltenspergerstr. 24, U: Hohenzollernplatz, tgl. 10–18 Uhr, Mo geschl.

Wem die ruhigen Ecken im Hofgarten immer noch zu überlaufen sind, der findet dahinter einen echten Geheimen Garten. Wenigen als **Dichtergarten** (🕮 E 5) bekannt, wird der Park mit der hohen Mauer drumrum von vielen Passanten ignoriert. Er wirkt entsprechend märchenhaft verwildert, aber auf eine gute Art. Die Statuen von Dichtern und Philosophen animieren dazu, sich mit einem Buch oder Schreibheft ins Gras zu setzen. Und es gibt sogar eine alte Grotte, die zu Ehren Heinrich Heines mit einer Bronzefigur und einem winzigen Brunnen ausgestattet wurde.

U: Odeonsplatz, Galeriestraße

Rhythmische Meditation

Regatta-Anlage Oberschleißheim 🕮 Karte 5

Im Sommer scheint Münchens Bevölkerung sich plötzlich zu verfünffachen – Isarstrand wie Eisbachufer werden zu Ameisenhaufen. Im zwei Kilometer langen Becken der Olympia-Regatta-Anlage bei Oberschleißheim darf man zwar nur im Bereich vor der mächtigen Tribüne schwimmen. Aber es gibt nichts Entspannenderes als sich vom Rhythmus der trainierenden Ruderer und Kanuten einlullen zu lassen. Außerdem ist ein kleiner Strand aufgeschüttet. Getränke, Cocktails und Snacks gibt es auch.

Aus dem Norden Münchens gut ausgeschildert mit dem Fahrrad zu erreichen.

FÜR ERLEBNISORIENTIERTE

Natürlich macht es den ganzen Trip angenehmer, wenn man in bester Lage übernachtet. Aber wer mit schmalerem Budget unterwegs ist, eher Wert auf Erlebnis legt und sowieso nicht vorhat, den ganzen Tag im Hotel zu verbringen, kann durchaus auch außerhalb des Altstadtrings unterkommen. Denn das Verkehrsnetz ist super ausgebaut, auch frühmorgens kommt man mit Nacht-Bus oder Tram halbwegs zügig ins Bett.

PREISE

So viel kostet in etwa ein Doppelzimmer mit Frühstück:

€	unter 100 Euro
€€	100 bis 150 Euro
€€€	über 150 Euro

Sissi auf der Erbse

Jetzt sind wir schon wieder beim Klischee. Wer sich noch an die Kult-Serie »Kir Royal« von Helmut Dietl erinnert – über den Klatschreporter Baby Schimmerlos in der Welt der Münchner Schickeria – überlegt wahrscheinlich gerade, ob für den München-Trip nicht auch ein Couchsurfing-Sofa völlig ausreicht. Unter Königs- und Prinzensuiten für einen Tausender pro Nacht machte es in Kir Royal schließlich Niemand.

Keine Sorge, in München gibt es inzwischen auch bezahlbare Betten mit ordentlichen Matratzen. Trotzdem ist es kein Geheimnis, dass die Mieten hier höher liegen als anderswo, ein wenig mehr Budget sollten Sie also besser einrechnen.

Der zweite Faktor ist die Saison. Zum Oktoberfest, aber auch wenn Messen anstehen, verdoppeln sich nicht nur die Zimmerpreise, sondern es wird generell schwierig eine Unterkunft in guter Lage zu finden. Deshalb am besten früh buchen oder antizyklisch reisen! Auf der anderen Seite lohnt sich gerade in München die Investition in ein luxuriöseres Etablissement, um sich wenigstens zwei Nächte lang wie Sissi oder der Märchenkönig zu fühlen.

Hip, herrschaftlich oder familiär-rustikal – das sind die drei Unterkunftskategorien in München. Typisch ist, dass sich sogar mitten in der Stadt Hotels im Grünen finden.

Auf jeden Fall auf gute Anbindung ans öffentliche Verkehrsnetz achten – Autofahrt und Parkplatzsuche in der Innenstadt sind nicht nur für Ortsfremde ein Graus.

›Deutsche Eiche‹ klingt konservativ – ist es aber nicht.

IM GRÜNEN

Für Fernost-Italos

Hotel Ritzi G 6

Aus der Tür heraus und in den Park ums Maximilianeum herum fallen, gleich dahinter die Isar und die Innenstadt: Das ist schon ziemlich nobel. Die Zimmer sind streng thematisch eingerichtet, der Mix wiederum ist wild: Rot, Karibik, Japan? Passend dazu gibt's im Restaurant italo-asiatische Küche und eine Art-Déco-Bar. Zum Sonntagsbrunch kommen auch Einheimische gern: Die Bandbreite reicht von Weißwurst über Roastbeef hin zu asiatischen Spezialitäten.

Maria-Theresia-Str. 2a, Bogenhausen, T 089 414 24 08 90, www.hotel-ritzi.de, U: Max-Weber-Platz | €€€

Für Spaziergänger

Gästehaus Englischer Garten G 1

Wo Schwabing zum Englischen Garten hin abfällt, steht seit 330 Jahren eine von Efeu umrankte Mühle… Klingt märchenhaft, oder? Aus der Zeit gefallene Pension mit Terrasse im Park und Bauernstuben-Charme. Katzensprung zum Kleinhesseloher See.

Liebergesellstr. 8, Schwabing, T 089 383 94 10, www.hotelenglischergarten.de, U: Münchner Freiheit | €

Wie daheim nur schöner

Schwan Locke B 6

Direkt an der »Wiesn« gelegen, haben die Zimmer nicht nur eine Küche, sondern jede Menge Platz und einen Balkon – Luxus in München! Das Design des Schwan Locke ist vom Deutschen Werkbund inspiriert, der in München gegründet wurde.

Landwehrstraße 75, Maxvorstadt, T 089 38 39 31 60 10, www.lockeliving.com/de/munchen/schwan-locke, U: Theresienwiese | €

SZENEGÄNGIG

Fürs Smalltalk-Portfolio

Cortiina Karte 2, E 6

Wo Lifestyle-Magazine ihre Fotostrecken shooten, kann es so schlecht nicht ausschauen. Aber das weltläufige Design-Konzept hält auch unter der Oberfläche nette Details parat: Jura-Naturstein in den Bädern, immer frische Blumen, Matratzen aus Naturkautschuk, Bettwäsche aus unbehandelter Baumwolle und Eichenparkettboden. Die Hotelbar ist ein Erlebnis für sich.

Ledererstr. 8, Altstadt, T 089 242 24 90, www.cortiina.com, U/S: Marienplatz | €€

Im Ritzi ist jedes Zimmer ein Unikat.

Für Zentrierte

Moma1890 Boutique Hotel H 8

Klingt nicht sehr urban, aber das Haus aus dem Jahr 1890, das nach dem Zweiten Weltkrieg von den Amis als Soldatenunterkunft genutzt wurde, ist schon längst ein solides Design-Hotel. Zudem liegt es sehr gut angebunden am Ostbahnhof. Und mit den Haidhauser Kneipen in Laufnähe. Dabei nicht übertrieben teuer.

Orleansplatz 6a, Haidhausen, T 089 448 24 24, www.moma1890.com, U/S: Ostbahnhof | €€

Für Queer-Denker

Deutsche Eiche Karte 2, D 7

Die Unterkunft hat sich zum Klassiker der queeren Szene entwickelt. Steht aber natürlich allen offen, die gern im angesagtesten Viertel der Stadt wohnen wollen und sich über einen großen Saunabereich freuen. Von der rustikalen Fassade nicht abschrecken lassen, drinnen wird's moderner.

Reichenbachstr. 13, Gärtnerplatzviertel, T 089 23 11 66 - 0, www.deutsche-eiche.de, U: Sendlinger Tor oder Fraunhofer Straße | €€€

Für Freunde von Freunden-Fans

The Flushing Meadows D 8

Vermutet man so in New York, Berlin-Friedrichshain oder London-Notting Hill. Extrem durchdachtes Haus: Die Einrichtung der Studio-Lofts wurde von Szene-Lieblingen wie dem Musiker Michi Beck, dem Barmann Charles Schumann oder der tollen Schauspielerin Birgit Minichmayr mitgestaltet. Die Penthouses haben teils sogar eine eigene Dachterrasse. Wer nur mal gucken will, findet alle Hipster der Umgebung in der Rooftop-Bar mit so ausgefallenen Drinks in der Hand wie dem »Wanderlust Sour«.

Fraunhoferstr. 32, Gärtnerplatzviertel, T 089 55 27 91 70, www.flushingmeadowshotel.com, U: Sendlinger Tor oder Fraunhofer Straße | €€

Für die Hipster-Crowd

H'Otello B'01 Karte 2, E 7

Von den vielen Apostrophen im Namen nicht abschrecken lassen, in den Zimmern geht's reduziert zu. Beruhigende Farben und Design-Klassiker: Vitra-Stühle im Frühstücksbereich, das überdimensionale »Schlangensofa« oder die Oluce-Leuchte »Atollo«. Aus unbekannten Gründen gilt es als erwähnenswert, dass sich das Smartphone automatisch mit dem Fernseher verbindet.

Baaderstr. 1, Gärtnerplatzviertel, T 089 45 83 12 00, www.hotello.de, S: Isartor | €€

Für höhere Töchter

Hotel Mariandl B 7

Romantische Zimmer mit Stuckdecken und verschnörkelten Möbeln. Im Haus: das älteste Konzertcafé der Stadt mit erstklassiger Livemusik (Klassik, Swing, Funk) und süßen Leckereien.

Goethestr. 51, Ludwigsvorstadt, T 089 552 91 00, www.mariandl.com, U: Goetheplatz | €

Der Sound der Stadt

Ruby Lilly Hotel B 4

Hübsche schlichte Zimmer mit tollem Blick auf Neuhausen, Regendusche und als netten Gag einen Marshall Gitarren Verstärker, an den man das Telefon stecken kann.

Dachauerstr. 37, Neuhausen, T 089 95 45 70 82 https://www.ruby-hotels.com, U: Stiglmeierplatz | €

ORIGINELL

Für Individualisten

Hotel Olympic D 7

Von der perfekten Lage in einem der Gründerzeithäuser im Glockenbachviertel mal abgesehen, liegt der Charme des Olympics in seiner selbstbewusst eigenen Art: Fotoausstellung im Foyer, skurrile Kunstinstallationen mit von Gästen vergessenen Utensilien an den Flurwänden. Eine Inhaberin, die auf Mund-zu-Mund-Propaganda setzt, weil sie in der Kunstszene sowieso bestens vernetzt ist.

Hans-Sachs-Str. 4, Gärtnerplatzviertel, T 089 23 18 90, www.hotel-olympic.de, U: Sendlinger Tor oder Fraunhofer Straße | €€€

Für Spurensucher

Blauer Bock Karte 2, D 7

Ein Haus, das schon viel erlebt hat! Kein Wunder, schließlich liegt es mitten im Geschehen. Vor 400 Jahren saßen hier die Fuhrknechte beim Bier, der Parkettboden knarzt auch schon seit 200 Jahren. Aber wo früher einmal Mönche und Ritter wohnten, befinden sich heute komfortabel ausgestattete Zimmer mit allen Annehmlichkeiten der Moderne. Pluspunkte: Preis-Leistung-Verhältnis. Der Viktualienmarkt ist gleich um die Ecke.

Sebastiansplatz 9, Altstadt, T 089 23 17 80, www.hotelblauerbock.de, U: Sendlinger Tor | €€

Für die große Bühne

Hotel Opéra Karte 2, F 6

Der Name ist nicht übertrieben. Der Stadtpalais im Lehel wartet wirklich mit edler Kulisse auf: von antiken Möbeln bis hin zum Renaissance-Innenhof, in dem man allerdings keinen Arien lauscht, sondern dem beruhigenden Rauschen des Eisbachs.

St. Anna-Str. 10, Lehel, T 089 210 49 40, www.hotel-opera.de, U: Lehel | €€

Für Geistreiche

Marienbad Garni C 5

Wer in einem der Zimmer im Landhausstil absteigt, träumt sich leicht ins Alte Schwabing als Freud, Clara Schumann oder Rainer Maria Rilke hier übernachtet und vor dem Zubettgehen vielleicht noch den ein oder anderen Geistesblitz niedergeschrieben haben.

Barer Str. 11, Maxvorstadt, T 089 59 55 85, www.hotelmarienbad.de, U: Königsplatz | €€

SCHNÄPPCHEN

Standesdünkelig

The Royal Bavarian Karte 2, C 5

Der Gast kann sich zwischen Dienstbotenkammer, Adelsgemach oder Pfauen-Suite entscheiden. Aber keine Sorge, das Preis-Leistungs-Verhältnis stimmt. Für Gehfaule befinden sich im Haus das israelische Lokal Neni und die Boilerman Bar.

Bahnhofsplatz 1, Ludwigsvorstadt, T 089 904 00 10, www.25hours-hotels.com, U/S: Hauptbahnhof | €

Für Sparfüchse

Bold Hotel H 10

Von den Architekten des hippen Flushing Meadows so schön eingerichtet, dass Gäste angeblich immer mal wieder was mitgehen lassen. Der für München sensationelle Zimmerpreis verdankt sich dem Konzept des Low-Budget-Design-Hotels und der nicht ganz zentralen Lage in Giesing. Um die Klauerei zu unterbinden, bietet das Bold inzwischen einen Online-Shop, in dem man fast alle Möbel und Accessoires des Hauses kaufen kann.

Aschauerstr. 12, Giesing, T 089 200 01 59 14 00, www.bold-hotels.com, U/S: Giesing | €

Unaufgeregt

Am Siegestor E 3

Kein Design-Highlight, aber gegenüber der Kunstakademie und mitten im Museumsviertel reicht nüchtern ja auch. Trotzdem eine solide Hotel-Pension, in dem man dem Alten Schwabing schön nachspüren kann. Der museale Lift jedenfalls ist ein kleines Abenteuer.

Akademiestr. 5, Schwabing, T 089 39 95 50, www.siegestor.de, U: Universität | €

Die Rooftop-Bar des Flushing Meadows verleiht München ein gewisses NYC-Feeling.

Schweinerei!? Von wegen.

Die Zeiten, in denen es in München nur Wirtshäuser gab, und dort zum Schweinsbraten mit Knödeln entweder Rotkohl oder Krautsalat als Gemüsebeilage gereicht wurden sind endgültig vorbei. Nicht falsch verstehen, gegen die traditionelle bayerische Küche ist nix zu sagen, außer eins vielleicht: Für Flexitarier ist sie mühsam, für Vegetarier taugt sie nichts und für Veganer gleich dreimal nicht. Auf der anderen Seite haben die Italien-Sehnsucht der Münchner und die ersten Gastarbeiter schon früh die italienische Esskultur etabliert. Der Trend wechselte mit dem Angebot: Ein paar Jahre war es Indisch, dann das Sushi-Karussell, dann Thailändisch, dann Afghanisch, schließlich Vietnamesisch. Während man als Wirt aber lange nur mit Authentizität punkten konnte, ist auch in München neben der Bio-Vegan-trotzdem-lecker heute vor allem die experimentelle Fusion-Wohlfühlküche auf dem Vormarsch. Und endlich wird auch die Bayerische Küche nicht mehr so bierernst und schweineschmalzschwer genommen:

Die indifferenten Lieblingsphrasen der Münchner ›Fei scho‹ oder ›Ja mei‹ klingen ja auch beinahe schon asiatisch, weshalb sie natürlich längst die Speisekarten von zwei Restaurants zieren. Und keine Sorge, wer es pur und deftig mag, wird immer noch an vielen Orten glücklich, nicht nur am Viktualienmarkt mit seiner ewigen Wursttheke.

Für ›Fleischfresser‹ ist eine bayerische Brotzeit der Himmel auf Erden …

KNÖDEL TO GO

Endlich, endlich haben auch die Münchner Gastronomen entdeckt, dass Streetfood nicht nur Spaß macht, sondern auch existenziell ist für eine Großstadt – vor allem in den Ausgehbezirken. Currywurstbuden gibt's in dem Sinne zwar immer noch nicht wirklich: In München sieht auch ein Dönerladen beinahe wie ein Restaurant aus. Dafür sind die vorhandenen Etablissements oft mit besonders viel Liebe und Phantasie ausgestattet. Zielgruppengerecht befinden sie sich vornehmlich im Gärtnerplatzviertel.

PREISE

So viel kostet in etwa ein Hauptgericht:

€	unter 20 Euro
€€	20 bis 30 Euro
€€€	über 30 Euro

SO BEGINNT EIN GUTER TAG IN MÜNCHEN

Sonnigwonnig
Königin 43 E 4

Dass die Königin direkt am Englischen Garten liegt, sieht man von der zugewucherten Terrasse kaum. Sonne gibt's trotzdem rund um die Uhr, die Atmosphäre ist tiefenentspannt. Und so geht ein Brunch hier schnell mal in den frühen Abend über.

Königinstr. 43, Maxvorstadt, T 089 33 12 62, www.barer61.de/home/koenigin43, U: Universität, Di–So 9–17 Uhr

Picknick mit Chic
Gartensalon E 3

Zwischen Blumentöpfen, Pflanzendeko, Gartenzwergen und dem einäugigen Hausmops Karla hört man die freilaufenden Hühner, die fürs Frühstücksei verantwortlich sind, beinahe gackern. Im Winter gibt es hilfreiche Getränke wie die Gartenapotheke oder die Wärmende Wilme.

Türkenstr. 90/Amalienpassage, Maxvorstadt, T 089 28 77 86 04, www.gartensalon.net, U: Universität, Di–Sa ab 9, So ab 10 Uhr, Mo Ruhetag

Entspannt und ehrlich
Fortuna Cafébar G 8

Winziger Laden im Franzosenviertel auf zwei Ebenen mit minimalistisch-italienischer Einrichtung und ebensolchem Frühstück: Tramezzini, Toasts, Panini, frisches Bauernbrot, Croissants, Kuchen und Quiche. Sonntags großes Frühstücksbuffet. Gut und günstig.

Sedanstr. 18, Haidhausen, T 089 18 92 28 23, www.fortuna-cafebar.de, S: Rosenheimer Platz, Mo–Fr 8–22, Sa 10–22, So 10–18 Uhr

Mondäner Spagat ins Jetzt
Café Jasmin C 4

Bis auf die Espressomaschine hat sich die Einrichtung seit den Fünfzigern nicht geändert: Plüsch, Goldtapete, Rüschengardinen, Kronleuchter. Statt Tanzkapelle gibt's heute allerdings Britpop in Orson Welles Stammcafé. Neben dem veganen Energiefrühstück stehen traditionell Torten und Milchreis auf der Karte.

1950er-Jahre-Chic im Café Jasmin

Steinheilstr. 20, Maxvorstadt, T 089 45 22 74 06, www.cafe-jasmin.com, U: Theresienstraße, tgl. 10–1 Uhr

Passen die Schuhe zu meinem Espresso?
Man versus Machine Karte 2, D 7

Extrem-Urbanisten auf dem Weg zu ihrem besonders kreativen Job brauchen natürlich ein Frühstück, das mit Effizienz und Geschmack auf den Tag einstimmt: Stückchen selbst gemachter Kuchen plus handpolierte, in zelebrierten Arbeitsschritten aufbereitete Kaffeebohnen. Genug gelästert, schon ein echter (Augen-)schmaus da.

Müllerstr. 23, Gärtnerplatzviertel, https://mvsm.coffee, U: Fraunhoferstraße, Mo–Fr 8–19, Sa 9–19 Uhr

Kaninchenbau
Little Rabbit's Room G 7

Zwischen weiß lackierten Baumstämmen und Kunstfell kann man sich wie Alice im Wunderland fühlen und bei Zimtschnecken, Russischem Zupfkuchen oder Müsli vortrefflich den Tag vertrödeln. Außerdem gibt es im kleinen Bruder des »White Rabbit's Room« (Franziskanerstr. 16) eine feine Auswahl an skandinavischem Geschirr und Spielsachen.

Wiener Platz 6, Haidhausen, www.little-rabbits-room.de, S: Rosenheimer Platz, Mo–Sa 9–18 Uhr

SCHMANKERLN MIT ANLEITUNG

Pfennigmuggerl, Schmalznudeln, Obatzda und natürlich Bier, Brezen und Weißwurst mit süßem Senf – das sind die typischen Münchner Spezereien, die auf den Schmankerltouren in der Altstadt vom **Weißen Stadtvogel** angeboten werden. Locker, mit Humor und ein bisschen Anleitung, lernt man dabei sogar wie ein echter Münchner seine Weißwurst aus der Haut zu zutzeln. Wem das zu rustikal ist: Auch die Viktualienmarkt-Touren über jeweils acht verschiedene Marktstände sind empfehlenswert und ersetzen bei einem bunten Einblick ins Leben der Standl-Leute locker ein Mittagessen. Nette Anekdoten – auch für Münchner!

Info/Anmeldung: T 089 203 24 53 60, www.stadtvogel.de, Mo–Sa 11–13 Uhr, Erwachsene 44 €, Kinder 22 €

WO ESSEN AUF NACHHALTIGKEIT TRIFFT

Siebter Himmel für Vegetarier
Goldene Rakete D 8

Die Rakete steht für Burger und Bowls und dreht den Spieß um: Fleisch ist hier die Ausnahme, und sowieso bio und regional. Veganer und Vegetarier dagegen werden hofiert. Perfekte Location, um allen Gelüsten mit gutem Gewissen gerecht zu werden. Dazu sieht der Laden hübsch aus, und spätabends werden auch die Plattenteller bedient.

Fraunhoferstr. 39, Glockenbach, T 089 13 93 77 10, www.goldene-rakete.com, U: Fraunhoferstraße, Di–Do 12–24, Fr/Sa 12–1, So 12–22 Uhr | €–€€

Oldie mit Charme
Café Ignaz D 2

Lange Zeit galt das Café Ignaz als Geheimtipp, weil einziges Restaurant für ›Körnerfresser‹. Der dienstälteste Vegetarier der Stadt bietet nicht nur unglaubliche hundert! Gerichte wie die Meeresalgenpfanne mit Datteln und Gemüse zur Auswahl, sondern auch wechselnde Kunst an den Wänden und vegane Kuchen zu sehr fairen Preisen.

Georgenstr. 67, Maxvorstadt, T 089 271 60 93, www.facebook.com/cafeignazundtochter, U/S: Marienplatz, Mi–Fr 11–22, Sa/So 8–22 Uhr | €

Sozial verträglich
Roeckl B 9

Im liebenswerten Dreimühlenviertel sitzt man nicht nur in netter Kneipenatmosphäre, isst ausgefallene vegane Salate oder Rind vom Lavagrill, sondern unterstützt dabei auch noch die Ausbildung von Jugendlichen aus schwierigen Verhältnissen zu Gastro-Experten. Zum Weitertrinken geht's dann ins Valentinstüberl ums Eck.

Isartalstr. 26, Isarvorstadt, T 089 45 21 71 29, www.roecklplatz.de, Bus 132: Röcklplatz, Mo–Sa 17.30–24 Uhr | €€

Nachhaltig urig
Klinglwirt G 8

Die vermeintliche Grätsche zwischen Tradition und bewusster Ernährung gelingt mit links: Schwein, Rind und Lamm stammen aus biologischer und artgerechter Viehwirtschaft (nämlich von den Herrmannsdorfer Landwerkstätten) und auch bei allen anderen Zutaten ist Natürlichkeit und Regionalität wichtigstes Kriterium. Ansonsten ungezwungene bayerische Wirtshausatmosphäre.

Balanstr. 16, Haidhausen, T 089 85 67 61 99, www.klinglwirt.de, S: Rosenheimer Platz, Mo–Sa 17–24, warme Küche 18–22, So 11–23, Do Mittagstisch 11.30–14 Uhr | €€

Dim Sum
Fei Scho D 7

In dem kleinen gläsernen Ecklädchen treffen sich Shabby Chic und asiatische Gerichte aus regionalen und saisonalen Produkten mit bayerischer Gemütlichkeit zu einem Stell-Dich-Ein. Von der traditionellen Pho-Suppe zum Tofu in Kokos-Minz-Zitronendressing.

Kolosseumstr. 6, Gärtnerplatzviertel, T 089 55 06 22 99, www.feischo.com, U: Sendlinger Tor, tgl. 11.30–22 Uhr | €

Wenn Dim Sum auf Schweinebraten trifft, dann passt das ›fei scho‹!

Respektvoll

Heartbeet G 8

Kompromisslos gesund für Mensch und Umwelt werden Bowls und Salate im Haidhausener Heartbeet komponiert. Für die Gründer geht es bei jeder Entscheidung um soziale Verantwortung. Das geht von der Auswahl der Schüsseln über den persönlichen Kontakt zu den Gemüsebauern bis zum sparsam verwendeten Fleisch.

Rosenheimer Str. 109, Haidhausen, www.heartbeet.de, S/U: Rosenheimerplatz, Mo–Fr 11–21, So 17–21 Uhr | €

Pizzblitz!

Soul Kitchen D 8

Pizza dient ja vielen Menschen als schneller Trost, und hier im Soul Kitchen geht es besonders schnell: Die Pizza landet nämlich nur für 90 Sekunden im Ofen. Davor allerdings ruht der Teig drei Tage lang, wie es sich für eine echte neapolitanische Pizza gehört. Die Zutaten stammen teils direkt vom italienischen Erzeuger. Eine runde Sache also!

Fraunhoferstr. 27a, Gärtnerplatzviertel, U: Fraunhofer Straße, www.soulkitchenmunich.de, T 089 23 04 15 44, Mo–Fr 17–23, Sa/So 12–23 Uhr | €

Garküche trifft Weltläufigkeit

Bep Ho E 10

Unaffektiert und auf südvietnamesische Art (Hoisin-Soße!) werden die Phos, Reisnudelsalate und Currys im Bep Ho präsentiert. Küchenchef Hieu setzt auf Garküchencharme und auf die Weltgewandtheit seiner Kunden:

BROTZEIT

Brotzeitmachen ist eine der Lieblingsbeschäftigungen der Münchner, unabhängig von der Tageszeit. In vielen Lokalen findet sich ein Brotzeitteller, und auch im Biergarten oder beim Picknick im Englischen Garten packt man eben diese aus: Im Prinzip kann zu Brot, Brezn oder der Semmel alles gereicht werden, was herzhaft ist. Vom Wurstsalat über die Käseplatte mit dem typischen Obatzdn (zerdrückter Camembert mit Butter, Zwiebeln, Paprika und Kümmel), Radieschen, oder Radi (rohem Rettich) aber auch deftigeren Fleischspezialitäten wie Ochsenmaulsalat, Presssack oder Leberkäs.

Münchner reagieren nicht nur allergisch auf Menschen, die zu Semmeln ›Schrippen‹ oder ›Brötchen‹ sagen, sondern mögen es auch nicht, wenn die geliebte **Bayerische Brezn** zur ›Brezzl‹ oder ›Prezel‹ verkommt. Selbst mit der nah verwandten Schwäbischen Brezel wollen sie ihr Leibgebäck nicht verwechselt sehen. Das ist sogar in einem Amtsblatt festgehalten: So sind einmal die Ärmchen dicker als bei einer Schwäbischen Brezel. Eine »gerissene Oberfläche« sei indes ein »typisches Merkmal der Bayerischen Breze«, weil sie im Gegensatz zu den Schwäbischen Brezeln in der dicken Mitte nicht längs eingeschnitten werden. Vor allem die Form sei erkennbar anders: »Während bei schwäbischen Brezeln der Ansatz der Ärmchen sehr tief liegt und dadurch der obere Bogen als Bauch bezeichnet werden kann, sitzt er bei den typischen bayerischen Brezen deutlich höher.« Alles klar?

Die Hühnerknochen bleiben in der Suppe! Dafür sind auch die Preise noch Giesing-gerecht, und beim Pho-Schlürfen bekommt sogar das Gebimmel der Trambahn einen fernöstlichen Einschlag.

Tegernseer Landstr. 44, Giesing, U: SIlberhornstraße, T 089 55 93 14 43, tgl. 11–20 Uhr | €€€

INSTITUTIONEN UND SZENE-TREFFS

Trendzwitter

M.C. Mueller Karte 2, D 7

In Münchens selbsternanntem Burger-Club Nummer Eins haben schon Deichkind und die Foo Fighters Bio-Burger verdrückt, um sich die Kalorien danach stantepede vom Leib zu tanzen. Eine Bar gibt's auch. Der ganze Spaß befindet sich natürlich im Glockenbachviertel.

Fraunhoferstr. 2, Gärtnerplatzviertel, T 089 18 91 00 39 00, www.mcmueller.org, U: Fraunhoferstraße, Mo–Sa ab 18 Uhr | €

Al Bavarese

Bar Centrale Karte 2, E 6

Wer die Italien-Sehnsucht der Münchner bereits adaptiert hat und wem lässig lieber als schnieke ist, wird sich in der authentischen Bar mit den italienischen Jungs dahinter, dem steifen Milchschaum und der bissfesten Pasta wohlfühlen.

Ledererstr. 23, Altstadt, T 089 22 37 62, www.bar-centrale.com, U/S: Marienplatz, Mo–Sa 7.30–1, So 9–24 Uhr | €€

Glockenbach-Inventar

Hey Luigi C 8

Günstiger, schmackhafter Mittagstisch inmitten der typischen Glockenbach-Crowd in gemütlichem Ambiente. Hausgemachter Schweinsbraten und Riesenpasta-Teller: guter Platz zum Leutegucken.

Holzstr. 29, Gärtnerplatzviertel, T 089 46 13 47 41, www.heyluigi.de, U: Sendlinger Tor, Mo–Mi 17–24, Do–Sa 17–1 Uhr | €

Bajuwahr

Burg Pappenheim E 7

Wenn Münchner Berliner zu Besuch bekommen, nehmen sie die gern ins Burg Pappenheim mit: Es gibt es extrem zünftiges Essen, aber trotzdem ist es irgendwie schräg-intellektuell. Das Gebäude ist eines der wenigen Vorkriegs-Originale.

Baaderstr. 46, Gärtnerplatzviertel, T 089 20 01 90 30, www.gaststaette-pappenheim.de, U: Fraunhoferstraße, tgl. 12–24 Uhr | €–€€

Für Authentophile

J-Bar B 8

Das Essen in der J-Bar ist trotz des verwegenen Namens so durch und durch original japanisch, dass man im kleinen Gastraum oft nur mit Japanern zusammensitzt. Auf einem Schild steht eine schüchterne Entschuldigung, dass es kein Sushi gibt. Gut so. Welche Art von Hausmannskost hier auf den Tisch kommt, ist für Laien schwer identifizierbar, aber umso mehr Spaß macht es, sich durchzukosten.

Maistr. 28, Isarvorstadt, T 089 51 46 99 83, U: Goetheplatz, Do–Mo 18–22.30 Uhr | €€

Schlaraffenladen

Occam Deli F 1

Deli steht natürlich für Delikatessen: Aus der New York Lower East Side kennt man diese Leckereien-Geschäfte. Pastrami-Sandwich auf die Hand – oder mal kurz an den Bistro-Tisch setzen. Fastfood für Kultivierte gewissermaßen. Das Occam Deli sieht dazu noch hübsch aus.

Feilitzschstr. 15, Schwabing, T 089 38 34 63 46, www.occamdeli.com, U: Münchner Freiheit, Mo–Fr ab 8, Sa/So ab 9 Uh | €€

Brotzeit!

Vesperia Karte 2, B 9

Auf den hübschen Brotzeitbrettln in dieser urigen Einkehr am Schlachthof tummeln sich nicht nur Speck oder Pastrami neben dem Malzbrot, sondern auch Ingwer-Beeren-Dip oder Auberginen-Käse-Rauten. Dazu gibt's Maisacher Helles und Nachbarschaftstratsch, aber auch gut gemischte Cocktails.

Schmellerstr. 4, Schlachthof, U: Poccistraße, www.vesperia-muenchen.de, T 089 76 77 51 11 Mo–Sa 17.30–24 Uhr | €€

Out of the box

Bazi's Schlemmerkücherl

Karte 2, C 7

Wider alle Stereotypen: Ein Perser und ein Türke bieten Schweinsbraten mit Knödeln in der Asia-Nudelbox zum Mitnehmen an, beziehungsweise Fleischpflanzerl und andere urbayerische Spezialitäten in der To-Go-Variante. Dass auch waschechte Münchner den Laden lieben, spricht für sehr gute Rezepturen und krachende Krusten! Am Wochenende gibt's die Bazi-Box sogar bis in den frühen Morgen.

Müllerstr. 43, Gärtnerplatzviertel, T 089 85 63 57 85, https://bazibox.de/, U: Sendlinger Tor, Di–Do 11.30–23, Fr/Sa bis 5 Uhr | €

Schmausen und ratschen

Passt auf den Bierdeckel

Bapas F 2

Bayerische Küche kann Angst machen: riesige Portionen, deftig – man weiß nicht so recht, was einen erwartet. Deswegen hatten die Betreiber vom Bapas die geniale Idee, Schmankerln wie Kasspatzn, Gröstln oder Reiberdatschi auf Happengröße zu reduzieren. Macht auch echten Bayern Spaß in Tapas-Manier aus dem Mini-Pfanderl zu probieren. So wird man satt, ohne sich zu schnell sattzusehen.

Leopoldstr. 65a, Schwabing, www.bapas-muenchen.de, T 089 18 93 57 27, U: Münchner Freiheit, So–Do 8–24, Fr/Sa 8–1 Uhr | €

Neu aufgelegt

The Italian Shot D 4

Italiener gibt's in München schon seit den Achtzigern wie Kiesel in der Isar. Die Macher des Italian Shot haben deshalb beschlossen, ihren Pizzen einen neuen Dreh zu geben: Der Laden in Schwabing ist liebevoll im Stil von New Yorker Pastaläden gestaltet. Die Pizzen zieren Rote Bete, Minz-Chili-Pistazien-Pesto, Südtiroler Speck, Birnencarpaccio oder Pinienkerne.

Theresienstr. 40, Maxvorstadt, www.italianshot.de, T 089 45 21 49 77, U: Universität, tgl. 18–1 Uhr | €–€€

Flügge in die Nacht

Café Kranich Karte 2, C 6

Fragwürdige Wortspiele wie »The Dark Knight Rices« kündigen zum Beispiel schwarzes Risotto mit Passionsfrucht an. Aber das eigentliche Highlight ist die riesige Terrasse inmitten der Stadt. Fasst 190 Leute und ist trotzdem urgemütlich. Dazu gibt es Hip-Hop, Cocktails und Hipster am Nachbartisch.

Sonnenstraße 19, Ludwigsvorstadt, www.cafe-kranich.de, U: Sendlinger Tor, Mo–Sa 11–24 Uhr | €

EXPERIMENTIERFREUDIG UND UNGEWÖHNLICH

Der Name sagt's

Götterspeise D 8

Wackelpudding gibt es hier zwar nicht, aber alle anderen Köstlichkeiten, die sich die Götter da oben angeblich den ganzen Tag in den Mund löffeln. Handgemachte Pralinen, Zuckerware, Kaffee dazu. Zum Mitnehmen – oder vor Ort genießen.

Jahnstr. 30, Gärtnerplatzviertel, T 089 23 88 73 74, www.goetterspeise-muenchen.de, U: Sendlinger Tor, Mo–Fr 8–19, Sa 9–18 Uhr | €

Viva la Roma

Junge Römer C 7

Pinsa Romana ist die Urform der Pizza und besteht aus einem Sauerteig aus drei verschiedenen Mehlen, der ganze drei Tage geht. Belegt wird der extra bekömmliche Knusperspaß etwa mit Kartoffeln und Guanciale-Speck oder Burrata und Feigen. Doch zwischen dunkelgrünen Fliesen, Barhockern und einer Vitrine mit hausgemachter Pasta schmecken natürlich auch Spaghetti und Co. wie in Roma. Erfrischend auch das originelle Design des kleinen Bistros.

Pestalozzistraße 28, Gärtnerplatzviertel, T 089 23 02 52 46, https://jungeroemer-muenchen.de, U: Sendlinger Tor, Mi–So 12–21 Uhr | €

Vier Kugeln sind auch ein Schnitzel

Der verrückte Eismacher E 3

Ganz schön frech, hier so einfach eine Eisdiele zu den Restaurants zu stellen, aber wenn nun mal Sorten wie Augustiner-Bier, Schweizer-Wurstsalat oder Mozzarella-Basilikum zur Auswahl stehen! Manche Kompositionen fordern Geschmacksknospen wie Ernährungsgewohnheiten, z. B. ›Flip‹, das Heuschreckeneis, andere sind einfach nur lecker.

Amalienstr. 77, Schwabing, www.dvem.de, U: Universität, tgl. 11.30–22 Uhr

Im schönen Götterspeise-Lädchen stapeln sich die süßen Köstlichkeiten.

Von der Hand in den Mund

Blue Nile D 1

Vor zehn Jahren war es noch eine ziemliche Sensation: Im Blue Nile sitzt man am Boden! Und isst mit den Händen! Heute gehört der Äthiopier längst zum Standard-Adressen-Sortiment mit seinen fluffigen Sauerbrotfladen, mit denen man Ragouts und würzige Soßen direkt von der Platte wischt. Dazu schlürft man Honigwein.

Viktor-Scheffel-Str. 22, Schwabing, T 089 33 03 99 87, Tram 27: Kurfürstenplatz, tgl. 18–24 Uhr | €

Darf's bei Ihnen vielleicht eine Kugel Heuschreckeneis sein?

Hindukuschlig

Chopan nordwestl. A 5

Feine Afghanen gibt es einige in München. Besonders gut schmeckt's in der Wohnzimmeratmosphäre des Chopan. Unbedingt probieren: Borani Kadoo, süß-pikante Kürbiswürfel mit Knoblauchquark und Fladenbrot. Der Familienbetrieb sitzt etwas ab vom Schuss, aber lässt sich gut mit einem Nymphenburg-Besuch verbinden.

Elvirastr. 18a, Neuhausen, www.chopan.de, T 089 18 95 64 59, U: Mailingerstraße, tgl. 18–24 Uhr | €–€€

Tacheles(sen)

Nana – Meze & Wine G 7/8

Wer mal in Tel Aviv war, weiß nicht nur, dass sich die Stadt anfühlt wie eine Blase der Heiterkeit im Irrsinn, sondern auch, dass sich der Einwanderermischmasch positiv auf die Küche der israelischen Hedonistenmetropole ausgewirkt hat. Das Nana macht sich gut als süddeutsche Zweigstelle: Ceviche, Hummus, Shakshuka, jemenitische Chili-Pasta, Salzgurken, Maccabi-Bier – alles da.

Metzstr. 15, Haidhausen, www.nana-muenchen.de, T 089 44 49 96 33, S: Rosenheimer Platz, Mo–Do 17–24, Fr/Sa 12–24, So bis 21 Uhr | €€

Ü ÜBRIGENS

Die Münchner **Weißwurst**, von der FAZ einst so schön als »fleischgewordener Ausdruck bayerischer Abgrenzungsbedürfnisse« beschrieben, soll im Gasthaus ›Zum ewigen Licht‹ erfunden worden sein. Damals eine düstere Kaschemme an der Südseite des Marienplatzes. Als dem Wirt die Schafsdärme für seine Kalbsbratwürstl ausgegangen sind, brachte ihm der Lehrling stattdessen die sehr viel zäheren und größeren Schweinedärme. In seiner Not füllte er sie dennoch mit Brät. Aus Sorge, sie platzen in der Pfanne, brühte er die Würstl stattdessen in heißem Wasser. Seine Gäste waren begeistert und München um ein Schmankerl reicher.

Happy Dumplings

Le Du C 3

Weit entfernt von den ehemals typischen fettigen China-Imbissen nach deutschem Maggi-Geschmack gibt sich das Le Du mit seinen Happy Dumplings. Aus frischen Bio-Zutaten wählt der Gast Teig, Zubereitung und Füllung für seine Lieblings-Kombi. Und sieht anschließend bei der Zubereitung zu. Weil es so gut schmeckt, muss man an den langen Holztischen die Ellenbogen oft nah am Körper halten. Die Einrichtung ist eher clean als authentisch – oder was wir Westler dafür halten –, im Gegensatz zu Inhaber Hui Xu.

Theresienstr. 81, Maxvorstadt, https://ledu.restaurant/, T 089 95 89 84 60, U: Universität, Mo–Fr 11.30–21.30, Sa 12–22, So 12–21.30 Uhr | €

Wie in Bangkok

Manam F 8

Das winzige thailändische Ladenlokal ist immer gestopft voll. Im Streetfood-unfreundlichen München ein echtes Highlight.

Rosenheimer Str. 34, Haidhausen, www.manam-thaifood.com, T 089 23 79 61 18, S: Rosenheimer Platz, Mo–Do ab 11.30, Fr–So ab 12 Uhr | €

SCHON MAL GELIEBTES

Die wenigen guten Secondhäden-Läden sind arg verteilt übers Stadtgebiet, deswegen lohnt es sich gerade für Klamotten, Ledertaschen oder Platten sehr, den Midnightbazar respektive Nachtflohmarkt anzuvisieren: Münchner bringen ihren Fundus, es gibt Snacks und Getränke und Musik. Beide finden regelmäßig statt, manchmal sogar am selben Abend an verschiedenen Locations.

Vorzüglich und zügellos

Keine Frage, die Münchner sind nicht unbedingt konsumverdrossen. Und bei dem Angebot ist das auch nicht verwunderlich. Die beiden Shopping-Hauptachsen im Zentrum sind unübersehbar: Die Kaufingerstraße mit ihrem Ausläufer Richtung Sendlinger Tor sendet unverdrossen die Lockrufe der üblichen Verdächtigen aus, während die Theatinerstraße zwischen Marienplatz und Odeonsplatz auf dicke Hose macht. Von der Maximilianstraße um die Ecke gar nicht erst zu reden.

Clean-schwedisch-hip über antik bis verspielt und ab und an erstaunlich hanffaserig, man ahnt es schon, sehen die Schaufenster im Gärtnerplatzviertel aus: Mode, Antquitäten, Geschenke und Accessoires. Hier lohnt es sich, gemütlich alle Straßen abzuklappern, schließlich gibt es genug Cafés zum Ausruhen oder Frisöre zum zwischendrin Haareschneiden, wenn einen der Neuer-Look-Neues-Leben-Koller überfällt.

Wer sich gerade rausgewachsen fühlt aus dem Glockenbach-Geschmack, der wird wahrscheinlich in Haidhausen gegenüber fündig.

Schick bis flippig sind die Boutiquen im Studentenviertel zwischen Leopold-, Hohenzollern-, Amalien-, Schelling- und Türkenstraße.

Neuhausen-Nymphenburg dagegen deckt vor allem die Schöner Wohnen und Do-it-Yourself-mit-Geschmack-Ecke ab.

Newcomer und Oldtimer gibt's im Westend.

Dallmayr – Haus der 8500 verschiedenen Delikatessen

MUSIK

Lokalmatador

Optimal D 7

Einer der wenigen Plattenläden, die sich aus den Achtzigern gehalten haben. Wer Vinyl mag, kann hier stundenlang stöbern und findet nicht nur quer durch die Genres alles, was man haben muss – sondern auch Second Hand-Platten und Zeitschriften. Große Auswahl an Münchner Labels wie Gomma, Pastamusik, Disko B oder Compost. Als Fundgrube auch unter auswärtigen DJs bekannt.

Kolosseumstr. 6, Gärtnerplatzviertel, www.facebook.com/optimalrecords, U: Sendlinger Tor, Mo–Fr 11–20, Sa 11–18 Uhr

Gut aufgelegt

Gutfeeling Recordstore C 7

Gutfeeling ist ein Münchner Label, das sich praktischerweise einen eigenen Laden hält. Hier findet man Ausgefallenes, Eigenwilliges und Neo-Bajuwarisches – natürlich auch aus eigener Produktion, zum Beispiel: Kofelgschroa, The Irrigators und Mama Rosin.

Maistr. 1, Isarvorstadt, www.gutfeeling.de, U: Sendlinger Tor, Mo–Do 14–19 Uhr

Jazz, Jazz, Jazz

Ludwig Beck Karte 2, D 6

In der fünften Etage des Luxuskaufhauses befindet sich nicht nur die preisgekrönte und größte Klassik- und Jazz-Sammlung Europas, sondern es gibt auch ein Schallplatten-Antiquariat und sehr beschlagenes Personal.

Marienplatz 11, Altstadt, www.kaufhaus.ludwigbeck.de, U/S: Marienplatz, Mo–Sa 10–20 Uhr

DELIKATESSEN UND LEBENSMITTEL

Gourmetsafari Teil 1

Dallmayr Karte 2, E 6

Muss man eigentlich nicht mehr dazu sagen. Den Namen des größten Delikatessengeschäfts Europas kennt jedes Kind. Einen Trip durch diesen altehrwürdig anmutenden Tempel des guten Geschmacks muss man einmal erlebt haben: In den heiligen Hallen gibt es allein 250 handverlesene Sorten Käse!

Dienerstr. 14/15, Altstadt, www.dallmayr.de/delikatessenhaus, U/S: Marienplatz, Mo–Sa 9.30–19 Uhr

Ludwig Becks »Kaufhaus der Sinne«

Gourmetsafari Teil 2

Feinkost Käfer H 5

Weniger Ehrfurcht einflößend und moderner als der Dallmayr, trotzdem pflegt die Familie Käfer eine lange Feinkost-Dynastie. Thronfolger Michael Käfer hat sich das Erbe übrigens hart erarbeitet, unter anderem mit dem Erfolg seines eigenen Babys: der Nobel-Disse P1.

Prinzregentenstr. 73, Altstadt, www.feinkost-kaefer.de, U: Prinzregentenplatz, Mo–Do 9.30–20, Fr 8–20, Sa 8.30–16 Uhr

Bittersüßsalzig

1001 Sense Karte 2, E 6

Wem Vollmilch oder Zartbitter schlicht zu langweilig sind, der findet in diesem Schokoladenfachgeschäft die seltensten und seltsamsten Sorten aus aller Welt, von Bali bis Vietnam.

Ledererstr. 10, Altstadt, www.1001sense.com, U/S: Marienplatz, Mo–Fr 10.30–19.30, Sa 10.30–18.30 Uhr

Ananas bis Veilchenblüte
Spanisches Fruchthaus
Karte 2, D 6
Kandieren, trocknen, glacieren. Was man mit Obst vor dem Vernaschen so alles anstellen kann, lernt man in diesem winzigen, alteingesessenen Ladengeschäft im auffälligen Ruffinihaus. Ananas und Co. wirken hier immer noch so exotisch wie zu Zeiten, als Früchte noch nicht zu jeder Jahreszeit aus Übersee eingeflogen wurden.
Rindermarkt 10, Altstadt, www.spanisches-fruchthaus.de, U/S: Marienplatz, Di–Fr 11–18, Sa 11–17 Uhr

FLOH- UND STRASSENMÄRKTE

Von wegen früher Vogel!
Midnightbazar
Keine Ausreden mehr für genervte Begleiter. Anti-Argumente fegt der Veranstalter der Flohmarktreihe vom Tisch: Frühaufstehzwang und Schlechtes Wetter. Stattdessen kann man auch noch am späten Abend ein Schnäppchen machen – und auch schlechtem Wetter ein Schnippchen schlagen, ist der Midnightbazar doch an beiden Locations (Werksviertel Mitte und Backstage) überdacht.
Werksviertel Mitte, Atelierstr. 4 (H 8/9), U: Ostbahnhof; Backstage, Reutknechtstr. 6 (außerhalb A 5), S: Hirschgraben, www.midnightbazar.de: 17–23.30/24 Uhr, Eintritt 4 €

Gigantomanisch
Riesenflohmarkt A 7
Dass der Flohmarkt auf der Theresienwiese so ein Ereignis ist, liegt einerseits daran, dass er leider, leider nur einmal im Jahr stattfindet, nämlich am ersten Samstag des Frühlingsfestes. Zweitens an den Ausmaßen: Wenn das Wetter mitspielt, kommen bis zu 20.000 Besucher auf das Gelände und stöbern in den Waren von über 2000 Verkäufern!
https://www.brk-muenchen.de/angebote/flohmaerkte/flohmarkt-theresienwiese/

Hier findet jeder seinen Topf
Auer Dult E 8
Antiquitäten vom Nachttopf bis zum Bauernschrank, vor allem aber Unmengen an Porzellan, Keramik und Haushaltszubehör werden auf der Auer Dult dreimal im Jahr angeboten. Die Sprüche der Marktschreier haben ihren ganz eigenen Unterhaltungswert. Drumrum gibt's Essen und Fahrgeschäfte.
Mariahilfsplatz, www.auerdult.de, jeweils 9 Tage im Mai, Aug. und Okt.

Die Auer Dult gilt als der größte Geschirrmarkt Europas.

GESCHENKE, DESIGN, KURIOSES

Kitsch, ganz cool
Obacht Karte 2, E 6
Das Konzept: Bajuwarika, quietschbunt, neu interpretiert, mit einem Hauch Ironie, zu 100 % Prozent in der Heimat hergestellt. ›Obacht!‹ sagen die Bayern, wenn sie meinen: ›Aufgepasst!‹. Lohnt sich.
Ledererstr. 17, Altstadt, www.obacht-shop.de, U/S: Marienplatz, Mo–Sa 11–18 Uhr

Bunter Haufen
Siebenmachen F 10
Wenn sich sieben Etsy-Gestalterinnen und Gestalter in einem Laden zusammentun, kommt eine niedliche Ausstellungsfläche mit allerhand hübschen Haben-Will-Dingen dabei heraus, Workshops bieten die kreativen Sieben auch an.
St. Bonifatiusstr. 20, Giesing, www.siebenmachen.de, U: Kolumbusplatz, Di, Mi, Fr 13–19, Do 13–20, Sa 11–15 Uhr

Schmuck, schmuck
Perlerie nordwestl. A 4
Glasperlen, Silberperlen, Keramikperlen, ganz andere Perlen, Seidenbänder, Lederschnüre, Verschlüsse … und sehr viel Passion sind in den kleinen Laden gepackt. Außerdem unglaublich nette Beratung und Workshops zu allen Schmuckfragen.
Volkartstr. 17, Neuhausen, www.perlerie.net, U: Rotkreuzplatz, Mo–Do 10–13.30 und 15–18.30, Fr 10–18.30, Sa 10–14 Uhr

Wunderlich
Alva-Morgaine D 8
Der Vintage-Laden bezeichnet sich selbst als Wunderkammer und das ist nicht übertrieben. Hier stöbert man zwischen Original-Mode aus der Zeit von 1880 bis in die wilden Siebziger, aber auch ausgefallene Möbel und allerhand Kurioses laden ein zu einer kleinen Zeitreise.
Hans-Sachs-Str. 9, Gärtnerplatzviertel, https://alva-morgaine.de/, U: Sendlinger Tor, Di–Fr 11–18.30, Sa 11–16 Uhr

Krimskrams
Himmelblau nordwestl. A 4
Teils sehr praktische, teils völlig überflüssige Dinge, die das Leben zwischen Küche und Balkon aufhübschen. Was man eben unbedingt braucht, wenn man man grad gar nix braucht.
Nymphenburger Str. 179, Neuhausen, T 089 16 23 08, www.himmelblau-neuhausen.de, U: Rotkreuzplatz, Mo–Fr 11–13 u. 15–19, Sa 10–15 Uhr

Tüftelig
Deutsches Museum Shop E 7
Es gibt Menschen, oft heißen sie Väter, die sehr schwer zu beschenken sind.

Ein bisschen albern ist die alljährliche Diskussion um **Tracht und Tradition** ja schon. Darf man Sneakers dazu tragen? Sind Wanderstiefel die bessere Alternative, wenn man keine Haferlschuhe im Schrank hat? Ist es dem Nicht-Münchner erlaubt, ein **Charivari** (massive Schmuckkette für den Hosenlatz mit herabbaumelnden Absonderlichkeiten wie Tierklauen, Münzen oder Edelsteinen) anzulegen? Denn: Dass alle Welt sich in Lederhosen und Dirndl schmeißt zur Wiesn, hat mit Tradition nicht viel zu tun. Gerade das **Dirndl** war im 19. Jh. das praktische Arbeitsgewand junger Mägde. Historisch korrekt sind sie deshalb einfarbig und ohne Schnickschnack. Das Kleid musste strapazierfähig sein. Aufgemotzt wurde das Dirndl erst um 1930, als Städterinnen, die zur Sommerfrische in die Berge reisten, den Look nachahmten. Nur eins ist sicher überliefert: die Schürzenregel. Schleife rechts bedeutet, dass die Frau fest verbandelt ist. Links signalisiert sie, dass man noch zu haben ist. Ach so: Ein Holzfällerhemd gilt nicht mal dem tolerantesten Münchner als trachtengängig. Dann lieber gleich ein T-Shirt.

Weil sie sich für Dinge interessieren, von denen man keine Ahnung hat. Oder weil sie schon alles haben. Im Laden des größten Wissenschafts- und Technikmuseums der Welt verliert man sich auch als Nicht-Naturwissenschaftler gern. Von Baukästen über kinetischen Sand, zu schlauen Spielen, Lomo-Kameras und haufenweise sinnfreien Gadgets wird hier der innere Daniel Düsentrieb befriedigt.

Museumsinsel 1, Au, www.deutsches-museum-shop.com, S: Isartor, tgl. 9–18 Uhr

Pädagogisch wertvoll

Kunst und Spiel F 2

Man muss kein Fan der Waldorfpädagogik sein, um sich in diesem Laden wohlzufühlen. Spielzeug, Bastelzubehör und Kinderkleidung schmeicheln Auge, Hand und Umwelt. Beste Anlaufstelle, um Geschenke für Kinder von ästhetisch anspruchsvollen Eltern zu finden. Oder um das eigene Gemüt beim Blick auf klare Linien und hochwertige Naturstoffe auszutarieren, wenn es draußen auf der Schwabinger Rennstrecke mal wieder zu sehr nach Großstadt tönt.

Leopoldstr. 48, www.kunstundspiel.de, Schwabing, U: Giselastraße, Mo–Fr 10–19, Sa bis 18 Uhr

Da guckst du

Soda Books Karte 2, D 7

Wer internationale Magazine und Bücher aus den Bereichen Kunst, Illustration, Grafik und Design, Streetart, Architektur und Fotografie liebt, muss ins Soda Books. Überwältigende Auswahl in puristisch gehaltener Übersichtlichkeit.

Rumfordstr. 3, Glockenbachviertel, U: Fraunhoferstraße, www.sodabooks.com, Mo–Fr 11–19, Sa 11–18 Uhr

MODE UND ACCESSOIRES

Öko, fair, verdammt schick

About Given E 7

Die Zeiten, in denen Klamotten aus ökologisch und sozial vertretbar hergestellten Bedingungen formlose Ungeheuer waren, sind natürlich längst vorbei. Eine feine Auswahl der hipsten Marken und Modelle hängen im About Given an der Stange. Von Casual zu High Fashion, nicht günstig aber dafür mit gutem Gewissen.

Baaderstr. 55, Gärtnerplatzviertel, www.aboutgiven.de, U: Fraunhoferstraße, Mo–Sa 11–19 Uhr

Vegan, fair, verspielt

Dear Goods C 8

Im Dear Goods gibt's Streetstyle von mittelpreisigen Marken wie Armed Angels, People Tree, Wunderwerk, Knowledge Cotton Apparel oder Sea Salt. Der Anspruch: Lieb zu Mensch, Tier und Natur zu sein – und trotzdem wohl gekleidet.

Am Glockenbach 12, Gärtnerplatzviertel, www.deargoods.com, U: Fraunhoferstraße, Mo–Fr 11–19, Sa 10.30–18 Uhr

Made in Munich

WE.RE Karte 2, E 7

Sie *sind* es. Die Freundinnen Theresa Reiter und Katharina Weber designen ihre minimalistische Mode mitten in München, und produzieren sogar einen Großteil davon direkt in ihrem Studio. Für Frauen und Männer, zeitlos, lässig und edel, sind sie das beste bayerische Argument für lokales Handwerk und gegen den anonymen Fast-Fashion-Betrieb.

Buttermelcherstr. 5, Glockenbackviertel, www.werealabel.com, U: Fraunhoferstraße, Mo–Sa 11–19 Uhr

Maßarbeit

Antonetty D 8

Wer das Schaufenster von Antonettys Lederwerkstatt passiert, kann nicht anders als hingucken. Einmal sind daran die sehr bunten und sehr hübschen Börsen, Täschlein, Taschen, Gürtel und Jacken Schuld. Zum zweiten kann man der Meisterin und ihren Helferinnen beim Arbeiten zugucken. Verführerisch ist auch die Möglichkeit Farbe von Leder und Reißverschluss nach Wunsch zu ordern.

Klenzestr. 56, Gärtnerplatzviertel, www.antonetty.de, U: Fraunhoferstraße, Di–Fr 11–19, Sa 11–15 Uhr

Das Gegebene schätzen und aus Vorhandenem Gutes machen: About Given

Für Gipfelträumer

Rumrich Stone Projects G 7

Auf München-Besuch kann es schnell mal passieren, dass spontan ein Wander- oder Kletter-Ausflug ansteht. Wer Outdoorklamotten oder Kletterlatschen braucht, auch an Funktionskleidung gewisse optische Ansprüche hat und nicht zu viel Kohle rauswerfen will, der sollte statt den großen Sporthäusern lieber den sympathischen Rumrich aufsuchen. Kleiner Laden, wettergegerbte junge Kraxler als Berater, sehr kulanter Service.

Innere Wiener Str. 30, Haidhausen, S: Rosenheimer Platz, Mo–Fr 13–20, Sa 10–18 Uhr

Unterirdisch gute Idee

Kurzzug A 5

München-Kenner werden beim ersten Anblick einer Tasche von Kurzzug stutzen. Da war doch was! Dieser Kunstlederglanz, dieses Petrolblau … Vielleicht haben sie es dann plötzlich vor Augen: Das Bild des U-Bahn-Polsters aus Kunststoff, in dem der gerade aufgestandene Passagier noch einen Hintern-Abdruck hinterlässt, der sich langsam entdellt. Natürlich wird das ausgediente U-Bahn-Leder von den Produzenten des jungen Münchner Labels gründlich gereinigt, bevor es zu ausgesprochen hochwertig aussehenden Taschen in allen möglichen Formaten verarbeitet wird. Das schöne an dem Upcycling-Produkt sind aber vorallem die Geschichten, die an ihm haften.

People at Work, Schackstr. 5, https://kurzzug.de, U: Universität, Mo–Fr 10–17 Uhr

Manufaktisch

A Kind of Guise D 3

Accessoires und Klamotten werden von 16 ausgesuchten Berieben in und um Deutschland hergestellt, die teilweise ihre Kunst schon seit Jahrhunderten ausüben. So traditionell das Konzept, so zeitlos sind die Stücke, die man in den Geschäften in München und Berlin findet. Neben Männer- und Frauenkollektion gibt es stylishe Sonnenbrillen, Boots, Taschen und Schmuck. Entsprechend der Herstellung und Materialen wie österreichischem Loden oder Schweizer Baumwolle nicht ganz günstig, aber dafür von ausgesuchter Qualität. Und aufgepasst, beim Supersale gibt es 70 Prozent!

Adalbertstr. 41B, Maxvorstadt, https://akindofguise.com, U: Universität, Mo–Fr 12–19, Sa 12–18 Uhr

MAUERBLÜMCHEN

In einer Stadt, in der Wohnraum so heiß begehrt und wertvoll ist wie in München, muss die Unterhaltungsbranche schon fantasievoll sein, um sich ihre Nischen zu erobern. Kein Wunder, dass die Kneipen-Kultur-Klub-Landschaft sehr wechselhaft ist. Oft sind Lieblingsläden bereits wieder verschwunden, kaum hat man sie in einem Insider-Blog entdeckt. Zwischennutzungen, doch noch verlängerte Mietverträge, Pop-up-Clubs, ungewöhnliche Locations – immerhin ein Garant dafür, dass es nicht so schnell langweilig wird in der Szene.

Schwarmverhalten

Zwei Fakten gleichmal vorneweg: Die wilden Zeiten, in denen Schwabing eine Partyhochburg mit den angesagtesten Clubs Deutschlands war, sind lange passé. Aber: Auch die folgende eher lahme Periode, in denen München hauptsächlich Mainstream oder Extrem-Subkultur im Angebot hatte, ist vorbei. Seit einigen Jahren fühlen sich nämlich selbst Kosmopoliten wieder wohl in der Ausgehszene – obwohl sie es manchmal nicht zugeben.

Kneipen und Bars gibt's sowieso seit jeher in einer Vielfalt, in der jeder Musikgeschmack, Geldbeutel und Altersschnitt gut aufgehoben ist. Aber auch was tanzbare Läden angeht, ist München heute bunter als noch vor zehn Jahren. Immer noch gibt es zwar viel gehobenen Mainstream wie P1, Pacha, 089, Heart, Drella und Konsorten. Hier brezelt man sich eher auf, als sich lässig zu geben, und lässt viel Geld an der Bar. Und auch die Alternativ-Klassiker wie Backstage oder Feierwerk sind immer noch Institutionen.

Dafür sprießen in Altstadt und Glockenbach Kneipen und Elektro-Klubs aus dem teuren Pflaster, die an guten Tagen auch in Berlin oder London mithalten könnten. Oftmals sind das nur kurzlebige, dafür umso spannendere Projekte. Klubs wie das Harry Klein oder die Rote Sonne aber zum Beispiel spielen schon lange vorne mit. Auch eher neu: Man ist sich nicht mehr zu fein, mal eine kleine Reise nach Giesing oder ins Westend anzugehen.

Selbst Charles Schumann empfiehlt das Café Kosmos – wegen seiner großen Gin-Auswahl.

BARS UND KNEIPEN

Immer gut

Favorit Bar Karte 2, C 6

Die Favorit Bar sieht immer noch genauso lässig ungemacht aus wie vor zehn Jahren. Wer sie nicht kennt, wird sich nachts kaum in diesen ruhigen Teil der Altstadt verirren oder überhaupt auf das Schaufenster achten. Dahinter lümmeln im schummrigen Licht entspannte Menschen auf einer mit orangenem Linoleum überzogenen Stufenlandschaft. Das ist gemütlicher, als es klingt, genau wie die roten Glühbirnen mit dem Papier drumrum, oder die funktionslosen Ventilatoren an der Wand, oder das winzige DJ-Pult, an dem man sich auf dem Weg zum Klo vorbeidrückt. Die Musik ist gerade laut genug. Ins Favorit geht man zum Ratschen (Quatschen), nicht zum Tanzen.

Damenstiftstr. 12, Altstadt, U: Sendlinger Tor, So–Do 21–2, Fr/Sa 22–3 Uhr

Sportlich

Vereinsheim F 1

Jede Stadt sollte eine solche Kneipe haben. Das Lieblingslokal der Sportsfreunde Stiller – auch Fußballer Mehmet Scholl wird oft gesichtet, erinnert tatsächlich an ein Vereinsheim. Die Stimmung: schwitzig gut. Mit Kicker, Couch und Currywurst. Aber auch Konzerte, Kleinkunst und Lesungen gibt's regelmäßig.

Occamstr. 8, Schwabing, www.vereinsheim.net, U: Münchner Freiheit, tgl. ab 18 Uhr

Gewollt abgerockt

Valentin Stüberl B 9

Winzig, hip, mit wechselnden DJs und einem treuen Klientel. Mit Glück schnappt man sich eine der wenigen Sitzmöglichkeiten, sonst ist lässig in den Knien Wippen angesagt. Nach 23 Uhr kommt man nur mit eigenem Schlüssel rein, den man vorher an der Bar erworben haben sollte.

Dreimühlenstr. 28, Isarvorstadt, www.valentinstueberl.com, Bus 132 Röcklplatz, Mo–Do 18–1, Fr/Sa 18–2 Uhr

Gern randvoll

Zum Wolf C 7

Steinkrüge wie Barschlauch sind vor allem zum Wochenende hin platzmäßig maximal ausgenutzt. Das bluesige Kuriositätenkabinett »Zum Wolf« hat es irgendwie hingekriegt, die Hipster mit den Urgesteinen und all den anderen auf den kleinsten Nenner beziehungsweise Raum zu packen. Fühlt sich an wie das gemütliche Wohnzimmer vom sympathisch schrulligen Nachbarn.

Pestalozzistr. 22, Gärtnerplatzviertel, www.zumwolf.com, U: Sendlinger Tor, So–Do 18–1, Fr/Sa 18–2 Uhr

Sternschnuppe

Café Kosmos B 5

Zwei Alleinstellungsmerkmale machen das Kosmos zum Dauerhit. Erstens die Lage: Neben einem Waffengeschäft, und nur wenige Schritte von einer Spielhalle entfernt. Bahnhofsviertel eben. Zweitens die Getränkepolitik: Welche andere Kneipe würde es wagen, dem Münchner Publikum nicht nur das Helle in 0,25 Liter Gläsern auszuschenken, sondern noch dazu Astra anzubieten? Dazu lässt es sich nirgends besser flirten als im Kosmos, jeder Gang zur Bar, zur Toilette oder zum Luft schnappen, ähnelt in dem zweistöckigen Schneckenhaus einem Serien-Engtanz.

Dachauerstr. 7, Hauptbahnhof, www.cafe-kosmos.de, U/S: Hauptbahnhof, Mo–Fr 12–1, Sa/So 14–3 Uhr (gerne auch mal länger)

Setzkastenprinzip

Holy Home Karte 2, D 7

Dass das Holy Home was kann, erzählt schon die Ausdauer, mit der es sich seit 1996 im schnelllebigen Glockenbachviertel hält. Die Lage direkt neben dem Gärtnerplatz-Theater ist natürlich perfekt. Dass sich hinter der Bar eine Art Riesensetzkasten für Flaschen und Plastik-Nippes befindet, merken Gäste oft erst nach der dritten Runde. So voll ist es meistens.

Reichenbachstr. 21, Gärtnerplatzviertel, U: Fraunhoferstraße, So–Mi 19–1.30, Do–Sa 19–3 Uhr

Der Großteil der Einrichtung im Milla besteht aus Flohmarkt-Möbeln.

Frecher Portugiese
Maroto D 8

Maroto bedeutet Lümmel oder Lausbub auf portugiesisch. Hier gibt es nicht nur Tapas, Vinhos und Superbock, sondern eben auch den Humor der Betreiber dazu. Sei es beim Bier-Bestellen oder beim Toilettenbesuch. Die Frauen lernen bei letzterem an Hand von Zeichnungen Begriffe wie *caracol* – Schnecke. Bei den Herren sind die Bilder eindeutiger. Das Maroto ist einer dieser Geheimtipps, die eigentlich jeder kennt, die sich aber trotzdem nicht abnutzen.

Westermühlstr. 31, Gärtnerplatzviertel, www.bar-maroto.de, U: Fraunhoferstraße, Di/Mi ab 19, Do–Sa ab 20 Uhr, Fei geschl.

Wermütig
Salon Irkutsk D 2

Wie ein Stück Sibirien, nur warm, bunt und voll besetzt mit kulturinteressierten Menschen. Neben einer beeindruckenden Wodka-Karte samt selbst eingelegten Versionen trinkt man hier Wermut. Für eine ordentliche Grundlage sorgen Borschtsch, Pelmeni und sauerkirschgefüllte Wareniki. Die Ausstellung an den Wänden wechselt zweimal im Monat, wöchentlich gibt's Konzerte, Lesungen oder auch mal eine Blindtanzveranstaltung.

Isabellastr. 4, Maxvorstadt, www.salonirkutsk.com, U: Josephplatz, tgl. 18–2 Uhr

LIVEMUSIK

Schräglage
Milla C 8

Dass es hier keinen glatten Mainstream gibt, lässt schon die Architektur ahnen. Irgendwie herrscht Schräglage im Kellerschlauch. Über der Tanzfläche ist der Raum noch am höchsten, dann geht es steil zur Bar hinauf, wo sich die Decke schon fast berühren lässt. Musikalisch geht es hier weniger elektronisch zu, da die Besitzer keine großen Fans von House und Techno sind. Stattdessen wird Wert auf echte Instrumente gelegt. Kein Wunder, Peter Brugger, der Sänger der Sportfreunde Stiller gehört zur Inhaber-Truppe.

Holzstr. 28, Gärtnerplatzviertel, www.milla-club.de, U: Fraunhoferstraße, je nach Programm

Selten authentisch
Jazzbar Vogler Karte 2, E 7

Seit 1997 organisiert Thomas Vogler in seiner Bar fast täglich Konzerte – von Jazz über Latin bis hin zu Soul. Mit zehn Mann auf der Bühne oder als Soloprogramm. Gemacht von Profis oder Hobbymusikern.

Rumfordstr. 17, Gärtnerplatzviertel, www.jazzbar-vogler.com, U: Fraunhoferstraße, Mo–Do 9–24, Fr/Sa 19–1 Uhr

Die Alternative
Substanz A 8/9

Wer Abstand zu den Edelschuppen und Hipster-Sammelbecken der Innenstadt sucht, findet im bodenständigen Substanz Punk bis Indie, Live-Acts, Poetry-Slam und Fußballpartys. Seit der Eröffnung 1990 hängt dem Substanz ein wilder Ruf nach: »Illegale Punkkneipe gegenüber des Kreisverwaltungsreferats«, empörten sich die Zeitungen entzückt. Heute geht es ruhiger zu, vor allem auf der Straße straft einen der Türsteher mit strengen Blicken, wenn zu laut gelacht wird.

Ruppertstr. 28, Sendling, www.substanz-club.de, U: Poccistraße, je nach Programm

Kontaktbörse
Fox Bar D 3

Dunkelbunte Einrichtung, sogar eine Schaukel hat Platz! Gut gemischtes Publikum, und als selbsternannte Lieblingsbar gibt es das passende Hausgetränk: die ›Foxy Lady‹.

Barerstr. 47, Maxvorstadt, www.instagram.com/foxmunich/, U: Universität, Mo–Mi 19–2, Do 19–3, Fr/Sa 19–4, So 19–1 Uhr

TANZEN

Lichtpunkt
Charlie D 9

Je nach Sichtweise nicht nur unter der Woche ein vietnamesisches Styler-Restaurant und samstags ein Lieblingsclub der Münchner, sondern auch eine Bereicherung im bisher eher strukturschwachen Giesing. Oder Vorbote der Gentrifizierung? Während die Anwohner stöhnen, kann man hier manchmal ziemlich gut tanzen und sich dabei vom ausgeklügelten Lichtkonzept beeindrucken lassen.

Schyrenstr. 8, Untergiesing, www.bar.charl.ie, U: Kolumbusplatz, Sa ab 22 Uhr

God is a DJ
Harry Klein Karte 2, C 6

Das Harry Klein ist sowas wie die wahr gewordene Utopie von Club-Gängern. Die schalldichte Innenkonstruktion erlaubt es, mitten im Stadtzentrum ungestört die Lautstärke in die Höhe zu treiben. Das Ganze ist so raffiniert gemacht, dass man sich unterhalten kann, ohne einander ins Ohr zu schreien – selbst wenn man direkt neben der Box steht. Unten wird getanzt, von einer Galerie können sich Kopfnicker das Ganze ungestört angucken oder sich ins schalldichte Séparée mit Bar zurückziehen. Das Harry Klein ist für seine Visuals bekannt – sechs Beamer bespielen zwei Leinwände, und für die ausgezeichnete Wahl der Techno- und House-DJs sowieso.

Sonnenstr. 8, Altstadt, harrykleinclub.de, U: Sendlinger Tor, je nach Programm

IndePunkig
X-Bar G 6

Eine weitere Münchner Institution, die der Gentrifizierung weichen musste, war die alte X-Bar. Die gibt es jetzt in Neuauflage – aber davon merkt man dank schrabbeliger Ledersofas nichts – im Lehel. Stand und steht für die Wohlfühloase jenseits des Mainstreams. Vom günstigen Bier, über den stets bespielten Tisch-Kicker zur Musik.

Sternstraße 20, Lehel, U: Lehel, 19–1 Uhr

Outlaw
Rote Sonne Karte 2, D 5

Rund um den Maximiliansplatz lassen sich seit Jahren die Glitter-Glamour-Clubs nieder. Nicht abschrecken lassen, dazwischen sitzt eine der wichtigsten Instanzen elektronischer Musik in der Stadt: Die Rote Sonne. Jedes Wochenende geht sie aufs Neue auf und präsentiert sowohl namhafte Künstler als auch talentierte Locals.

Maximiliansplatz 5, Maxvorstadt, www.rote-sonne.com, S: Karlsplatz/Stachus, je nach Programm

Bester Sound

Blitz Club ✪ E 7

Die perfekt durchdachte Raumakustik und eins der hochwertigsten Soundsysteme in München lassen keine Wünsche offen. Kein Wunder, dass sich hier namhafte DJs aus aller Welt die Klinke in die Hand geben.

Museuminsel 1 (über die Ludwigsbrücke), Ludwigsvorstadt, www.blitz.club, S: Isartorplatz, Fr/Sa ab 23 Uhr

Subversiv

Pathos ✪ B 3

Die ehemalige Munitionsfabrik ist schon seit den frühen Achtzigern Plattform für performative Kunst, Theater und ausgefallene Club-Veranstaltungen. Passend zum kulturpolitisch engagierten und gesellschaftskritischen Theaterprogramm, bewegen sich auch die Partys fernab vom Mainstream. Die Halle bietet Platz für Spielereien: Man sah schon Seilbahn-Gondeln von der Decke hängen, alte Bärenkäfige auf der Tanzfläche oder Schiffschaukeln. Still und heimlich hat sich das Pathos zum Untergrund-Club gemausert.

Dachauer Str. 112d, Neuhausen, www.pathosmuenchen.de, Tram 12/17: Leonrodplatz, je nach Programm

Heiß!

Sauna ✪ B 5

Keine Sorge, auch wenn die Ausstattung dieses Etablissement recht authentisch wirkt: Wände, Böden und Außenbereich sind mit Euro-Paletten ausgelegt, Schwitzbänke laden zum Leutegucken ein, das Thermometer klettert schon mal auf 28 Grad, und der Barmann trägt gerne Bademantel – um einen zwielichtigen Saunaclub handelt es sich hier nicht. Getanzt wird exzessiv, aber angezogen. Gerne zum Sound aus den Achtzigern, tabu dagegen ist Electro.

Marsstr. 22, Hauptbahnhof, www.s-a-u-n-a.de, U/S Hauptbahnhof, Mi–Sa ab 22 Uhr

Spannend

Ampere ✪ Karte 2, F 7

Im gemütlichen Ambiente aus alten Backsteinmauern und modernen Lichtinstallationen in der kleineren Veranstaltungshalle des Muffatwerks finden unter dem hölzernem Dachstuhl mit den großvolumigen, silbrig glänzenden Lüftungsröhren Konzerte und Klubnächte statt. Praktisch: Wenn's einmal nicht gefällt, gibt es nebenan Alternativen: den Biergarten, das Muffatcafé, die große Konzerthalle – und die Isar.

Zellstr. 4, Haidhausen, www.muffatwerk.de/de/pages/ampere, S: Rosenheimer Platz, je nach Programm

Laues Lüftchen

Lucky Who ✪ D 5

Glücklich schätzt sich hier, wer was gegen muffige Clubs und Sofa-Schunkler hat. Im Lucky Who wird vor allem im Innenhof getanzt, und zwar fast immer. Aber meist zu Hip-Hop und R'n'B. Am Wochenende legen die Lokalmatadoren Münchens auf, oft gibt es auch Livemusik. Im Sommer ist man draußen, im Winter gibt es alternativ ein kuscheliges Zelt.

Brienner Str. 14 (Innenhof), Innenstadt, www.luckywho.de, U: Marienplatz

Ampere – intime Live-Bühne

HÖHEPUNKTE DES MÜNCHNER KULTURPROGRAMMS

Opern Air: Im Sommer werden auf dem Max-Joseph-Platz (✪ E 5/6) zwei **Opern live aus dem Nationaltheater** übertragen. Dann sitzen die Leute auf ihren Picknickstühlen oder auf dem Boden und lauschen dem Bayerischen Staatsorchester, das traditionell die Freiluftsaison eröffnet.

www.staatsoper.de

Passend zu seiner klassischen Aufmachung finden am Odeonsplatz (✪ E 5) Anfang Juni die beliebten **Open-Air-Konzerte** statt: Die Münchner Philharmoniker und das Symphonieorchester des Bayerischen Rundfunks präsentieren Meisterwerke.

www.klassik-am-odeonsplatz.de

Inoffizieller **Treffpunkt der Swing-Szene** ist im Sommer bei schönem Wetter der Diana-Tempel im Hofgarten (✪ E 5). Salsa (Mi und So abends), Tango (Fr abends) und Swing (So nachmittags). Spenden an den DJ sind willkommen, aber nicht notwendig.

www.swingandthecity.com/muenchen/studios/hofgarten

Bühne für Newcomer: Indie, Punk, Elektro in der klassischen Kulisse am Königsplatz (✪ C 4). Barrierefrei! Gebärdensprachdolmetscher übersetzen die Songs der Künstler. Für Rollstuhlfahrer gibt es ein Podest inmitten des Geschehens. Sehbehinderte Personen erhalten bei Bedarf Unterstützung von Blindenführern.

www.oben-air.de

Umsonst und draußen: Das **Pfingstfestival** und der **Musiksommer** am Theatron (✪ Karte 4) im Olympiapark gehören zu den festen Institutionen der Münchner Freiluftsaison. Freuen Sie sich auf laue Sommerabende mit Bierchen und ausgewählten Indie-Bands aus dem Umland.

www.theatron.de

KINO

Gute Filme aus europäischer Produktion, oft OmU, kann man im **Studio Isabella** (✪ D 3) oder im **Atelier** (✪ Karte 2, C 6) sehen. Das Atelier zeigt außerdem die schwul-lesbische Filmreihe Mongay.

Studio Isabella: Neureutherstr. 29, Maxvorstadt, www.isabella.li, U: Josephsplatz

Atelier: Sonnenstr. 12, Innenstadt, www.city-kinos.de, S: Karlsplatz, Mongay: Mo 21.15 Uhr

Das **Filmmuseum** (✪ Karte 2, D 7) im Stadtmuseum präsentiert jeden Tag einen anderen Film aus dem eigenen Archiv: Werkschauen, thematische Reihen, Stummfilme mit Klavierbegleitung.

Filmmuseum: St. Jakobs-Platz 1, Altstadt, www.muenchner-stadtmuseum.de, U: Sendlinger Tor, Di–Do 20, Fr–So 18.30, 21 Uhr

Wer auf aktuelle Dokumentar- und Independentfilme steht, ist im **Monopol** (✪ C 1) richtig, für Kultfilme sind die **Museum Lichtspiele** (✪ F 7) zuständig.

Monopol: Schleißheimer Str. 127, www.monopol-kino.de, Tram 27: Herzogstraße; Museum Lichtspiele: Lilienstr. 2, Au, www.museum-lichtspiele.de, S: Isartor

Wer sich am liebsten weitab des Mainstreams bewegt, für den ist das legendäre **Werkstattkino** (✪ D 7) die richtige Adresse.

Werkstattkino: Fraunhoferstr. 9, im Hinterhof, Glockenbachviertel, www.werkstattkino.de, U: Fraunhoferstraße

Programmübersicht und Kartenvorverkauf: www.monatsprogramm-muenchen.de, München Ticket (T 089 54 81 81 81, Mo–Fr 9–20, Sa 9–16, So 10–16 Uhr, www.muenchenticket.de), Glashalle im Gasteig (Rosenheimer Str. 5, Mo–Fr 10–20, Sa 10–16 Uhr)

www.munichx.de

www.prinz.de/muenchen

www.in-muenchen.de

www.staatsoper.de

Hin & weg

Ankunft

... mit der Bahn
Alle Fernzüge treffen am Hauptbahnhof ein. Regionalzüge von und zu bayerischen und österreichischen Zielen halten meistens auch in München-Ost bzw. München-Pasing. Alle Bahnhöfe liegen an der S-Bahn-Stammstrecke, werden also nahezu im Minutentakt bedient.

.... mit dem Bus
Busverbindungen bestehen von fast allen deutschen und vielen europäischen Großstädten. Der moderne und zentrale Busbahnhof ZOB befindet sich in direkter Nähe zum S-Bahnhof Hackerbrücke und zum Hauptbahnhof. (www.zob-muenchen.de)

... mit dem Auto
Nach München führen Autobahnen aus allen Himmelsrichtungen: A 96/B 18 von Lindau über Memmingen, A 8 von Stuttgart, Ulm, Augsburg bzw. im Süden von Salzburg und Rosenheim, A 92 von Deggendorf, Landshut, Flughafen München, A 9 von Berlin, Leipzig, Nürnberg, Ingolstadt, A 94/B12 von Passau, Burghausen, Mühldorf, A 95 von Garmisch, Wolfratshausen. Alle außer der A 95 münden auf dem (nicht ganz geschlossenen) Autobahnring A 99/A 995. Vor allem A 8 und A 9 sind am Wochenende, zu Ferienbeginn bzw. -ende stark überlastet, rechnen Sie also genügend Zeit für Stau ein.

... mit dem Flugzeug
Es gibt zwei S-Bahn-Linien vom Flughafen in die Stadt: S 1 (Schleißheim–Feldmoching–Laim–Hauptbahnhof, 45 Min.) und S 8 (Unterföhring–Ostbahnhof–Hauptbahnhof, 41 Min). Die S-Bahnen verkehren von ca. 4–24 Uhr, zwischen 5 und 22 Uhr im 20-Minuten-Takt. Der Lufthansa-Airport-Bus zum Hauptbahnhof (über Schwabing Nord) verkehrt zwischen ca. 5 und 20 Uhr alle 20 Min., Fahrtzeit 40 Min. Eine Taxifahrt vom Flughafen zum Marienplatz kostet ca. 75 €.

Informationen

Marienplatz: im Neuen Rathaus, Mo–Sa 9.30–19.30, So 10–16 Uhr
Flughafen: Zentralbereich, Ebene 3, tgl. 0–24 Uhr; im Terminal 1, A–D, Ebene 4, tgl. 5–22 Uhr; im Terminal 2, Ebenen 3 und 4, tgl. 6–22.30 Uhr.
www.muenchen.de: Offizielle Website der Stadt München. Alle Informationen zu Unterkunft, Essen und Trinken, Kneipen, Sehenswürdigkeiten, Kultur, Unterhaltung, Sport, Stadtführungen inkl. einem Abriss über die Stadtgeschichte.
Die »KulturGeschichtsPfade« der Landeshauptstadt München sind Rundgänge entlang historisch bedeutsamer Orte und Ereignisse in Münchner Stadtvierteln. Sie führen zu bedeutenden Bauwerken, geschichtsträchtigen Plätzen und Wohnungen oder Wirkungsstätten bemerkenswerter Persönlichkeiten des jeweiligen Bezirks. Vor Ort weisen Orientierungstafeln den jeweiligen Pfad und die betreffende Einzelstation aus. Sie können zu Fuß oder mit dem Fahrrad zurückgelegt werden. Jeder KulturGeschichtsPfad ist als Broschüre erhältlich und im Internet abrufbar: www.muenchen.de/rathaus/Stadtverwaltung/Kulturreferat/Stadtgeschichte/Kultur geschichtspfade.html

München im Netz

www.mux.de: Shopping, Restaurant- und Ausgeh-Adressen nach Stadtvierteln, Straßen oder Branchen geordnet
www.munichx.de: Website mit aktuellen Partytipps, Clubporträts, Tagesprogramm
www.muenchenticket.de: Für die Buchung von Eintrittskarten für Veranstaltungen aus Schauspiel, Oper, Ballett, klassischer Musik, Kabarett, Show, Performance, Kinder/Jugend, Festivals
www.museen-in-muenchen.de: 60 Münchner Museen von A–Z, Infos zu

Gar nicht mal so ungewöhnlich: Eisbachschwimmer, die sich durch den Englischen Garten treiben lassen und dann mit der Tram wieder zurückfahren.

aktuellen Ausstellungen, Programmen und Veranstaltungen

www.shops-muenchen.de: Ausgewählte Shoppingbezirke werden Straße für Straße, Haus für Haus mit sämtlichen Geschäften dokumentiert

www.tourismus-bayern.de: Infos zu Freizeit- und Besichtigungsmöglichkeiten im Umland

REISEN MIT HANDICAP

Die Broschüre »Barrierefrei durch München« enthält Infos zu Zugangsmöglichkeiten von öffentlichen Einrichtungen, Museen, Theatern, Kinos, Volksfesten usw., Standorte von Behindertentoiletten, rollstuhlgerechten Geldautomaten, Servicestellen, Parkhäusern und medizinischen Einrichtungen. Sie ist erhältlich bei der Tourismus-Information am Marienplatz und beim Behindertenbeirat München, Burgstr. 4, T 089 23 32 11 79, behindertenbeirat.soz@muenchen.de.

SICHERHEIT UND NOTFÄLLE

In München fühlt man sich sogar im Bahnhofsviertel nachts recht wohl, einzig zum Oktoberfest geraten die Menschen hier manchmal aus dem Ruder und werden auch mal aufdringlich. Betrunkene Horden lieber meiden und im Gedränge die Taschen festhalten.

Notrufnummern

Polizei: 110

Feuerwehr, Notarzt: 112

Ärztlicher Bereitschaftsdienst: 089 116 117

Zahnärztlicher Notdienst: 089 723 30-93 oder -94

Bankkarte sperren: 116 116

UMWELTFREUNDLICH UNTERWEGS

Öffentlicher Nahverkehr

Das Münchner Verkehrsnetz ist dicht, die Verbindungen sind sehr gut, die Wartezeiten kurz. Der Münchner Tarifverbund MVG umfasst die städtisch betriebenen U-Bahnen, Straßenbahnen und Busse wie auch die zur Bahn-AG gehörende S-Bahn. Man kann also mit demselben Fahrschein beliebig zwischen Verkehrsmitteln wechseln. Alle acht S-Bahn-Linien verkehren auf der ›Stammstrecke‹ zwischen Donnersberger Brücke und Ostbahnhof, das heißt, dass mindestens alle 5 Min. eine S-Bahn kommt.

Infostellen: Hauptbahnhof (Schalterhalle), Marienplatz (Zwischengeschoss der U- und S-Bahnen), Sendlinger Tor (Zwischengeschoss der U-Bahn), Ostbahnhof (DB-Reisezentrum). Fahrpläne, Tarifauskunft, Themen-Tickets usw. auch unter www.mvg.de.

Tarifzonen: Das Tarifsystem ist raffiniert ausgeklügelt und erschließt sich Besuchern leider nicht auf den ersten Blick: Das Tarifgebiet ist in vier Zonen eingeteilt. Je mehr Zonen Sie befahren, desto höher der Fahrpreis. Der Zonenplan hängt an jeder Haltestelle.
Einen Einzelfahrschein kaufen Sie für ein, zwei, drei oder vier Zonen. Mit einer Streifenkarte sind pro Zone zwei Streifen zu entwerten. Für kurze Strecken (bis zu 4 Haltestellen, davon aber nur 2 mit U- und S-Bahn) gilt der günstigere Kurzstreckentarif (1 Streifen der Streifenkarte).
Für Besucher lohnt sich fast immer eine Single- oder Partner-Tageskarte für einen bzw. drei Tage. Die Karte gilt für beliebig viele Fahrten bis 6 Uhr am folgenden Tag. Auf der Partnerkarte können bis zu fünf Erwachsene mitfahren. Auch bei den Tageskarten wird wieder nach der Größe des zu befahrenen Gebiets unterschieden, aber meist reicht eine Innenraumkarte für den Besuch der wichtigsten Sehenswürdigkeiten.
Achtung: Die Fahrt Flughafen–Innenstadt führt durch vier Zonen!
Nachtlinien: Für Nachtschwärmer gibt es einen Nachtservice, der die ganze Stadt bedient. Die Nachtlinien verkehren im Stundentakt, am Wochenende halbstündlich, und sind an den Haltestellen, die sie bedienen, vermerkt.

Mit dem Taxi
Taxistände gibt es an allen Bahnhöfen und an vielen anderen Stellen der Stadt. Grundgebühr 5,50 €, Kilometerpreis 2,30 €.
Taxi-München: T 089 216 10 oder 089 194 10, IsarFunk: T 089 45 05 40

Mit dem Auto
Wenn es sich vermeiden lässt, lieber nicht! Es gibt kaum Parkplätze, auch die Parkhäuser in der Innenstadt sind oft besetzt. Die Stadt lebt von verteilten Strafzetteln. Am besten: Auto stehen lassen (Hotelgarage, P+R-Parkplätze etwas außerhalb) und mit den Öffentlichen Verkehrsmitteln fahren. München ist Umweltzone, darf also nur mit der grünen Umweltplakette befahren werden.

Fahrradverleih
Radius Tours Bikes 🕮 B 5, Arnulfstr. 3 (im Hauptbahnhof gegenüber von Gleis 32), T 089 54 34 87 77 40, www.radiustours.com, April–Okt. tgl. 8.30–19, Mai–Aug. bis 20 Uhr, Nov.–März wetterabhängig, 7/8-Gang-Rad 5 €/Std., 18 €/Tag, E-Bike 38 €/Tag
E-Scooter: Die Anbieter der kleinen Flitzer heißen Tier, Bird, Lime, Voi, Jawls oder Bolt. Zum Ausleihen der E-Roller braucht man die jeweilige App und ein Konto. Dann heißt es Scooter suchen, QR-Code scannen und los geht's mit maximal 20 km/h. Kostenpunkt 1 €

Dank 1200 Kilometern Radwege lässt sich ganz München auf dem Bike erkunden.

plus um die 20 Cent pro Minute. Ab 14 Jahren, ein Helm wird empfohlen.

STADTRUNDFAHRTEN UND FÜHRUNGEN

Doppeldecker-Stadtrundfahrt: www.citysightseeing-muenchen.de. Ein- oder zweistündige Stadtrundfahrt zu den bekannten Sehenswürdigkeiten, tgl. 10–17 Uhr jeweils zur halben und zur vollen Stunde (im Winter stdl.) ab Hauptbahnhof (Bahnhofplatz vor dem Elisenhof), ab 13,50 €.
Münchener Stadt-Rundfahrten und Hop-On-Hop-off: www.stadtrundfahrten-muenchen.de. Die Innenstadt per Express Circle oder etwas weiträumiger per Grand Circle. Thementouren: Drittes Reich, Bavaria-Filmstadt, Fußballtour, München bei Nacht. Tgl. ab 9.30 Uhr (jeweils zur vollen Stunde, ab 15,50 €, Dauer 1–4,5 Std.). Beim Hop on-Hop off kann man einsteigen, aussteigen, wie es einem gefällt. Die Busse fahren im Abstand von 20 Min. und halten an 12 interessanten Punkten der Stadt. Tagespass 25 €, online 20,50 €. Tickets und Infos an den Haltestellen am Bahnhofplatz vor dem Kaufhaus Karstadt (immer der Ort für Start und Rückkehr), im Tal (Marienplatz) bzw. online.
Spurwechsel: Ohlmüllerstr. 5, T 089 692 46 99, www.spurwechsel-muenchen.de. Geführte Touren per Rad zu verschiedenen Themen (NaTour, PolitTour, Bier-Tour inkl. Brauereiführung), April–Okt. tgl. 11.15 Uhr ab Marienplatz/Fischbrunnen, möglichst reservieren, 30 € inkl. Leihrad.
Stattreisen: www.stattreisen-muenchen.de. Stadtspaziergänge durch Münchner Viertel zu Schwerpunkten wie Geschichte oder Architektur, Mythen und Legenden, Stadtbäche usw. Teilnahme ohne Anmeldung, Termine siehe Programm (Website oder Tourist-Info).
Weis(s)er Stadtvogel: Unterer Anger 14, T 089 203 24 53 60, www.stadtvogel.de, Anmeldung erforderlich. Führungen zu Fuß, mit Rad, Tram oder Bus zu verschiedenen Themen, z. B. Altstadtführung, Nachtwächtertour, Viktualienmarkt Probiertour, mit der Kammerzofe durch Schloss Nymphenburg.
City Tour Card
Tageskarte für die Nutzung aller MVG-Verkehrsmittel sowie Rabatte für über 70 touristische Attraktionen in München und Umgebung (z. B. Schloss Nymphenburg, Bavaria-Filmstadt). Man kann sie als Single- und Partnerkarte (bis zu 5 Erwachsene), für einen oder drei Tage, für den Innenraum oder das Gesamtnetz des MVG kaufen, Preis: 15,50 € (ein Tag Stadtgebiet) bis 119,90 € (6 Tage Gesamtnetz), www.mvg.de.

GUTE BLOGS

https://rausgegangen.de/muenchen: Täglicher Geheimtipp-Kalender jenseits von Bussi-Bussi und Schickimicki
https://muenchen.mitvergnuegen.com/: Als »Dein Freund« in der Großstadt präsentiert sich dieses digitale Stadtmagazin mit wohlkuratierten Tipps.
www.twoinarow.com: Musik, Lifestyle, Kultur – alles, was Spaß macht, wissen die Blogger Moritz und Angelika. Wer ihrem Blog folgt, verpasst nichts mehr.
www.mucbook.de: Was in München angesagt ist, darüber halten hier 300 Münchner Autoren auf dem Laufenden.
www.muenchenblogger.de: Behandelt ausführlich alle Aspekte des Lebens in der Bayerischen Landeshauptstadt, von Sport über Nachtleben zu Politik
www.isarblog.de: Monika Schreiner und Gerhard Bauer führen schon seit 10 Jahren ein digitales Tagebuch. Im Fokus: Kulinarisches, Kultur, Kreativszene – aber bitte ohne Klischees.
https://verruecktnachmuenchen.blogspot.com: Hippe Läden und neue Cafés, ausgewählt von vier Münchner Mädels
www.artsinmunich.com: Stylischer englischsprachiger Blog über Kunst und Subkultur in München und im Umland
www.jaegerundsammlerblog.de: Janina ist nach München umgezogen und ist fest entschlossen, sich in die neue Heimat zu verlieben.

O-Ton München

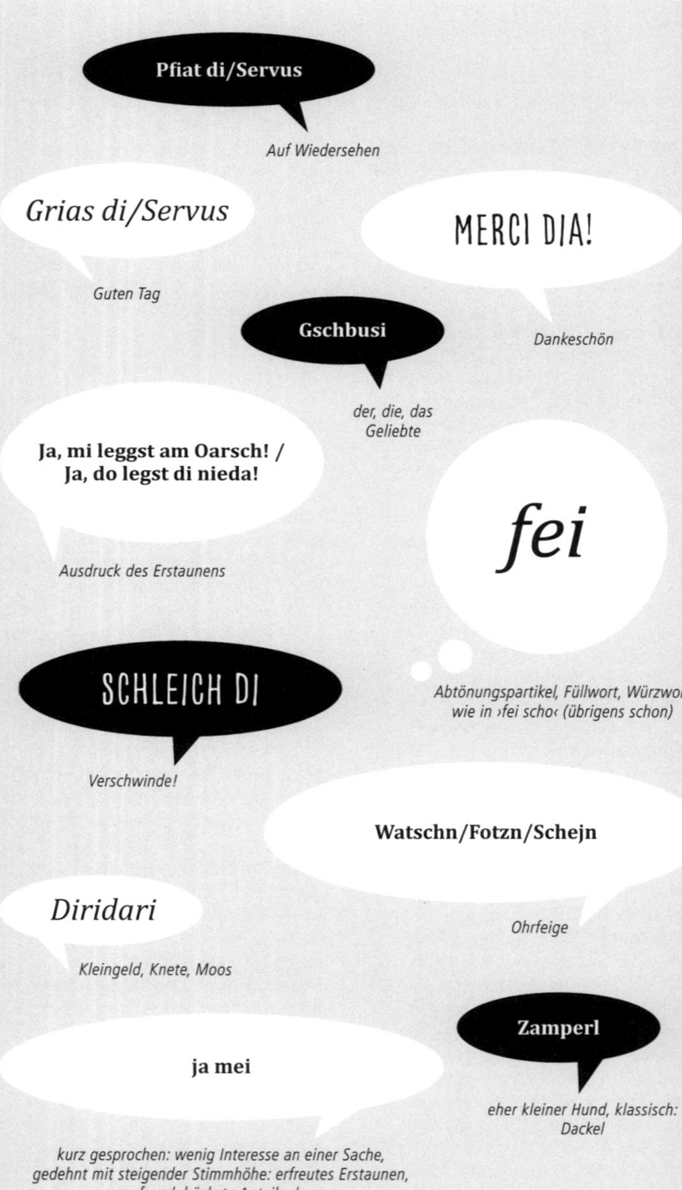

1001 Sense 99

A

About Given 102
Akademie der Bildenden Künste 41
A Kind of Guise 103
Alles Wurscht 43
Alte Pinakothek 37
Alter Nordfriedhof 84
Alter Peter 21, 23
Alter Simpl 41
Altes Rathaus 23
Alte Utting 63
Altschwabing 10
Altstadtring 10
Alva-Morgaine 101
Amalienburg 74
Ampere 108
Am Siegestor 89
Anreise 110
Antonetty 102
ARTMUC 54
Asamkirche 31
Atelier 109
Attentat Griechischer Salat 63
Au 11, 57, 60
Auer Dult 60, 100
Ausgehen 15, 43, 104

B

Baader-Café 52
Bäckerliesl 29
Badenburg 74
Bahnwärter Thiel 63
Bananen-Didi 120
Bapas 95
Bar Centrale 94
Bavaria 69, 83
Bayerischer Hof 27
Bayerische Staatsoper 35
Bazi's Schlemmerkücherl 95
bean batter 70
Beirut Beirut 64
Bep Ho 93
Bergwolf 52
Bier 8, 81
Biergarten 83, 93, 108
Biergärten 47, 67
Bierzelte 82
Bissing-Palais 41
Blauer Bock 88
Blitz Club 56, 108
Blogs 113
Blue Nile 96
BMW-Welt 78
Boazn 4, 62, 63
Bodhi 71
Bold Hotel 89
Bordeauxplatz 85
Botanischer Garten 80
Brezn 94
Brienner Straße 37
Brotzeit 83, 93
Burg Pappenheim 94
Bussi-Bussi-Gesellschaft 6, 32

C

Café Franca 85
Café Frischhut 29
Café Glockenspiel 23
Café Hüller 60
Café Ignaz 92
Café Klenze 39
Café Kosmos 105
Café Kranich 96
Café Luitpold 34
Café Marais 71
Café Schau Ma Moi 63
Carolin Garni 87
Charlie 63, 107
Chinesischer Turm 47
Chopan 97
Cooperativa 52
Corneliusbrücke 53
Cortiina 87
Cuvilliés-Theater 33

D

Dallmayr 99
Das Maria 52
Dear Goods 102
Der Dantler 63
Der verrückte Eismacher 96
Deutsche Eiche 85, 87
Deutsches Museum 53, 56, 80
Deutsches Museum Shop 101
Dichtergarten 85
Die Waldmeister München 39
Dirndl 101
Dominique 34
Drehorte 60
Drugstore 43

E

Einkaufen 98
Eisbach 13, 45
Eisbachwelle 5, 13, 46
Eisdiele Ballabeni 39
Elisabethplatz 44
Elser, Georg 42
Emmi's Kitchen 52
Englischer Garten 45

F

Fahrradverleih 112
Falk's Bar 27
Farbenladen im Feierwerk e.V. 79
Favorit Bar 105
Feinkost Käfer 99
Fei Scho 92
Feldherrnhalle 34
Filmmuseum 31, 109
Fischbrunnen 23
FKK 46, 68
Flaucher 67
Floßlände 68
Föderl, Eustachius 25
Föhn 23
Forster, Sandra 63, 120
Fortuna Cafébar 91
Fox Bar 107
Frauenkirche 24
Fräulein Grüneis 46
Friedrich von Gärtner 35

G

Galerien 36
Gartensalon 91
Gärtnerplatz 15, 49
Gästehaus Englischer Garten 87
Gasteig 58
Gentrifikation 10
Gern 11, 73
Geschwister-Scholl-Platz 41
Giesing 11, 61

Giesinger Wochenmarkt 64
Glockenbachviertel 10
Glockenbachwerkstatt 50
Glockenspiel 21
Glyptothek 36
Goldene Bar 46
Goldene Rakete 92
Götterspeise 96
Graf, Oskar Maria 37
Großhesseloher Brücke 67
Gutfeeling Recordstore 99

H
Hackerbrücke 71
Haenselgret 70
Haidhausen 11, 57
Harry Klein 107
Hauptsynagoge 30
Haus der Kunst 46
Heartbeet 93
Heppel&Ettlich 43
Herrenabteilung/Damenabteilung 70
Herr und Frau Rio 71
Hey Luigi 94
Himmelblau 101
Hipster 49, 63, 67, 88
Hitler, Adolf 6, 34, 37, 43, 75
Hitlerputsch 42, 81
Hofbräuhaus 23
Hofgarten 33, 85, 109
Holy Home 52, 105
Hop-On-Hop-off 113
H'Otello B'01 88
Hotel Mariandl 88
Hotel Ritzi 87
Hunde 9
Hundebiergarten 48

I
Internationales Design-Museum 38
Isar 65
Isarinselfest 54
Isartor 31, 67
Israelitische Kultusgemeinde 30

J
Jagd- und Fischereimuseum 26
Jakobsplatz 28, 30
Japanisches Teehaus 48
Jazzbar Vogler 107
J-Bar 94
Jivamukti Studio 52
Jüdisches Museum 31
Junge Römer 96

K
Kabelsteg 54
Kandinsky, Wassily 41
Karlsplatz 25
Karl Theodor (Kurfürst) 47
Karl Valentin 6, 23, 59, 120
Karl Valentin-Brunnen 31
Kauf Dich Glücklich 52
Kirschblüte 52
Kismet 26
Kleinhesseloher See 48
Klinglwirt 92
KloHäuschen 64
Kocherlball 48
Königin 43 91
König Ludwig I. 35, 37, 73
König Ludwig II. 27
König Max II. 35
König Max I. Joseph 28, 35
Königsplatz 36
Kulturstrand 54
Kunst 36
Kunstareal 36, 80
Kunsthalle München 78
Kunst und Spiel 102
Kunstverein 80
Kurzzug 103

L
Lebensqualität 6
Le Du 97
Lenbachhaus 37
Leopoldstraße 10
Leo von Klenze 35, 37
Limulus 73
Little Rabbit's Room 91
Lohner und Grobitsch 71
Loretta-Bar 52
Lothringer 13 79, 80
Louloute 70
Lucky Who 108
Ludwig Beck 99
Ludwigstraße 10, 35
Luitpoldpark 44
Lustspielhaus 43

M
Madame Hu 70
Manam 97
Mann, Thomas 7, 41
Manouche 64
Man versus Machine 91
Märchenkönig 27
Maria Einsiedel Naturbad 68
Marienbad Garni 89
Marienplatz 20
Mariensäule 21
Maroto 106
Marstallmuseum 74
Maurer, Ingo 44
Max Emanuel 72
Maximilian (Kurfürst) 21
Maximiliansbrücke 53
Maximiliansforum 4
Maximiliansplatz 85
Maxvorstadt 10, 41
M.C. Mueller 94
Mercury, Freddie 51
Michael Jackson Gedenkstätte 27
Michl, Willy 67
Midnightbazar 100
Milchhäusl 4, 46
Milla 52, 106
Mini-Hofbräuhaus 48
Mittlerer Ring 10
Modelleisenbahnen 23
Moma1890 Boutique Hotel 87
Monaco Franze 120
Mondstraße 60
Monopol 109
Monopteros 46
Montez, Lola 35, 41
Moop Mama 5
MUCA 79
Mucki&Floyd 84
Muffat-Geländes 54
Muffathalle 56

Muffatwerk 54
Müllersches Volksbad 54
Multikulti 11
München 72 77
Münchner Stadtmuseum 10, 31, 80
Munich Boazn 63
Munich Mule 5
Museen 36, 78
Museum Ägyptischer Kunst 78
Museum Brandhorst 38
Museum Fünf Kontinente 79
Museum Lichtspiele 56, 109
Museum Mensch und Natur 74
Museumsinsel 55
Musicland Studios 44

N
Nahverkehr 111
Nana – Meze & Wine 97
Nationalsozialismus 31, 34, 37, 41, 50
Nationaltheater 35
Nemec, Miroslav 120
Neue Pinakothek 38
Neues Rathaus 20
Neuhausen 11
Nockherberg 81
NSDAP 31, 37, 50
NS-Dokumentationszentrum 39, 80
Nymphenburg 11

O
Obacht 101
Obermaier, Uschi 120
Occam Deli 95
Ochsengarten 50
Odeonsplatz 32
Öffentliche Verkehrsmittel 111
Ohel Jakob 31
Oide Wiesn 5
Oktoberfest 9, 16, 82
Olympiapark 75
Olympiasee 77
Olympiastadion 75
Olympiaturm 8
Olympic Hotel 88
Olympische Spiele 1972 77
Optimal 99
Ostbahnhof 59
Ost-West-Friedenskirche 76

P
P1 43
Paläontologisches Museum 79
Pariser Platz 59
Parke 6 71
Pathos 108
Perlerie 101
Pimpernel 51
Pinakothek der Moderne 38
Polt, Gerhard 43, 120
Porzellanmanufaktur 74
Praterinsel 53
Preysinggarten 59
Preysingstraße 59
Promi-Wiegen 29
Puerto Giesing 61
Pumuckl 60

R
Radfahren 9, 67
Rationaltheater 42
Regatta-Anlage Oberschleißheim 85
Reichenbachkiosk 4, 49
Reinheitsgebot 83
Residenz 33
Restaurants 90
Riesenflohmarkt 100
Rituale 6
Roeckl 92
Rosengarten 60
Rote Sonne 107
Röthlinde 74
Ruby Lilly Hotel 88
Ruffini 74
Rumrich Stone Projects 103

S
Saigon Deli 60
Salon Irkutsk 106
Salvator 81
Sama Sama 31
Sammlung Ägyptischer Kunst 38
Sammlung Götz 48
Sauna 108
SchauBurg 44
Schickeria 44
Schlachthof 61
Schloss Nymphenburg 72
Schlosspark Nymphenburg 85
Scholl, Sophie 120
Schwabing 10, 40
Schwabinger 7 44
Schwanthalerhöhe 11, 69
Schwarzer Hahn 60
Schwulenszene 51
Sendling 11
Siebenmachen 101
Siebter Himmel 52
Simplicissmus 41
Soda Books 102
Soul Kitchen 93
Spanisches Fruchthaus 100
Spielzeugmuseum 23
Spindler, Zehra 61
Staatliche Antikensammlung 37
Stachus 24
Stadtführungen 92, 113
Stadtrundfahrten 113
Stadtvogel 92, 113
Starkbier 81
Stijl-Designmarkt 54
St. Michael 27
Streetfood 90
Stroke Art Fair 54
St. Sylvester 84
Studio Isabella 109
Substanz 64, 107
Südstadt 64
Surfen 46

T
Tambosi 34
TamS 43
Tanzen 33, 109
Teezeremonien 48
Thalkirchen 68
Theatinerkirche 32
Theatron 109

The Flushing Meadows 88
The Italian Shot 95
The Royal Bavarian 89
Thompson, Sir Benjamin 47
Tierpark Hellabrunn 68
Tollwood-Festival 76
Tracht 101
Trachtenvogl 52

U
Übernachten 86

V
Valentin Karlstadt Musäum 31, 80
Valentin Stüberl 105
Vereinsheim 105
Vesperia 95
Viktualienmarkt 28
Villa Stuck 78
Viscardigasse 34
Volkstheater 64

W
Waldwirtschaft 66
Weinhäusl 60
Weiße Rose 42
Weißwurst 97
WE.RE 102
Werkstattkino 109
Westend 69
Widerstand 34, 42
Wiesn 82
Wirtshäuser 90
Wolpertinger 27

X
X-Bar 107

Y
Yoga 52

Z
Zacherl, Franz Xaver 81
Zum Wolf 105
Zur Gruam 63

Das Klima im Blick
Reisen bereichert und verbindet Menschen und Kulturen. Wer reist, erzeugt auch CO_2. Der Flugverkehr trägt in erheblichem Maße zur globalen Erwärmung bei. Wer das Klima schützen will, sollte sich – wenn möglich – für eine schonendere Reiseform entscheiden oder die Projekte von atmosfair unterstützen. Flugpassagiere spenden einen kilometerabhängigen Beitrag für die von ihnen verursachten Emissionen und finanzieren damit Projekte in Entwicklungsländern, die dort den Ausstoß von Klimagasen verringern helfen (www.atmosfair.de). Auch die Mitarbeiter des DuMont Reiseverlags fliegen mit atmosfair!

Abbildungsnachweis

DuMont Bildarchiv, Ostfildern: S. 31, 78/79, 98 (Michael Campo); 73 (Urs Kluyver)
Fotolia, New York (USA): S. 84 (Angelika Bentin)
Glow Images, München: S. 58, 61 (imagebroker/Manfred Bail)
Huber-Images, Garmisch-Partenkirchen: Faltplan (Christian Bäck); 46 (Hans-Peter Huber); 30 (Reinhard Schmid)
KULT GmbH, München: S. 4 o.
laif, Köln: S. 41 (API); 32 (Christian Kerber); 111 (David Steets); 53, 65, 68, 112 (Dietmar Denger); 49, 50, 52, 96 (Evelyn Rois & Bruno Stubenrauch); 56 (Günter Standl); 39 (hemis.fr/Ludovic Maisant); 4 u., 14/15, 33 (Jens Schwarz); 28, 36, 47 (Peter Rigaud); 120/1 (Polaris/Piero Oliosi); 38 (robertharding/Yadid Levy); 120/4 (Stephan Sahm); 120/5 (SZ Photo/Scherl); 7, 12/13, 34 (Thomas Linkel)
Lookphotos, München: S. 72 (age fotostock); 45 (Florian Werner); 57 (Franz Marc Frei); 8/9, 59 (Ingrid Firmhofer); 90 (Jan Greune); 87 (Jürgen Sauer); 51 (Travel Collection)
Mauritius-Images, Mittenwald: S. 120/7 (Alamy/David Chapman); 20 (Alamy/Erich Haefele); 22 (Alamy/Foto 28); 40 (Alamy/Johann Hinrichs); 26 (Alamy/PjrTravel); 74 (Helmut Peters); 75 (imagebroker/Josef Beck); 55, 71, 77, 100 (imagebroker/Manfred Bail); 42 (imagebroker/Martin Siepmann); 16/17 (Michael Harker); Umschlagklappe hinten (Steve Vidler); 69 (Udo Siebig); 24, 120/2 (United Archives); 60 (Uta und Horst Kolley); 80 (VIEW Pictures/Hufton + Crow)
picture-alliance, Frankfurt a. M.: S. 120/3 (dpa); 103 (dpa /Robert Fishman); 120/6 (dpa/Hase); 91 (dpa/Markus C. Hurek); 97 (dpa/Sven Hoppe); 120/8 (SZ Photo / Rumpf); 93, 99 (SZ Photo/Alessandra Schellnegger); 86, 89 (SZ Photo/Florian Peljak); 108 (SZ Photo/Jakob Berr); 64, 95, 104 (SZ Photo/Robert Haas); 120/9 (SZ Photo/Schunk); 106 (SZ Photo/Stephan Rumpf)
Zeichnungen: S. 5 (Antonia Selzer, St. Peter); Umschlagklappe vorn, 2, 11, 33, 67, 76 (Gerald Konopik, Mammendorf)

Kartografie

© KOMPASS-Karten GmbH, A-6020 Innsbruck;
DuMont Reiseverlag, D-73751 Ostfildern

Umschlagfoto

Titelbild: Blick vom Alten Peter auf Marienplatz, Rathaus und Frauenkirche

Hinweis: Autorin und Verlag haben alle Informationen mit größtmöglicher Sorgfalt geprüft. Gleichwohl erfolgen alle Angaben ohne Gewähr. Bitte schreiben Sie uns! Über Ihre Rückmeldung zum Buch und Verbesserungsvorschläge freuen sich Autorin und Verlag:
DuMont Reiseverlag, Postfach 3151, 73751 Ostfildern,
info@dumontreise.de, www.dumontreise.de

4., aktualisierte Auflage 2024

Autorin: Agnes Fazekas
Redaktion/Lektorat: Michaela Peischl, Sebastian Schaffmeister
Grafisches Konzept: Eggers+Diaper, Potsdam
Printed in Poland

Kennen Sie die?

Uschi Obermaier
Ehemaliges Fotomodell, wurde als Verfechterin der sexuellen Revolution zur Zeit der 68er-Bewegung bekannt, gilt als erstes deutsches Rockmusik-Groupie.

Monaco Franze
»A bissl was geht immer.« Unschuldiger Hundeblick, aber ein ausgebufftes Schlitzohr: mit der Figur als Kriminalkommissar wurde Schauspieler Helmut Fischer berühmt.

Sophie Scholl
Verbreitete mit ihrem Bruder Hans an der Uni Flugblätter für die Widerstandsgruppe Weiße Rose. Dafür wurde die mutige junge Frau von den Nazis hingerichtet.

Miroslav Nemec
ermittelt als Ivo Batic seit 1991 im Tatort als erster Quotenmigrant. Gerade in Bezug auf Ausländerhass kann es vorkommen, dass sein Temperament mit ihm durchgeht.

Karl Valentin
Komiker und Schriftsteller mit absurd-skurrilem Wortwitz. Traf mit seinen Aussprüchen immer genau in die Seele des einfachen Mannes: »Mögen hätt ich schon wollen, aber dürfen habe ich mich nicht getraut.«

Gerhard Polt
Niemand entlarvt den Menschen, insbesondere den bayerischen, so schonungslos und immer genau dann, wenn er meint, besonders schlau zu sein, wie Münchens Lieblingssatiriker.

U-Bahn-Maus
Ein schönes Leben führt das Mäuschen zwischen den Gleisen im Untergrund nicht. Aber die Passanten freut es doch ungemein, wenn es über den Bahnsteig huscht.

Sandra Forster
Gastro-Phänomen: Als 18-Jährige hat sie sich mit einem Piercing-Studio selbstständig gemacht. Seitdem zieht sie pausenlos Lokale und Klubs oder Kombis aus beidem hoch.

Bananen-Didi
Stets braungebrannter stadtbekannter Sprücheklopfer und Besitzer vom Obststand an der Uni. Davor war er Wetterfrosch bei einem Münchner Privatsender.